应用统计因果推论

胡安宁 ◎编著

复旦大学出版社

谨以此书献给我的爷爷　胡继海

幼时受教

受用终生

前　言

在过去几十年中，统计因果推论技术在社会科学不同领域中得到了长足发展。以传统分析相关关系为主的社会科学量化研究逐渐转向关注如何通过严格的研究设计或者统计操作来展示变量之间的因果联系。在此背景下，我们需要一本专门的书籍，来系统介绍社会科学统计因果推断的不同技术及其在现实环境中的实现过程。

与一般意义上的统计学教科书相比，本书的一个不同之处在于，使用了相当大的篇幅来讨论因果推论的基本原理。这样设计的一个考虑是，因果推断的统计实践过程，就操作上来讲并不复杂，在STATA或者R软件里面可能只需要一些简单的命令，分析结果就可以出来了。但对于社会科学的研究者而言，更为重要的问题或许是如何去理解、阐释分析的结果，让统计分析结果具有社会科学的实质意义。毋庸置疑，这个过程需要研究者准确把握相关分析背后的原理和机制，了解分析过程背后假设是什么以及得出这个结论的前提基础是什么。在一本介绍统计因果方法的教材中，笔者认为，这些非常重要的原理性问题需要特别的篇幅去澄清。基于这个考虑，本书大约三分之一的内容在介绍因果推断技术背后的基本统计原理。

当然，这些原理性的知识和后面具体的因果推断方法之间并不是彼此割裂的。当研究者掌握这些原理以后，对于后面的一些具体方法，不管是工具变量也好，还是回归断点设计也好，甚至是一些历时性数据分析也好，都会有一个更加深入的了解。因此，把原理性的东西向读者介绍清楚，读者在面对具体问题，使用相关方法的时候就会有的放矢，对研究工作的展开起到事半功倍的效果。此外，基于这些原理，我们甚至可以自己去开发新的方法。打个比方，这就好像是做菜，高级的食材往往需要用心去烹饪。社会科学研究亦如是。越来越多的研究主题需要研究者根据

"经验材料"开发独特的分析方法。此时,熟悉原理性的知识就变得非常有必要。当然,我们不是说每个研究者为了自己研究的问题都要亲自开发一套方法,但是真的碰到了这种情况,我们能够依靠的便是原理性的知识,而非别人封装(canned)好了的分析软件。

具体来讲,本书的内容分为三部分。第一部分是基础理论,主要是谈反事实的因果分析框架、随机实验的原理、观测性研究概念等主题。第二部分是基本的因果推断方法。所谓基本的方法,并不是说它们简单、低级,而是说这些方法已经比较成熟,成为学者研究过程中的"常规武器"。从一个使用者的角度来说,这些方法究竟怎么用,怎么判断用得好不好,已经基本上有定论。研究者通常按部就班使用这些方法就可以了,别人不会质疑具体的分析过程,毕竟程序上已经很常规化,不再是每一步的分析都需要争论。具体而言,基本方法部分涉及五个方法:匹配方法、倾向值方法、工具变量方法、回归断点设计方法和追踪数据的因果推断方法。第三部分是高级方法部分。这里所谓的高级方法,也不是说它们要比基本方法更加高深,而是说这些方法很多尚在开发过程中。因此,应该怎么使用,背后需要哪些条件,尚存在一定的争议。从使用者的角度来讲,高级方法大家还是要慎用。因为在分析具体问题的时候,别人有可能不会针对研究结论提出实质性的质疑,而是直接挑战方法论。如果研究者没有很好的应对方式,那么方法上的缺陷无疑是釜底抽薪,直接将经验研究根基动摇了。在高级方法部分,主要介绍广义倾向值方法、因果中介分析、敏感性检验和随时间变化的处理效应方法。在本书的最后,笔者附上两篇学术论文,分别处理的是统计模型的不确定问题以及主观变量解释主观变量的问题。这两个问题并非完全原理性的思辨,而是从实践的角度进行的讨论,这里也一并展示出来,供读者参考。

本书读者群的定位是希望了解统计因果推断的社会科学各学科的师生。为了很好地使用本书,读者需要一些基本的预备知识。例如,理解统计推断的基本逻辑,明白何为零假设、替代假设、p值、置信区间等概念,知道 OLS 回归和 logistic 回归等。除此之外,本书的使用对于软件没有直接要求。考虑到 STATA 或者 R 软件在社会科学领域内的广泛应用,本书大部分的统计方法都附上两个软件的代码与分析结果,读者可以根据自己的偏好,选择使用。

  本书得以付梓,我要特别感谢复旦大学出版社谢同君老师对文稿细致的排版与编辑。此外,本书有幸由圣路易斯华盛顿大学郭申阳教授、香港科技大学吴晓刚教授以及南京大学陈云松教授撰写推荐语。三位皆为享誉海内外的研究方法专家,同时是社会科学研究的前辈先进。对于他们对于本书的肯定与支持,我由衷的表示感谢!

目 录

第一部分 理 论 基 础

第一章 反事实因果分析框架 …………003
因果关系的定义 …………004
因果推断的前提假设 …………010
何谓处理变量 …………017
"结果的原因"和"原因的结果" …………019

第二章 随机实验 …………022
随机实验的性质与基本类型 …………022
随机实验在因果推断中的重要作用 …………024
如何分析随机实验数据 …………029

第三章 观测研究初步：有限混淆变量 …………041
回归法 …………041
细分法 …………047
加权法 …………050

第二部分 基 本 方 法

第四章 匹配方法 …………059
匹配法的原理 …………059
匹配法的操作过程 …………061
匹配法的优度衡量 …………080

第五章　倾向值方法 094
倾向值的定义及其作用 094
倾向值匹配及其优势 096
倾向值加权与双重稳健估计 099
倾向值细分与处理效应异质性 106

第六章　工具变量方法 111
工具变量方法的基本逻辑及其因果推论价值 111
工具变量因果推论的假设条件 116

第七章　回归断点设计方法 123
回归断点设计的基本原理 123
回归断点设计的类型及其假设 125
带宽的选择及稳健性检验 133

第八章　追踪数据的因果推断 146
固定效应模型 146
双重差分方法 153
综合控制个案方法 159

第三部分　高级方法

第九章　广义倾向值方法 173
广义倾向值方法的概念和前提假设 173
针对多分类处理变量的广义倾向值方法 176
针对连续型处理变量的广义倾向值方法 192

第十章　敏感性检验 198
单参数方法 198
双参数方法 207

第十一章 因果中介分析 210

    常规中介分析及其问题 210

    因果中介分析的基本假设和类型 213

    因果中介分析：模型法 216

    因果中介分析：加权法 220

    控制直接效应简介 226

第十二章 随时间变化的处理效应简介 230

    假设条件 232

    边际结构模型 234

    结构嵌套均值模型 237

附录 1 主观变量解释主观变量：方法论辨析 241

附录 2 统计模型的"不确定性"问题与倾向值方法 268

第一部分 理论基础

本部分有三章,第一章介绍了统计因果推断的基本原理、前提假设和一些研究设计上需要注意的理论点。第二章介绍了随机实验方法,除了实施过程之外,尤其着重展示了如何通过统计手段来分析随机实验收集的数据。第三章则从随机实验过渡到观测性研究,看在有限个潜在混淆变量的基础上,如何采用一些简单的分析手段达到对因果关系的估计。总体而言,本部分的三章可以看作后续章节的基础。虽然在这部分中,我们不会介绍太多具体的实务性分析技术,但是了解本部分的内容是所有因果关系的基础和前提,相关的内容在后面两个部分的多个章节中也会基于具体的研究情境反复出现。

第一章

反事实因果分析框架

本章的核心内容是反事实的因果推论框架。可以说，目前哲学也好，心理学也好，统计学也好，基本上绝大多数的经验导向的学科在做因果推断的时候，大家普遍采取的一个分析框架就是反事实的分析框架。因此，本章的内容可以说是非常基础性的理论。

在这一部分，主要讲四个问题。其一，什么是因果关系。这是一个基本的定义问题。做因果推断，我们首先就要确定什么样的关系可以称得上因果关系。其二，在定义好因果关系之后，下一个问题是如果要确定因果关系的话，需要满足什么条件。这里需要强调的是，任何统计模型都是在特定的条件下才成立的。比如，大家都知道最小二乘回归模型，需要满足线性关系假设。如果这个假设不满足，那么线性回归模型就不是那么可靠。比如，自变量和响应变量之间的关系有可能不是线性的，而是曲线关系，或者是波浪形关系，此时，我们的模型成立的假设前提就不满足了。后续即使做了工作，都将是无用功。同理，为了确定因果关系，我们需要满足一些基本假设。如果这些假设不成立，那么具体的分析技术，例如倾向值、回归断点设计等都会受到质疑。所以这一部分的内容是非常重要的。其三，我们简要讨论什么变量可以作为处理变量，或者英文表述为 treatment variable。我们可以把处理变量理解成自变量，以此和响应变量进行区分。只是，我们通常所谈的自变量和响应变量更多强调的是相关关系情况下的变量联系，或者在控制了一些控制变量后的偏相关关系。这里将自变量命名为处理变量，更多的是和公共卫生领域的研究相呼应，以求和响应变量(response variable)进行对应,强调的是因果关系。从定义上看,处理变量就是给个体一个干预,看结果是什么。在这部分的讨论中,我们所要回答的问题是,什么样的变量可以作为处理变量。其四,我们将讨论"结果的原因"和"原因的结果"两种研究范式的区分。这两个短语听起来很拗口,但彼此之间的差异很大。这里提到两者的区分,目的是希望推动读者去进一步的思考,自己在做的研究属于哪种性质的研究,多大程度是在科学性上讲是可靠的,多大程度上具有一般意义的科学研究价值。

因果关系的定义

我们进入第一个问题,什么是因果关系。这里举个例子,大家都有感冒的经历。感冒了以后需要吃药,吃药以后感冒好了,这个时候我们就会说,多亏吃了药,不然的话,感冒还不知道什么时候能好。在这个日常生活的例子中,实际上一个人在吃药和感冒症状变化之间确定了一种因果联系。但这种生活化的语言并不严谨。例如,我们怎么就知道感冒好了就是因为吃药了呢?比如说小朋友们感冒,只要不是病毒性的,让他坚持一星期,不吃药感冒也有可能好了。这时候,如果当时给他吃药,他感冒自然会好,但是即使不吃药,感冒也会好。这时,我们如何判断吃药对减轻小朋友的感冒症状的因果性联系呢?如果不吃药感冒也会好,我们会认为,吃药和感冒痊愈之间没有什么因果关系。从这个角度看,当我们说吃药和症状痊愈两者之间有因果关系的时候,我们实际上有一个基本预设,即**"如果当时不吃药的话,感冒不可能好起来"**。只有吃药以后,症状才得到缓解。从这个例子可以发现,对于一个个体而言,有两个状态,这两个状态都是一开始吃药之前不知道的,一个状态是吃了药以后的状态,另一个状态是没有吃药的状态。只有这两个状态有所不同,我们才能说是因为吃了药,感冒才好的。

这里我们可以再举一个社会科学经常分析的例子。我们之所以上大学,一个很大的动力是,毕业以后收入会不错。也就是说,我们都觉得上了大学以后的社会经济地位要比不上大学的情况下更高。换句话说,我们来上大学,一般会抱有一个预设,认为"上了大学拿到文凭后,到劳动力市场上去找工作,收入水平肯定要比那些不上大学、高中毕业后就直接进入社会的要高"。但是我们如何能够确证这一点呢?为什么上大学就一定让我们的收入提高呢?会不会出现相反的情况,上了大学反而比不上大学收入更低呢?为了回答这些问题,我们通常的做法是,通过列举一些身边人的例子来说明上大学的好处。比如,一个人可能会说,某某同学,他高中毕业进入社会,到现在还没有稳定的工作、收入微薄。而另一个某某同学大学毕业了以后工作稳定,收入可观。但问题在于,这些某某同学是"你"吗?当然不是。那么下一个问题是,如果"你"当年不上大学,会是什么样的境遇呢?一定就和这个无稳定工作的某某同学一模一样吗?这可能就要画一个问号了。很多时候你会说,我也不知道啊,因为我实际上已经上大学了,没上大学的情况谁知道呢。此时,你虽然可以想象,但是也确实无法确证,如果"你"当时没上大学,而是直接进入社会,有没有可能比如今上大学的"你"的境遇更好。也有可能,"你"大学毕业以后去公司上班,但如果当年没上大学的话,反而自己开公司,成为雇佣大学生的人了。如果是这样的话,你的结论就会有180度转弯,即上大学没有那么有价值,甚至"有损"个人利益。大学回报问题是很经典的因果推断问题,这在讲到倾向值和匹配方法的时候,会再拿出来讨论。这里提到这个例子,是希望说明,和感冒吃药的例子类似,我们在思考因果问题的时候,需要思考个体的多种状态,唯有如此,我们才能够了解某种处理变量(这里的是否上大学)对于某个响应变量(这里的社会经济地位)的影响。说到这里,读者都能理解,毕竟是大家都耳熟能详的事情,有什么稀奇的呢?为了回答这个问题,我们需要进行更加规范、严格的讨论,以此展现上述的思路的价值,这就涉及反事实(counterfactual)问题了。

首先来定义什么是反事实。从本质上讲,事实状态,就是我们自己可以看到、经历了的状态。在感冒吃药的例子中,事实状态就是你真的吃药以后的症状。在教育回报例子中,大学毕业后的收入情况就是一个事实状态。而反事实状态则指的是,处理变量取值为"现实生活中没有发生"的状态下,响应变量的取值。也就是,如果一个人没有吃药的情况下会有什么症状,或者如果一个大学生当年如果没上大学的话,他或者她的收入情况。基于这些定义,我们很容易理解,事实状态和反事实状态的差异,即代表了某种因果关系,即某一个处理变量对个体的因果效果。

为了便利后续的讨论,这里有必要引入一些符号。假如说我们关心的响应变量标注为 Y,处理变量为 D。那么,Y 就是 D 的一个函数。如果 D 有两个状态,即上不上大学($D=1$ 表示上大学;$D=0$ 表示没有上大学),Y 是收入,那么每个个体有两种状态,一种状态是他上大学以后的收入 $Y(1)$,一种状态是他不上大学的收入 $Y(0)$。针对个体 i,我们可以分别表示为 $Y_i(1)$ 和 $Y_i(0)$。需要提醒大家的是,为了更好地理解 $Y_i(1)$ 和 $Y_i(0)$ 的含义,这里要把我们手里的调查资料或者数据先放在一边,考虑的不是经验事实如何,而只是在理念上进行想象。这里之所以在 Y 后面采用括号,表示的是 Y "不是"一个真实的事实状态,而是我们假想的状态:如果 D 取值为某个值的话,Y 的取值如何。与 $Y_i(1)$ 和 $Y_i(0)$ 相比,Y_i 没有括号,因此这个符号表示我们真实观测到的个体 i 的 Y 的取值。比如,大家从某个调查数据中找到一个人,看到他的收入情况,就可以用 Y_i 来表示。对于个体 i 而言,因果效果 τ_i 可以表示为

$$\tau_i = Y_i(1) - Y_i(0)$$

那么 Y_i,$Y_i(1)$ 和 $Y_i(0)$ 三者之间是什么关系呢?这里,我们可以将 Y_i 写成 $Y_i(1)$ 和 $Y_i(0)$ 的函数:

$$Y_i = D_i Y_i(1) + (1-D_i) Y_i(0)$$

如上文所述,Y_i 表示实际上的观测值,这个 D 是 0 或 1,1 的话是上大学,0 的话表示不上大学。基于上面的公式,如果一个人上大学了,则 $D=1$,后面不上大学的情况就不存在了($1-1=0$),Y_i 就等于 $Y_i(1)$。同理,那些没有上大学的人,其观测值就是 $Y_i(0)$。通过这个函数关系,我们可以认为,当处理变量 D 为二分变量的时候,每个被研究对象都有两个状态,如果上大学其收入怎么样,如果不上大学其收入怎么样。基于这个基本的设定,研究者收集数据,找了一些上大学的人,一个人的收入情况 Y_i 就应该等于他或者她"如果"上学的话的 $Y_i(1)$ 收入情况。对于

那些实际上没有上大学的人，Y_i 的观测值就是如果该个体没上大学时候的 $Y_i(0)$ 收入情况。对于上大学的人而言，$Y_i(0)$ 即为其反事实状态，因为这一状态不可观测。同理，对于那些没上大学的人而言，$Y_i(1)$ 即为其反事实状态。

这里不难发现，$Y_i(1)$ 和 $Y_i(0)$ 是不可能同时观测到的，即反事实的两种状态并不能直接观察到。这被称为"因果推断的根本性问题"（Holland，1986）。这个根本性问题带来的最大困境，在于我们无法直接计算个体性的因果关系，即针对个体 i 而言，上不上大学对于他或者她的收入的影响是无法直接计算的。这里先简单提一下，面对这个困境，一个替代性的方案是，找一些和被研究对象"特别像"的人，他们不知道什么原因，比如说高考的时候因为突然发烧或者其他一些意外情况，没能够上大学，但他高考之前和被研究对象很像，例如成绩接近，也是班级前几名的，性别都是男（女）的，都是城市户籍，等等。但实际情况是，被研究对象上了大学，而与之相似的个体没能上大学。经过四年，我们把他们进行对比，如果发现收入差不多，此时我们会说，好像上大学没什么用。如果上大学的个体收入更高，那么我们会得出结论，上大学的确能够提升个体的社会经济地位。但无论结论是什么，之所以能够得出一个因果性的结论，是因为那个和被研究对象相似的高中同学可以近似地代表那个如果当年没有上大学的被研究对象的情况。在本书后面章节介绍的很多具体的因果推论方法都是遵循了这一思路，即找到和被研究对象近似，但是处理变量 D 取值又不同的人来作为探究反事实状态的凭借。

在确定了因果关系的基本定义之后，下面就要对因果关系进行进一步的分类。具体而言，有三种估计量。一个估计量叫做 ATT，一个叫做 ATU，一个叫做 ATE。ATT 全称是实验组平均因果处理效应（average treatment effect for the treated），是针对那些接受处理变量影响的个体的因果效果。举个例子，研究者手里有一些数据信息，包括一些已经上大学的人，同时研究者知道他们的实际收入情况。此时，研究者想知道"这些大学毕业生"当年如果没上大学的话他们收入情况是怎样的。用他们的实际收入减去如果没上大学的情况下的收入情况，此时就能够知道上大学对于"大学生们"的影响，这就是所谓的 ATT。用公式表示

如下。其中,我们严格限定样本为 $D=1$ 的人,n_1 表示 $D=1$ 的人的个数,

$$\tau_{\mathrm{ATT}} = \frac{\sum_{D=1}[Y_i(1)-Y_i(0)]}{n_1}$$

ATU 全称是控制组平均因果处理效应(average treatment effect for the untreated)。回到上面的例子,我们收集的数据中包括一些真的没上大学的个体,我想知道如果他们上大学了以后的收入情况,然后用这些假设的反事实收入信息减去实际的收入情况,就知道上大学对于"没上大学的人"的收入的影响,这就是所谓的 ATU。和上面的公式类似,我们限定分析对象为 $D=0$ 的人,这些人的总数是 n_0,

$$\tau_{\mathrm{ATU}} = \frac{\sum_{D=0}[Y_i(1)-Y_i(0)]}{n_0}$$

综合 ATT 和 ATU 可以发现,可以把整个分析样本分成两部分,一部分是 $D=1$,一部分是 $D=0$。$D=1$ 的这部分人是上大学的,$D=0$ 是没有上大学的,ATT 针对的是 $D=1$ 的这部分人,ATU 针对的是 $D=0$ 的这部分人。对于这两组人,分析思路实际上是一样的。ATT 是说,一个人确实上了大学,那么我想知道如果这个人没上大学的收入情况,以确定大学教育对于此人收入的影响。ATU 是说,对于没上大学的人,我想知道如果他们上大学的话,收入情况是什么样的。

对比 ATT 和 ATU 可以发现,对于大多数的研究而言,ATT 要比 ATU 重要得多。为什么呢?因为 ATT 涉及的这些人是"真正"上了大学的,也就是真正接受了处理变量影响的人,而 ATU 针对的是根本没有接受任何处理变量影响的对象。也正是在这个意义下,很多社会科学的研究者会认为,ATT 反映了某种政策效果。例如,假设一项研究的处理变量是是否参加一项找工作的技能培训。如果你是这个培训项目的设计者,你肯定想知道这个项目对于"真的参加培训的人"而言,是否起到帮助他们找工作的效果。换句话说,你想知道的是对于这些已经接受培训的人而言,这个培训是不是有用。相比较来说,你不是那么想知道,从大街

上随便拉一个没有接受过培训的人，假设把他放到培训项目里，是不是对他找工作有所帮助。这是 ATT 和 ATU 两种不同思路的体现。实际上，这就好比你是一个医生，你肯定想知道某个特定的药物究竟对需要这个药并服药的病人有没有用。所以说，ATT 的估计值有政策上的实际价值，而 ATU 很多时候是缺少政策价值的。

虽然这样说，但是对于一般的社会科学研究而言，很多时候我们不做政策评估，而是希望确定了一个"一般性"的因果关系，即确定一种因果机制。此时单纯地关注 ATT 而忽视 ATU 就不合适了。正因为这个原因，很多社会科学的研究主要报告的是 ATE，全称为平均因果处理效应（average treatment effect）。ATE 如何计算呢？很简单，刚才这里大家也看到了，ATT 是针对 $D=1$ 的这部分人的因果效果，ATU 是针对 $D=0$ 的这部分人的因果效果。想知道整体的因果效果 ATE，就只需要做一个加权平均就可以了。看一下 $D=1$ 的这部分人占总体的比例 W_{ATT}，以及 $D=0$ 的这部分人占的比例 W_{ATU}，就得到了一个整体的因果效果 ATE，

$$\tau_{ATE} = W_{ATT} \times \tau_{ATT} + W_{ATU} \times \tau_{ATU}$$

到目前为止，我们已经介绍了基本的因果推论术语和符号。为了表述方便，这里可以暂时忽略个体标注 i，来作一个简单的总结。$Y(1)$ 和 $Y(0)$ 指代的是一些潜在的状态，它们彼此为反事实状态。针对每一个分析对象，他们都有这两个取值。而基于实际上 D 的取值，我们可以得到 Y 的实际观测值。ATT、ATU 和 ATE 是针对不同群体的因果效果，ATT 针对的是 $D=1$ 的个体所体现出的因果效果，ATU 指的是 $D=0$ 的个体所体现出的因果效果，ATE 则是数据整体的因果效果。

这里有必要区分以下 $Y(D=d)$ 和 $Y \mid D=d$。这里的竖线表示的是给定某种状态，d 是 D 的某种具体取值。$Y \mid D=d$ 是指在现实的数据中，实际观测到的特定群体的 Y 值。例如 $Y \mid D=1$ 是指那些真的接受了高等教育的人的 Y 取值。同理，$Y \mid D=0$ 是真的没有接受高等教育的个体的 Y 的取值。所以说 $Y, Y \mid D=1, Y \mid D=0$ 三者都是基于已有的观测数据"实实在在"看到的数值。而 $Y(1)、Y(0)$ 则是看不到的潜在的一个状态。采用图示法，如图 1-1 所示。

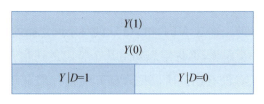

图 1-1　潜在事实状态示例

在图 1-1 中,所有数据点都有 $Y(1)$ 和 $Y(0)$ 两种状态。但是如果看具体的观测值的话,则 $Y\mid D=1$ 和 $Y\mid D=0$ 将全部数据分成了两个部分,即实际上是否接受处理变量的影响。

因果推断的前提假设

目前为止,整个反事实的因果分析框架相对而言都是比较容易理解的。但是,为了能够确定因果关系,我们面临一个基本的困境:在拿到数据后,要么能知道 $Y_i(1)$,要么能知道 $Y_i(0)$,但这两个永远不可能同时知道,此时,我们无法直接计算个体层次的因果效果。为了能够将分析进行下去,我们要做的就是给定一些假设。有了这些假设条件以后,就能继续推算因果关系。但是如果没有这些假设,因果分析就到此为止,没有办法再进行下去了。

具体而言,特定因果关系的成立需要满足四个假设。我们先将其列举出来,后面阐述其意义。

假设一:单位处理变量值稳定假设

（stable unit treatment value assumption,简称为 SUTVA）

假设二:一致性假设(consistency)

假设三:可忽略性假设(ignorability)

假设四:正值假设(positivity)

单位处理变量值稳定假设听起来比较拗口。从本质上讲,这个假设的意思是,被研究对象所接受的处理变量的性质是固定的。那么,什么是性质固定呢?具体展开有两个意思。一个意思就是说,我们所关心的处理变量的性质在不同对象之间不存在互相影响。举个例子,两个人同样上了大学,张三上大学以后他的收入的提升和李四上大学以后收入的提升,两者之间彼此独立,不能互相影响。正是因为没有个体间的相互作用,我们才会说处理变量的性质是稳定的。当然,这是一个比较理想的状态,尤其对于社会科学研究者而言,假设个体彼此独立似乎难以成立。但是,从因果推断的角度看,这样一个假设还是很有必要的。大家可以想一下,如果个体之间出现了互相影响的话,会出现一个难以分析的状况。比如,一群实验组的病人要检验某种药物的效果。一些人先吃了药,以后精神状态变得更好。另外一些人看到先服药的人吃了药以后的精神状况,就得到一个心理暗示,认为药物和精神状态之间存在正向联系。得到这个心理暗示以后,他们再去吃药,此时对于这些后来吃药的人而言,精神状态是药物效果和心理暗示的叠加。比如,一开始个体 A 吃了药,他的精神状态从 10 分提到 20 分,中间有 10 分的提升。然后个体 B 看了 A 吃了药以后精神状态变好了,他就产生一个心理预期,即认为如果自己吃药的话,精神状态也会提升,在形成预期上正向的心理暗示后,B 吃了药。假设药物的实际作用是将人的精神状态从 10 分提高到了 20 分。但对于 B 而言,因为他之前看到 A 的状态变化,形成心理暗示,那么叠加后 B 就从 10 分提高到了 30 分。如果实验组就只有 A、B 两个人的话,平均一下他们的得分,一个是提高了 10 分,一个提高了 20 分,加起来 30 分,除以 2 就是 15 分。此时,我们会得到一个结论,这个药可以让人的精神状态提升 15 分。但实际情况是,它只有 10 分的功效。之所以得到一个错误的结论,是因为 B 受到了 A 的影响,他看到 A 吃了药以后提升 10 分,他自己觉得我肯定也行,那这样一个"我也行"的感觉,又给了他 10 分的提升,这种心理暗示的 10 分加上吃药的 10 分,B 就提升了 20 分,即从 10 分到了 30 分。

　　就这个例子而言,最大的问题在于,不知道 B 提升的这 20 分里面究竟有多少分是因为药物使然,多少分是因为心理预期使然。作为一个医生或者是作为一个实验设计者,我们真正看到的事实很简单,就是 A 吃了药以后精神状态提升 10 分,B 吃了药以后精神状态提升 20 分。这时候对于 B 而言,通常研究者会"想当然地"认为这 20 分完全是因为吃药造成的。实际上却不是这样,因为这个药对于 B 来讲也只是提升 10 分的功效。我们甚至可以假想到更加极端的情况，即，有可能这个药对 B 没有任何效果，他完全是因为自我心理暗示才能提升 20 分的。那么，我们无形中极大地夸大了药物的效果。

综上所述，在存在个体之间彼此影响的情况下，可以说，上面例子中 B 所提供的信息基本上是无用的。因为对于 B，研究者没有办法区分出来究竟是因为吃药造成的结果，还是因为彼此之间交互影响造成的结果。这两个之间是混在一起的，没有办法严格分开。因此，在作因果推断的时候，SUTVA 要求不存在这种相互影响。归根究底，一旦有相互影响，相当于把一些新的混淆因素引入进来，因果关系就会受到"污染"。

SUTVA 的假设第二个意思是处理变量没有版本的差异。这个假设还是很好理解的。同样的处理变量，对张三是怎么样的，对李四也应如此。还是以吃药为例。没有版本的差异要求给不同病人所服用的药是一样的。医生给 A 吃的药是含 50% 有效成分的药，那么给 B 的也应当是这种药。如果有版本差异的话，因果关系的推论也会出现问题。比如，A 吃了药精神状态提升了 10 分，B 吃了药，状态也提升了 10 分。但是如果研究者给他们的药根本不一样，给 A 的药里面有效成分是 c_1，给 B 的药里面有效成分是 c_2。在 A 那里，c_1 提升精神状态 10 分，在 B 那里 c_2 提升精神状态 10 分。这个表面上看到的"药"的药效究竟是多少呢？我们是没有办法判断的，因为说到底给不同病人吃的是两种药，成分不同，从而有了版本差异，故而我们是没有办法确定药效的。对于版本差异，另外一个常见的例子是考试。比如，我们想知道一批学生高等数学的成绩是多少。结果在考试的时候分发了不同版本的试卷。虽然试卷的主题都叫高等数学，但一些人的问题是关于微积分的，另外一些人的问题是关于线性代数的。这时候两拨人成绩不一样的话，是否我们就能认为分数高的就比分数低的数学能力更高呢？严格来讲是不可以的。因为他们的试卷根本就不一样，我们怎么能判断他们高等数学水平高低呢？所以说，在进行因果关系分析的时候，我们所关注的那个处理变量一定不能够有不同的版本，否则我们的处理变量本身就难以定义，进而出现分析上的困境。

因果推断的第二个假设叫一致性假设。这个假设很容易理解。正如上文所述,每个个体都有两个看不到的状态:$Y(1)$ 和 $Y(0)$。但是如果这个人接受了某一个处理变量影响的话,那么它的观测值就等于它潜在的看不到的那个值。比如,每个人的收入都有两种情况,一个是没有上大学情况下的收入,一个是上了大学后的收入,但是二者都是潜在的未观测状态。此时,如果一个人真的上了大学并获取收入,那么这个人的潜在的上了大学后的收入就等于他真正上了大学后的收入。用上面的符号表示,有

$$\text{对于 } D=1 \text{ 的人}, Y_i(1)=Y_i \mid D=1$$

同理,没有上大学情况下的收入就等于真的在没有上大学的现实状况下的收入,即

$$\text{对于 } D=0 \text{ 的人}, Y_i(0)=Y_i \mid D=0$$

当然,这里只是一个假设,我们实际上并没有办法去证实或者证伪上述的条件是否成立,毕竟我们永远不可能同时知道 $Y(1)$ 和 $Y(0)$ 的取值。因此,我们只能设定一些假设。

因果推断的第三个假设比较重要,叫可忽略性假设。这个假设最基本的要求是,一个人接受处理变量影响(究竟是进入实验组还是控制组)是个随机事件,和潜在的看不到的 $Y(0)$ 和 $Y(1)$ 都没关系。用公式表示:

$$D_i \perp Y_i(1), Y_i(0)$$

这个假设之所以重要,是因为如果 $Y(1)$ 和 $Y(0)$ 和 D 不独立的话,我们计算的因果关系就会有系统性的偏差。例如,所谓的不独立的情况,是指对于 $D=1$ 和 $D=0$ 的两种情况下,$Y(1)$ 和 $Y(0)$ 会发生系统变化。我们可以假设,在可忽略性假设满足的情况下,无论是 $D=1$ 还是 $D=0$,$Y(1)=5, Y(0)=3$,则平均因果关系 ATE 的估计值为 $\left(\frac{5-3+5-3}{2}\right)=2$。如果可忽略性假设不满足,在 $D=1$ 时,$Y(1)=10, Y(0)=4$,而在 $D=0$ 时,$Y(1)=3, Y(0)=0$。此时,我们估计的平均因果效果就变成了 $\left(\frac{10-4+3-0}{2}\right)=4.5$。

在社会科学研究中,可忽略性假设直接决定了是否有混淆性偏误。所谓混淆性偏误是指,已知有一些因素决定个体进入实验组还是控制组

有不同的概率,同时也决定了 Y 的取值。例如,对于医学研究而言,很多时候,病人进入特定研究之前的健康状况决定了是否能够进入实验组(D 是否等于 1),同时,已有的健康状况也决定了个人服药以后的表现,即 $Y(1)$ 和 $Y(0)$ 的可能取值(这是基于一致性假设)。那么,在不考虑已有的健康状况的情况下,D 和 $Y(1)$、$Y(0)$ 之间就是有关系的。假设之前健康状态差的人更容易进入实验组去试药,同时这些人因为自身身体状态不好,吃药以后很容易就提升了相关症状上的表现(类似于边际效用递减),则 $Y(1)-Y(0)$ 取值偏大。此时,那些更容易表现出很高因果效果的人更容易去参加实验组,这相当于无形中夸大了药效。如果将这里的逻辑转移到大学回报上,一个类似的情形是,那些特别容易从大学文凭中获益的人更加容易上大学。此时大学的经济回报会被夸大了(也就是所谓的,能挣钱的都去上大学,显得上大学的能挣钱)。

那么,如何保证可忽略性假设成立呢?一个办法就是我们接下来会讲到的随机实验。大家可以先想一想,如果在上面讲到的吃药的例子中,是否吃药的分配是用甩硬币的方式决定的,正面的话给某个个体吃药从而进入实验组,反面的话就不给吃药从而进入控制组。个体吃药和不吃药的状态完全取决于扔硬币的结果。由于单独每一次扔硬币的时候,究竟出现正面还是反面我们并不知道,这既不是病人决定的,也不是医生决定的,它就是一个随机现象了。此时,D 的取值也就是一个随机现象,自然和 $Y(1)$、$Y(0)$ 独立了。

当然,像通过扔硬币决定处理变量取值的安排是很少见的[①]。因为这本质上是随机实验的一种。而对于大多数社会科学研究而言,我们所从事的都是观测性研究(observational studies)[②]。此时,基本上都不太能够利用随机实验的方式满足可忽略性假设。正是因为如此,后面我们要讲的很多具体的方法,比如回归断点设计、匹配方法、倾向值方法等,都是

---

① 此外,可忽略性假设只是要求进入实验组还是控制组的概率和潜在的 $Y(0)$ 和 $Y(1)$ 独立,但不是要求这个概率一定等于 0.5。例如,如果实验组和控制组的人有可能都不太容易去接受某种处理变量的影响,那么这些人进入实验组(控制组)的概率可以等于 0.3(0.7)。

② 所谓观测性研究,是指我们没有人为进行干预和人员安排,而只是从自然状态下收集个体信息。社会科学研究中的调查资料便是典型的观测性研究。在这类数据中,我们没有提前安排哪些人可以上大学,哪些人不上大学,而是从那些上了大学和没上大学的人那里"事后"收集资料。

希望能够通过某种统计操作或者设计,让观测性研究非常接近随机实验,尽可能将我们关心的处理变量转化成一个随机现象,亦即尽可能做得像随机实验。总而言之,可忽略性假设是一个很重要的假设。如果没有这条假设的话,我们得到的因果关系都是有可能受到质疑的。

第四条假设是正值假设。所谓正值,是指每个被研究对象接受处理变量特定取值的概率都在 0 到 1 之间,但是不能无限接近于 0,也不能无限接近于 1。这和一般的对于概率的定义不同。对于一般的随机事件而言,其发生的概率有可能是 0,也有可能是 1,因此它是一个闭区间。但是正值假设要求的是对象接受处理变量影响的概率是一个开区间。如果用 p 来表示个体接受处理变量(特定水平)影响的概率,那么正值假设可以表示为

$$0 < p < 1$$

本质上讲,正值假设要排除两类分析对象,即 $p=1$ 和 $p=0$ 的人。为什么要排除这些人呢?道理实际上很简单,因为这些人太特别了,就算把这些人纳入分析样本中,也无法对因果推论提供太多的帮助。相反,将这些人考虑进去还有可能带来因果分析估计中的偏误。例如,一项研究希望了解进入特定大学 A 对于收入的影响?如果样本中有一个进入 A 大学的概率 p 等于 0 的人,说明这个人永远不可能进入大学 A 学习。此时,研究者再去问这个人进入大学 A 之后收入能提高多少就没有什么意义了。这就类似于去问一个男性,如果他怀孕了,精神状态是不是受到影响一个道理。对于他而言,是不可能接受这个处理变量影响的,因此 p 永远是 0。这时再去评估针对此人的因果效果,是没有意义的。同理,还有一些人的 $p=1$,这些人可以被认为是天生注定一定要接受处理变量的特定水平影响的。对于他们,你根本不可能想象这种人没有接受干预的情况下会在 Y 上有什么表现。例如,生活与一个国家中的个体,很难设想如果他们一开始出生在另外一个国家,会在 Y 上有什么表现。也就是说,对于具有特定社会特征的个体,我们很难考察他们置换到另外一种情境下的状态。他们会被如此强烈地固定在处理变量的某个选项下($p=1$),以至于我们几乎不能够去假想他们如果在处理变量的另外一个选项下作何表现。

那么从正值假设出发,什么样的研究对象比较适合用来作因果推断呢?答案是,这些研究对象接受干预的概率可能高可能低,但至少是既有可能接受处理变量的某个选项,也有可能不接受这个选项的影响。换句话说,在二分处理变量的情境下,合格的研究对象即可能进入实验组,也可能进入控制组。这样的话,研究者至少能够想象出来每一个人的反事实状态。还是以上大学为例,通常一些高中生会在高考前去心仪的某高校参观,说将来进了这个大学的话,会如何如何。那么此时,这些高中生会因为未来学业表现存在两个潜在的可能性,他们有可能进入这个高校,也有可能没进入这个高校,这些人就是很好的研究对象。但是那些已经保送进某大学的人就不是很好的分析对象了。因为如果我们问这些人如果他没有能够进入某大学的话会怎么样,就显得不是很恰当,因为这些人进入该大学学习的概率基本上是 1 了。

需要说明的是,当一项研究同时满足正值假设和可忽略性假设时,我们也称其满足"强"可忽略性假设。

以上就是因果推论的四个基本假设。之所以说是基本假设,是因为这四条假设是作因果推断必须要满足的。如果一项研究不能够同时满足这四条假设,那么这个研究会受到很大的方法论质疑。为了凸显这些假设的重要性,我们回到一开始提到的因果推断的基本困难,即我们没有办法同时知道被研究对象的两种潜在状态 $Y(1)$ 和 $Y(0)$,那么加了以上的假设以后是不是对我们有帮助了呢?答案是肯定的。

读者可以看一下表达式 $E[Y(1) \mid X]$,其中 X 是一系列的控制变量,在给定了 X 以后,我们想知道样本中的所有人如果上了大学以后他们的平均收入 $Y(D=1)$ 是什么样的,其中 E 为取期望值的意思。当然,这个表达式不能直接计算,因为我们不知道每个人的 $Y(1)$ 状态。基于上述可忽略性假设,可以发现,处理变量和 $Y(D=1)$ 是彼此独立的,所以在计算的时候,可以把 D 加上,而不干扰 $Y(D=1)$ 的取值。所以有 $E[Y(1) \mid X] = E[Y(1) \mid X, D=1]$。当我们把 D 加在后面以后,基于一致性的假设,有 $E[Y(1) \mid D=1] = E[Y \mid D=1]$,所以,$E[Y(1) \mid X, D=1] = E[Y \mid X, D=1]$。这里,$E[Y \mid X, D=1]$ 就变成了可直接观测到的一个量,即 $D=1$ 且 X 等于特定取值的 Y 的期望值。如果我们希望进一

步知道 $E[Y(1)]$，就可以对 $E[Y \mid X, D=1]$ 求针对 X 的积分，即 $E[Y(1)] = \int E(Y \mid X, D=1) \mathrm{d}X$。同理，我们也可以计算 $E[Y(0)]$，从而进一步估计因果效果，这些计算过程总结如下：

$$E[Y(1) \mid X] = E[Y(1) \mid X, D=1] = E[Y \mid X, D=1]$$
$$E[Y(0) \mid X] = E[Y(0) \mid X, D=0] = E[Y \mid X, D=0]$$
$$E[Y(1)] = \int E(Y \mid X, D=1) \mathrm{d}X$$
$$E[Y(0)] = \int E(Y \mid X, D=0) \mathrm{d}X$$
$$ATE = E[Y(1)] - E[Y(0)]$$

回顾上面的计算过程可以发现，基于统计因果推论的假设，可以将没有办法直接观测到的 $Y(1)$ 和 $Y(0)$ 转化为能够直接观测到的 $Y \mid D=1$ 和 $Y \mid D=0$。通过这种转化，研究者就能够用手中的资料，去估算研究者不能经验观察的潜在信息。因此，统计因果推论的假设非常重要，如果没有这些假设，或者假设不成立，一项经验研究的因果推论没有办法进一步往前推进，而只是停留在了思想实验的阶段。实际上，上述的这四个假设并不是孤立存在的。等到后面章节讲到具体的因果推论方法的时候，我们还会时不时地回到这四个假设，审视一下这些假设是不是成立。

何谓处理变量

在前面介绍了因果推论的基本定义和前提假设后，这一部分讨论的是有关因果推论研究设计的问题。具体而言，我们将讨论一下什么变量可以作处理变量。关于这个问题，有一定的学科差异。比如说，在统计学里，就有一句耳熟能详的话："No Manipulation, No Causation!"这是什么意思呢？就是如果一项研究中涉及的处理变量不能被研究者进行操作控制，那么就不能够估算因果关系了。操作控制是指处理变量的取值可以根据研究者的设定在不同的人群中间进行分配。如果一个研究中的处理变量不具备这种特性，那么就很难谈什么因果关系了。这是统计学领域里面比较流行的思路，其是从经典的随机实验一路发展而来的。换句说,一个变量必须能够被研究者去安排到不同的人群,这个变量才能起到"干预"的效果。如果在一个研究群体中,这个所谓的处理变量连研究者都没有办法去安排,这个变量在人群中的取值及其分布实际上就是定死的了,那么因果关系便无法研究了。这是经典统计学的分析思路。

但是这一个思路似乎在社会科学的研究中不太行得通。比如,大家都听过一个词——性别效应。一个人因为是女性,所以在某些方面的表现和男性有所差异。例如,劳动力市场上女性会受到很多不公正的待遇。同样,女性在接受教育的时候也会受到不公正的待遇,等等。性别效应这种问题对于做社会科学的人来讲,似乎不是一个"假"问题。相反,是很值得研究的一个问题,因为它直接关系到各种针对女性的歧视问题。但是,是不是可以说性别作为一个处理变量,会对人们的生活境遇产生影响呢?如果顺着上面谈到的统计学的分析思路,我们就不能够这样看,因为性别是一个人的基本属性,难以改变。我们能想象一个实验环境,随机安排性别这一变量吗(比如,设定张三是男的,李四是女的)?这是不可能的。一个人是男性,基本上他就会一直是男性,我们没有办法在一个研究中去改变他作为男性的一个基本状态,女性同样也是如此。一个人生下来的就是女性,那么她的一贯的生活境遇都是作为一个女性的生活境遇。如果研究者问她一个反事实状态,说:"如果你出生的时候是男的,你现在是什么样子呢?"这是一个很不恰当的问题。所以从这个角度来讲,问性别的反事实状态似乎是假问题,因为这个处理变量对于人们而言不是0就是1,一个人要么是男的要么是女的。没有介于男女之间的概率 p,说一个人50%的可能性是一个男的。也不可能设想这样一个实验,通过研究者的操作把男性0.5的概率提升到0.8,从而提升他的男性因素,降低他的女性因素。这听起来太荒谬了。因此,性别的因果效果这个术语在统计学的分析中不经常使用。因为性别就是一个人的个体属性,改变不了的,因此,也没办法研究它的潜在反事实状态。

但是,这并不意味着没有办法去探讨与性别相关的因果性议题。一些经济学的研究出了一个好主意。具体而言,虽然没有办法去设定被研究对象的性别,但可以设定人们对于性别的认知。基于这一原则,研究者就可以设计一系列的实验。比如,设计一份简历,名字叫张小强,投出去。

然后同样的简历内容不变,换成李小花投出去。如果发现张小强收到很多 offer,李小花没有什么 offer。那么,性别的作用就凸显出来了。因为同样的简历,结果不同,唯一变化的只是换了一个男(女)性化名字。很有可能里面起作用的是人们对于性别的差异性认知(或者歧视)。因为张小强一听就是男的,而李小花一听就是女的。从这个例子可以看出,如果我们想研究性别的效果,可以通过研究人们对于性别的认知差异来实现。而人们对于性别的认知,确实是能够被研究者改变和控制的。有些名字比较中性,不知道是男是女的,有些名字一看就是男的,有些名字一看就是女的。基于这个情况,我们就能够设计出很多有意思的实验。

同理,还有一些先天的因素,比如种族,也可以用这种方式研究。有些名字黑人经常使用,有些名字白人经常使用,有些人的名字一听就知道是亚洲人的名字;有些人的名字一看就是韩国人的名字,有些人的拼音中间加一个横线,有可能是台湾人或者香港人,而一般的拼音使用可能就是大陆人的,等等。所以一个人的名字中间肯定有一些文化符号在里面。虽然研究者不能改变被研究对象的种族,但可以改变人们对于种族的认知过程,这本质上是对处理变量的置换。通过这种置换,原来不可操控的问题变得具有可操控性,从而拓宽了社会科学的研究范围。

"结果的原因"和"原因的结果"

关于因果推论的研究设计,这部分要讨论的内容区分了"结果的原因"和"原因的结果"。这两个术语说起来有些拗口,两者之间有很大的区别,且这种区别对于理解经验社会科学研究有很重要的启示。为了说明这一点,大家首先可以回想一下,社会科学的研究通常采用什么进路?有一个词,或许大家都听说过,叫做问题导向。可是什么叫做问题导向呢?说起来也很简单,就是研究者有一个需要分析的问题,希望通过具体的研究来找出答案。也就是说,先有一个 Y,然后倒推回去看什么因素影响了 Y,这就是所谓的问题导向,即 Y 导向。就上面的两个术语区分来说,问题导向的社会科学思路看的是"结果的原因",即我们首先知道结果 Y 是什么,然后倒过去找原因 D(我们关心的自变量)。

但是"结果的原因"这个分析进路很不好做。例如,社会学家马克斯·韦伯的所有研究都围绕现代资本主义制度为什么在西方兴起这个大的主题。他分析了西方的法律制度,研究了西方的城邦体系,考察了西方的基督新教等。纵观韦伯的这些研究可以发现,这实际上看的是必要条件。也就是说,有了现代的资本主义制度这个 Y,那么前面谈的这些因素 D 都需要存在。可是,每个促进西方理性资本主义制度产生的原因单独来看,究竟有多重要呢,我们很难去评估。为什么现代理性的资本主义是在西方兴起的?有太多的原因,理性化的法律制度、理性化的经济簿记制度、基督新教的天命观和预定论等。最后如果要问,哪个因素是最重要的?韦伯可能会说,这没有办法评估,每个因素都很重要,且彼此高度相关。相信类似的情形在今天的社会科学研究中有很多。

遵循"结果的原因"这一分析思路可能还有另外一个比较负面的情况,即学者之间的研究有时候没法直接对话。有些学者专注于因素 A,有的学者专注于因素 B,他们究竟谁对呢?都对或者都不对,因为有可能大家都处于盲人摸象的状态。这种状态的一个结果就是,学者们有可能各自为战,缺乏有效的沟通。即使这些学者展开对话,他们也不是在一个解释因素上讨论的。还是以上面韦伯的经典命题为例,学者 A 特别强调宗教因素对西方理性资本主义发展的作用,学者 B 特别强调法律因素的作用。二人虽然研究的对象 Y 是一样的,但说的重点根本就不是一回事。也就是说,这两个人在针对不同的 D 进行对话,对话的难度可想而知。

综上所述,"结果的原因"这一分析思路虽然常见,但却经常使得一项研究变得越发复杂。我们拿到需要解释的变量 Y 之后,开始文献上的梳理,往往会发现很多可能的潜在解释,并将分析的重点放在某个特定变量上面。但是由于其他相关的因素也存在,且与我们关心的因素彼此相关,我们实际上难以真正确定我们关心的那个因素究竟有多大的解释力。从因果推断的角度来讲,遵循"结果的原因"这一分析思路,我们将不得不面对很多的潜在的混淆误差。

与"结果的原因"这一分析思路相比,"原因的结果"展示了另外一种分析思路。具体而言,"原因的结果"不是以问题 Y 为导向,而是以原因 D 为导向,其分析的重点就是希望了解 D 究竟能不能影响 Y,如果能的话,影响力有多大。其中研究者会采用各种各样的研究设计，尽可能去控制其他混淆因素的影响。遵循"原因的结果"这一分析思路的研究结论往往更加靠谱。为什么这么说呢？大家可以想象一下，如果在实验室里做严格的无菌实验，只是在培养皿里面放了某个细菌 A，最后出现了一个植物 B。我当然很自信地说，就是因为我放了 A 进去，B 才出现。顺着"原因的结果"这一分析进路，研究人员看的是一个推进性研究，关系未来的状态。而且，"原因的结果"这一分析思路研究考察的是充分条件，即如果 A 存在，是否能够必然导致 B 发生，这个结论相比于只能确定某种联系存在的"结果的原因"的思路更加强。从本质上说，"原因的结果"背后是实验的逻辑。而基本上，统计因果推断的各种方法都是采用这条路径：如何确定 D 影响了 Y，同时把各种各样的混淆因素控制起来。

综上所述，"结果的原因"和"原因的结果"代表了两种不同的研究范式。目前来说，"原因的结果"这个范式正在社会科学研究中日渐兴起。这也就是为什么越来越多的研究开始讲求经验分析和研究设计，力求通过精致的经验考察，确定一个或者有限几个变量的因果关系。这也就在一定程度上超越了传统的以"结果的原因"为基本分析思路的研究，从而从强调相关关系转而强调因果关系。

参考文献

Holland, Paul W. Statistics and causal inference[J]. *Journal of the American Statistical Association*. 1986, 81(396): 945-960.

第二章

随 机 实 验

前面一章谈到了因果关系的定义和因果推断的基本假设前提。在这一章,我们将介绍经典的因果推断方法:随机实验。可以说,随机实验是目前为止进行因果推论的最好的方法[①]。通过随机实验,前面谈到的四个基本的假设基本上都能够很好地满足。正因为如此,随机实验基本上在所有和科学研究相关的学科中都会用到。换句话说,凡是关心因果关系的学科,都或多或少地应用到随机实验的方法。在本章中,我们主要讲三个问题:首先是随机实验的定义和几种典型的随机实验类型;其次,为什么随机实验是科学研究的"金标准";最后,如何分析随机实验数据。

随机实验的性质与基本类型

随机实验的定义比较简单。本质上讲,随机实验能够保证每个被研究对象进入到控制组和实验组的概率是一样的。当然,这个概率不一定等于 0.5,可以等于任何一个介于 0~1 的数字(不能等于 0 或者 1),只是要求概率一样即可。这里有几种比较典型的随机实验可以介绍给大家,分别是伯努利实验、经典随机实验和分层随机实验。

伯努利实验是最简单的随机实验类型。在前文中曾经介绍过,研究者可以通过扔硬币决定被研究对象的处理变量取值,这就是伯努利实验。

---

① 当然,随机实验往往专注于特定的小的研究群体。为了提升外部效度,有时候需要同时在不同的群体中进行随机实验,以保证随机实验的结果具有一定程度的推广性。

例如，如果是正面，就去实验组，如果是背面，就进入控制组。很明显，通过掷硬币的方式，每个人进入实验组和控制组的概率都是 0.5，因此满足了随机实验的基本要求。假设我们有四个人，则伯努利实验的基本设计如图 2-1 所示。

个体1	0	0	0	0	1	0	0	1	1	0	1	0	1	1	1	1
个体2	0	0	0	1	0	0	1	0	0	1	1	1	0	1	1	1
个体3	0	0	1	0	0	1	0	0	1	1	0	1	1	0	1	1
个体4	0	1	0	0	0	1	1	1	0	0	0	1	1	1	0	1

图 2-1　伯努利实验

但是，伯努利实验有其自身的缺陷，即这种实验很容易造成样本损失。原因也很简单，假设我们有四个分析对象，大家都通过掷硬币决定进入实验组还是进入控制组。那么，四个人可能扔的都是背面，结果都不要吃药，即都进入了控制组，此时，这个研究便没有办法进行下去了，因为缺乏实验组的人。同样，另一个极端情况是，四个人掷硬币的结果都是正面，结果四个都进入实验组吃药，那就没有控制组了。除了这些极端情况之外，四个人里面也有可能三个人是正面的，或者三个人都是反面的，这就造成了实验组和控制组的人员不均衡。所以说伯努利实验不是最好的研究设计，它会造成样本损失或者分析的低效率。

基于伯努利实验，我们可以做进一步的改造，从而进行经典的随机实验。与伯努利实验相比，经典随机实验的特点在于需要研究者事先确定被研究对象里面有多少人去接受处理变量的特定取值。例如，如果是二分型的处理变量，研究者需要事先确定多少人进入实验组，剩下的自然进入控制组。比如，四个人里面，研究者可以要求一定要两个人进入实验组，两个人进入控制组，以求达到平衡。此时，如图 2-2 所示，与伯努利实验相比，很多掷硬币的分布状态不在考虑之列了（标注为灰色）。因为最后我们只能保留的是四个人里面两个人进入实验组而两个人进入控制组

个体1	0	0	0	0	1	0	0	1	1	0	1	0	1	1	1	1
个体2	0	0	0	1	0	0	1	0	0	1	1	1	0	1	1	1
个体3	0	0	1	0	0	1	0	0	1	1	0	1	1	0	1	1
个体4	0	1	0	0	0	1	1	1	0	0	0	1	1	1	0	1

图 2-2　经典随机实验

的情况，其他的不平衡的情况就被删掉了。

在经典随机实验的基础上，我们可以做进一步的优化，即分层的随机实验。分层随机实验的目的是要在实验之前，提前控制一些我们想控制的一些混淆因素（比如性别）。换句话说，研究者希望实验能够是在同样性别的人群中间去做对比。这样的话，自然就要保证在男生组内部做随机分配，在女生组内部做随机分配，而不是像经典实验那样男女生放在一起做随机分配。如果还是只有四个人，且其中有两男两女。分层随机实验下，我们会发现，男生组的两个人，肯定一个人吃药，一个不吃药，同理女生组也是如此。这时候对比同性别的这两个人的 Y 的取值差异，这种差异就是在控制了性别以后得到的信息，如图 2-3 所示。

男1	0	0	0	0	1	0	0	1	1	0	1	0	1	1	1	1
男2	0	0	0	1	0	0	1	0	0	1	1	1	0	1	1	1
女1	0	0	1	0	0	1	0	0	1	1	0	1	1	0	1	1
女2	0	1	0	0	0	1	1	1	0	0	0	1	1	1	0	1

图 2-3 分层随机实验

与经典的随机实验相比，分层随机实验进一步的限制了分析对象。比如，在四个人两男两女的情况下，用简单随机实验去做，有可能会发现实验组中两个人都是女性，而控制组中两人都是男性。这时候的问题是，如果 Y 呈现出了实验组和控制组之间的变化，究竟是因为实验的处理变量的影响还是因为性别的影响呢？因为处理变量的状态和性别完全重合，研究者是没有办法对这个问题做出回答的。既然无法区分，就有可能处理变量没有什么实际影响，我们看到的只不过是性别的作用而已。鉴于此，通常来讲，如果有比较强烈的理由认为有一些混淆因素存在，分层随机实验会使用的比较多。

随机实验在因果推断中的重要作用

正如上文所述，对于因果推断而言，随机实验可以说得上是最好的方法了。那么，随机实验为什么可以成为因果推断的重要工具乃至"金标准"呢？这一部分我们就具体讨论一下这个问题。

通常来讲,基本上做任何一个经验研究,最终目的只有一个,就是把影响 Y 系统性变化的原因找出来。什么是 Y 系统性变化的原因呢？比如说一个国家的煤炭消耗量,如果我们有一个时间序列数据的话,会发现,到了冬天,煤炭消耗量就上去,到了春天逐渐下降,夏天达到最低,到了秋天又慢慢上去。换句话说,对于煤炭消耗量而言,有一个季节性的变动状态,这个就是所谓的系统性变化。同样,受教育水平高的人收入就高,教育水平低的人没有教育水平高的人收入高,这也是一个系统性的变化。因为通过教育这个变量,我们可以将收入水平区分出高低两组,且组间收入差异很大。但是,如果收入是大家扔硬币决定的,扔一个硬币,正面的话 1 000 元,反面的话 2 000 元,那么我们的研究就没有办法去刻画系统变化。这是因为收入 Y 的变化,完全是因为一些随机事件造成的,我们几乎没有什么有价值的规律可以总结出来。

可以说,任何经验研究,针对任何一个我们感兴趣的响应变量,它的变化情况都有两个来源,一个是系统变异,这个系统变异通常是我们关心的处理变量带来的。另外一个可以叫做随机扰动,即这部分响应变量的变化是随机发生的,我们很难了解它的基本状态,因为它本身就是一个随机现象。如果用 $f(D)$ 表示因为处理变量造成的 Y 的系统变化, e 表示随机扰动,那么 Y 的取值可以表示为二者的加总:

$$Y = f(D) + e$$

这个模型和传统的 OLS 模型本质上是一样的。在面对这个模型的时候,我们通常关心的是,这个随机扰动 e 或许看起来是随机扰动,但是它背后可能还有其他的因素在发挥作用。比如, Y 如果是收入情况的话,我想知道什么决定了被研究对象的收入。上大学自然是一个决定收入系统变化的 D ,即上不上大学能够带来收入的系统变化,这是一个系统变异。但是对于收入而言,还有一些其他的随机的扰动因素存在,这些因素或许是综合了很多其他的收入决定因素而形成的。此时,如果这个随机性的变异太强,以至于系统性变异非常弱,那么一项研究的价值就会大打折扣。换句话说, Y 的变化是一个固定的值,如果我们找到的所谓系统性变化只是占了总体 Y 变化的一个很小的比例,比如 5%,剩下的 95% 都是因为随机变异造成的，这个结论基本上没有太大的价值①。基于上面的这个讨论，我们可以分析一下随机实验的重要作用。

简单来说，随机实验对于因果推断之所以重要，主要是因为这个方法可以让研究结论尽可能归于系统变化而非随机扰动。当然，在进一步讨论之前，需要注意，这里有一个前提，即样本一定要足够大。如果样本很小的话，统计检验力是不够的，因而结论就是不可靠的。统计检定力差，会造成很多时候处理变量的效果不显著。举一个例子，想知道在一个大学中生活的学生快乐不快乐。我们的研究仅仅在学校中随便找了一个学生询问其是否快乐。这个人说今天挺快乐的。此时如果我们得出结论，认为所有的这个大学的学生都很快乐，这明显是不对的。因为一个观测样本的统计力度不够，信息实在是太单薄了。要想知道整体的情况的话，可能需要问 50 个人或者 500 个人，才能作一个比较可靠的统计推断。因此，当我们在谈论随机实验的价值的时候，只要我们希望进行进一步的结论推广，我们就不得不尽可能保证随机实验的参与样本足够大。至于多少可以称得上是大样本，有专门的统计样本计算方法可供参考。此外，这里我们说需要大样本，也是因为我们希望保证研究不仅仅有内部有效性，也希望有外部有效性。对于社会科学而言，外部有效性是不可或缺的。我们研究一个小的样本，最终还是希望能够了解更多人的情况，而不是就 500 个人谈 500 个人。

假设样本足够大，那么随机实验的好处就在于，因为被研究对象是随机分配到不同的处理变量取值水平的，所以除了处理变量之外，其他所有的可见的不可见的混淆因素在两组之间都会被拉平。为了更好地理解这一点，不妨设想一个研究情景。如果一项医学研究希望检测某项药物的药效，但是一开始只找了两个人，一个人进了实验组，一个人进了控制组。由于样本实在太小，检定力肯定是不够的。因为这两个人除了吃药不吃药以外，他们有太多不同的地方了。比如说两人可能正好一男一女，男的进了实验组，女的进了控制组。我们不知道他们在药效 Y 上的表现差异

---

① 如果回到我们都比较熟悉的线性回归模型的话，很多时候要控制大量的变量，比如性别、年龄、户籍等，其最终的目的也是希望把这些控制起来的变量剔除出去以后剩下的 Y 的变动是对 Y 解释比例很小的随机扰动。

是因为实验组和控制组的区别还是因为性别的区别。这时候我们需要找更多的人进入研究。假设又找两个人，又是一男和一女，对他们再去随机分配，然后我们会发现，实验组的人变成一男一女，控制组的人也变成一男一女了。因为性别达到了平衡，这个情况就要比一开始的两个被研究对象的情况好很多。但还是不够，因为除了性别之外，还有别的影响药效的因素存在，比如老中青的年龄因素。作为研究人员，我们不得不不断地寻找新的研究对象，找到之后随机分配，一拨人进了实验组，一拨人进了控制组。大家可以想象一下，当我们不断重复这个过程的时候，这些潜在的看得到的或者看不到的混淆因素是不是都逐渐被拉平了？答案是肯定的。这个结论实际上有统计学的证据支持。长久来看的话，除了处理变量之外，所有的其他影响 Y 变化的因素在实验组和控制组两组之间平均而言都是一样的，不会有显著性差异。如果达到这种状况以后，实验组和控制组之间只有一个因素不一样，就是一组吃药了，一组不吃药。自然，如果我们最后发现实验组的比控制组的状态好（或者状态差），由于其他混淆因素都被拉平了，我们没有办法将这种组间差异归因于别的因素，只能够归因于吃药和不吃药这一处理变量了。所以说，随机实验的好处就在于，实验组和控制组的被研究对象如果在响应变量 Y 上有任何变化的话，只能归因于处理变量的取值不同。所有其他混淆因素都通过随机化的方式拉平，以至于实验组和控制组在混淆因素上已经没有系统性差异。

当然，社会学很少做随机实验，这其中有太多的伦理限制。例如，研究离婚对于精神状态的影响，我们不可能找来一帮夫妇，扔硬币随机决定，如果是正面就去办离婚证，如果是反面就回去接着一起生活。还有抽烟，如果要研究抽多少烟会对抽烟者造成身心伤害，我们也不可能扔硬币来决定，正面的话就让被研究对象回去每天抽五包烟，反面的话回去不要抽烟。因此，虽然随机实验是目前为止最好的展现因果关系的方法，但很多时候我们没有办法将这种研究用在人类身上。正因为如此，我们很多分析都是基于已经收集好的数据，也就是前文所谈到的基于观测资料的研究（observational studies）。观测性研究和实验研究最大的区别在于，不是研究者先找被研究对象并随机安排处理变量，而是先去收集很多调查资料,收集回来以后区别哪些人已经接受处理变量影响,哪些人没有接受处理变量影响。这和实验研究相比,代表了不一样的思路。以上面的药物研究为例,实验研究中研究者主动来找来一帮被研究对象,然后安排处理变量决定什么人吃药,什么人不吃药。而观测性研究则是,不管被研究对象的状态怎么样,研究者先在人群中抽样,抽到了被研究对象后,倒回去问他或者她有没有吃药,同时抽样后的问卷调查也会考察被研究对象的精神状态,以此探索其与吃药与否之间的关系。

和随机实验相比,观测性研究中很多潜在的混淆因素的影响都没有办法完全消除。如果是随机实验研究的话,吃不吃药是扔硬币的结果来决定的。但如果采取观测性研究(比如中国综合社会调查),被研究对象吃药不吃药有可能是他自己决定的。很显然,有很多因素决定了被研究对象是否吃药,因此人们进入实验组和控制组的过程不是随机的(比如,一个人感觉舒服的话就不吃药,不舒服才吃药)。既然不是随机的,那么就会有很多我们不希望看到的系统性偏差进来,这些系统性偏差有的是我们能够观测到并控制起来的,有的是我们观测不到无法处理的。我们只能采取一些后续的统计分析技术,尽量让观测性研究"像"随机实验。换句话说,研究者在收集资料后,通过统计处理,尽量把这些混淆因素在实验组与控制组之间平衡一下。但需要注意的是,这些都属于后续的努力,因此都不是最优的研究设计。打个比方,随机实验是将分析的计划纳入资料收集和研究设计过程,有些像人还没去世的时候做体检。但是,收集完资料用统计技术进行资料的补充处理,就好像是人已经死了,我们给他做尸检,这是两种不同的思路。很明显,人没死的时候做体检,很容易知道他如果有了某个疾病之后会造成什么结果。但如果人都死了,再去究竟什么原因造成他死亡,就会有太多的混淆因素进来。所以说,如果一项研究可以做随机实验,当然尽可能做随机实验。随机实验还有一点好处,研究者不需要控制任何其他混淆变量。因为,通过随机分配的方式,所有的处理变量之外的影响响应变量取值的因素,理论上都已经在实验组与控制组之间达到平衡了。因此,研究者只需要看一看实验组和控制组在响应变量上取值是不是有差异就可以了。这本质上就成了传统的

T 检验。如果我们希望考察其他的因素，再作一个方差分析也就可以了。这在很多基于实验的经验分析中很常见。比如，在一个大学招募 20 个学生，通过随机分配，给 10 个学生糖吃，给 10 个学生辣椒吃，看他们的心理状态怎么样。类似的研究不需要收集被研究对象的很多其他背景资料。

如何分析随机实验数据

上文提到，基于随机实验得到的研究资料相较于基于观测性研究的资料而言，具有比较简单的分析过程。由于相关混淆因素对于响应变量的影响都能够通过随机化的过程拉平，因此研究者只需要将关注点置于处理变量之上即可。在现有的研究实践中，我们有两种分析随机实验数据的方法。第一种方法就是 T 检验。第二种称为费舍尔精确检验（Fisher's Exact Test）。这里用一个简单的例子来说明两种方法的异同。

假设目前一项研究中有六个研究对象，给他们随机分配一些教学项目，一部分人分配到新的教学项目里，一部分人分配到旧的教学项目里。他们在不同的教学项目里待了一个学期以后看他们的考试成绩，如图 2-4 所示。

个案	教学项目	考试成绩
1	新	85
2	新	92
3	旧	81
4	新	95
5	旧	76
6	旧	80

图 2-4 随机实验举例

按照 T 检验的分析思路，我们看的是新教学项目组的个体的平均成绩和旧教学项目的个体的平均成绩之间究竟有没有显著性差异。假设

"1"代表了新的教学项目,"0"代表了旧的教学项目,在这六个被研究对象中,处理变量的取值就是 1-1-0-1-0-0。用传统的 T 检验分析,采用以下 R 代码,得出分析结果。

$$y=c(85,92,81,95,76,80)$$

$$t.test(y\sim c(1,1,0,1,0,0))$$

```
        Welch Two Sample t-test

data:  y by c(1, 1, 0, 1, 0, 0)
t = -3.5, df = 2.9931, p-value = 0.03962
alternative hypothesis: true difference in means is not equal to 0
95 percent confidence interval:
 -22.288637  -1.044696
sample estimates:
mean in group 0 mean in group 1
      79.00000         90.66667
```

p 值是 0.039 62,说明这两组之间是有显著差异的。

在 STATA 中,类似的 T 检验也可以操作,代码如下。结论与这里的一致,不再赘述。

use "C:\Users\admin\Desktop\random exp.dta"

ttest score, by (program)

```
Two-sample t test with equal variances

  Group |   Obs        Mean    Std. Err.   Std. Dev.   [95% Conf. Interval]
      0 |     3          79    1.527525    2.645751    72.42759    85.57241
      1 |     3    90.66667    2.962731    5.131601    77.91906    103.4143
combined |     6    84.83333    3.004626    7.359801     77.1097    92.55697
   diff  |           -11.66667    3.333333                -20.92148   -2.41185

    diff = mean(0) - mean(1)                                       t =  -3.5000
Ho: diff = 0                                    degrees of freedom =        4

   Ha: diff < 0              Ha: diff != 0              Ha: diff > 0
 Pr(T < t) = 0.0124      Pr(|T| > |t|) = 0.0249      Pr(T > t) = 0.9876
```

关于 T 检验,这里还是有一些地方需要说明的。T 检验的来源是尼曼(Neyman)的重复抽样检验。从因果推论的角度来看,处理变量对于响

应变量的影响,也就是我们关心的因果关系 τ,可以表示为

$$\tau = \frac{\sum_{i=1}^{N} Y_i(1)}{N} - \frac{\sum_{i=1}^{N} Y_i(0)}{N} = \overline{Y(1)} - \overline{Y(0)}$$

而对它的估计量则是

$$\hat{\tau} = \frac{\sum_{i=1}^{N_t} Y_i \times T}{N_t} - \frac{\sum_{i=1}^{N_c} Y_i \times (1-T)}{N_c}$$

即组间均值。可以证明,这个估计值是无偏的,也就是说,$E(\hat{\tau}) = \tau$。

至此,这与传统的独立样本 T 检验一致。但是,在传统的独立样本的 T 检验里,两组均值差异的方差是实验组的方差比上实验组的样本量大小,加上控制组的方差比上控制组样本量的大小。但是,基于严格的数理推导,实验组的均值和控制组的均值之差的方差实际上有三部分组成,一部分来自实验组,一部分来自控制组,第三部分来自二者的协方差,表示如下:

$$\mathrm{var}(\hat{\tau}) = \frac{S_T^2}{N_T} + \frac{S_C^2}{N_C} - \frac{S_{TC}^2}{N}$$

之所以有协方差存在,是因为我们将实验组的人看作 $Y(1)$ 的观测,控制组的人看作 $Y(0)$ 的观测,但是对于同一个个体而言,$Y(1)$ 和 $Y(0)$ 肯定是相关的,因此我们假想同一个人分别放入实验组和控制组后,他们的取值应该有一定的联系。例如,一个老人放入实验组后的症状表现和他放入控制组的症状表现应该有联系,这种联系来自这同一个个体的生理情况。因此,在计算组间均值差值的方差的时候,严格来讲需要减掉一部分的协方差。但是问题在于,这部分的协方差无法直接计算。如果想计算出协方差部分,需要同时知道 $Y(1)$ 和 $Y(0)$,当然,这是无法满足的(因果推断的基本问题)。正因为如此,如果采用传统的 T 检验方法来做因果推论问题,所使用的方差实际上是被夸大了的。简单地假设 $Y(1)$ 和 $Y(0)$ 彼此独立,也就是认为协方差为 0,但是严格的计算过程还需要减掉一个正数的。也就是说,虽然这里的 p 值

是0.039,但如果真的把没有看到的协方差考虑进去的话,p值会变得更小一点。

对于T检验而言,研究者关心的问题是,实验组和控制组的均值是不是一样。但我们都知道,均值这个统计量很多时候并不可靠。在算平均收入的时候,把一个富翁拉进来,一下子整体显得平均收入很高,但实际上这种很高的平均收入隐藏了内部的不均衡,所以平均收入不是一个很好的指标,其对于极值的影响反应是很大的。那么相比于T检验,一个替代方案就是费舍尔的精确检验方法。和尼曼不同,费舍尔的假设可以称得上强(strong)零假设。对于尼曼的T检验而言,零假设是组间均值相等(例如,$\mu_{实验组} = \mu_{控制组}$)。但费舍尔而言的零假设更加强,是指对于每个个体而言,处理变量没有任何效果(例如,$Y_i(1) = Y_i(0)$)。也就是说,尼曼看的是处理变量的组间效果,而费舍尔看的是处理变量对于个体的效果。因此,费舍尔的假设较之尼曼而言更强,故而叫强零假设。

基于这样一个强零假设,后续的工作就和尼曼的思路有所不同了。传统的T检验要通过零假设建立一个零分布,如果我们知道零假设下的统计量是一个正态分布,那么就能够看极值部分(尾部)的面积,这就是p值。我们也要建立一个基于零假设的零分布。由于尼曼的思路是反复抽样,因此我们通常认为零分布是正态分布。但是在费舍尔这里,并不假设零分布服从任何已知的分布形态,而是基于排列组合来构建"经验"零分布。我们还是回到刚才的教学项目的例子,基于强零假设的话,这个教学项目对于"每个人"来讲没有任何效果。因此,一个人进入哪一个教学项目组,应该不会改变其成绩。比如,这里的1号,他实际上分配的是新的教学项目组,他的考试得分是85分。那么,如果这个教学项目对他没有任何作用的话,同时如果他当时分配在一个旧的教育项目组的话,他的成绩是多少呢?还是85分。这时候就可以把这六个教育项目重新分配,然后就得到一个新的成绩,如图2-5所示。

可以看到,4号和5号还是分配在原来的教学项目,但1号已经到旧的教育项目组了。虽然分配到旧的项目组里面,但他的考试成绩应该还是85分。由于这里的85分不是我们直接看到的,而是基于强零

个案	教学项目	考试成绩
1	旧	(85)
2	旧	(92)
3	新	(81)
4	新	95
5	旧	76
6	新	(80)

图 2-5 随机实验举例之强零假设状态

假设推论的,因此加了括号。以此类推,每个人都做了类似的工作。基于这个新的表格,可以计算新的教育项目组和旧的教育项目组之间的组间均值差异。如果看原始数据,组间差异是 11.67 分。但重新洗了一遍牌,再做一个分配的话,得到的组间差异就不一样了。换句话说,这时候再看新的教学项目组和旧的教学项目组的均值差异就不一定是 11.67 分了。如果把这 6 个教育项目组不断去洗牌,那有几种排列组合呢?可以算出来,是 $\frac{6!}{3!\ 3!}=20$,如图 2-6 所示。

图 2-6 随机实验举例之所有排列

针对每一种排列,都可以计算一下新的教育项目和旧的教育项目之间的均值差异,从而得到一个差值的分布,这就是基于强零假设的零分布了。这时候我们再把实际计算得到的 11.67 分放在这个分布上。可以发现它在一个很极端的位置,由此我们就可以把零分布拒绝,即拒绝强零假设。如果在 R 里面做的话,可以把处理变量的分配做一个排列组合,从 6 个人里面取 3 个,分成实验组、控制组,针对每一种组合做一个简单线性回归(类似于计算组间差异),得到一个回归系数。这时候再把观测到 11.67 的点在这上面标注出来。代码如下:

```
library(choplump)
y=c(85,92,81,95,76,80)
x=t(chooseMatrix(6,3))
coef=rep(NA, 20)
for (i in 1:20) {coef[i]=as.numeric(lm(y~x[,i])$coefficients[2])}
hist(coef)
abline(v=11.67,col="green")
```

具体的分析结果如图 2-7 所示（此为零分布）。

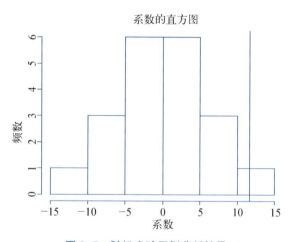

图 2-7 随机实验示例分析结果

在零分布上右边的一条竖线代表了观测到的 11.67。这条线在一个很极端的位置上，那就说明，这个 11.67 是真的很大的一个数字，而不是通过随机的排列组合就随便能得到的。因此，可以得出结论，这两个教学项目的确对学生的成绩有不同的影响。

在 STATA 中，我们可以进行类似的分析，代码如下：

```
use "C:\Users\admin\Desktop\random exp.dta"
permute program _b[program], nodrop right reps(20): regress score program
```

经验结论与这里的一致，11.67 的观测值是比较极端的。

```
Permutation replications (20)
----+--- 1 ---+--- 2 ---+--- 3 ---+--- 4 ---+--- 5
..................
Monte Carlo permutation results                Number of obs   =          6
     command:  regress score program
       _pm_1:  _b[program]
  permute var: program
------------------------------------------------------------------------------
T              |    T(obs)       c       n   p=c/n   SE(p)   [95% Conf. Interval]
-------------+----------------------------------------------------------------
       _pm_1 |   11.66667       1      20  0.0500  0.0487   .0012651    .2487328
------------------------------------------------------------------------------
Note: confidence interval is with respect to p=c/n.
Note: c = #{T >= T(obs)}
```

这里插一句题外话,费舍尔当时是怎么想到这么一个"聪明"的主意的呢?他这个思路来自很有名的叫做女士品茶的实验。当时一位英国老太太说,英国茶和牛奶,先放牛奶和先放茶,它的口味是不一样的。当时很多人不相信,茶和牛奶混在一起了,谁先放谁后放有什么区别呢?但费舍尔想到这么一个方法来测试这个老太太是不是真的能够判断出口味的差异。遵循同样的逻辑,比如说让这位老太太连喝六杯茶,三杯是随机先放奶后放茶,三杯随机先放茶后放奶。喝完以后让这位品茶的人判断这六杯茶哪些是先放奶,哪些是先放茶的,以此计算她的正确率(比如其正确率为70%)。这里要问的就是,她如果靠猜能不能达到70%的正确率呢?如果她靠猜就能达到70%,那就说明她根本没有这个辨识能力的,但如果靠猜"很难"达到70%,那就说明她确实有这个辨识能力。那问题是怎么判断她是不是猜的呢?费舍尔就用了强零假设的逻辑。如果她是猜的话,对于这位老太太而言,先放茶和先放奶,她给出的答案应该都是一样的。同理,列举出各种排列组合,最后得到了零分布。基于这个分布,看老太太实际的70%的正确率所处的位置。如果她的正确率的数值在零分布上处在一个很极端的位置上,那说明她很有可能不是猜的。因为如果靠猜的话,很难达到这么高的正确率。但如果70%的正确率在分布的中间位置,那就说明随便猜一下就能达到70%的正确率,自然不能说老太太有很高的品鉴能力。

在社会科学研究中,也有类似的分析思路。例如,一项研究探索了美国各个县宗教组织的多样化程度和当地居民宗教参与情况的关系（Voas,Crockett and Olson,2002）。他们可以用赫芬达尔指数计算多样性,用各个县信教居民的比例计算宗教参与情况。基于观测数据,每个县都能计算其多样化程度和宗教参与情况,以此知道二者的相关程度,这是观测到的信息。那么为了进行费舍尔精确性检验,研究者可以把这些宗教组织在不同县之间进行重新排列,就像洗牌一样。每洗一次牌,就计算一下宗教多样化程度和宗教参与情况之间的关系。在多次洗牌之后,我们得到基于强零假设的零分布,然后就去看观测到的二者之间的关系在整个洗完牌之后得到零分布上关系的位置,这是一个很好的分析思路。而这个思路也直接将我们引入到排列检验（permutation test）这一方法。所谓的排列检验,指的是不一定要穷尽各种潜在的组合,而是每一个重新对处理变量的分配进行排列,然后计算这种随机排列下的所谓处理效应。在多次排列后,我们就能够建构类似于强零假设那样的零分布,以便进行假设检验。例如,我们如果想知道教育和收入的关系,并对其进行排列检验,可以采用以下代码：

library(foreign)

cgss <— na.omit(read.dta("C:\\Users\\admin\\Desktop\\CGSS10toy12.dta"))

library(coin)

independence_test(lgindiannualincome ~ edu4, data = cgss)

可见,教育和收入之间有着显著的联系。

```
Asymptotic General Independence Test

data:  lgindiannualincome by edu4
Z = 28.388, p-value < 2.2e-16
alternative hypothesis: two.sided
```

在 STATA 中,类似的分析通过以下代码实现：

use C:\Users\admin\Desktop\CGSS10toy12.dta

#从后面的回归模型中抽离出 edu4 的系数 b#

permute edu4 _b[edu4], : regress lgindiannualincome edu4

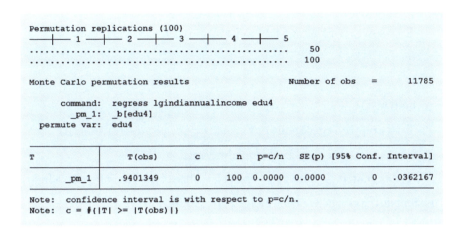

由于 p 值小于 0.001,我们可以说,教育水平的确会对收入产生显著影响。这一结论是通过非参数的排列检验得来的,其中没有任何对零假设分布形态的规定(我们不要求正态分布)。

基于排列检验,我们可以进一步引入控制变量。罗森鲍姆(Rosenbaum, 1984)指出,如果存在控制变量,我们可以对排列检验的统计量进行调整,以控制这些控制变量的效果。假设各个控制变量构成的矩阵为 $\boldsymbol{X}$,那么定义 $\boldsymbol{M} = \boldsymbol{I} - \boldsymbol{X}(\boldsymbol{X}'\boldsymbol{X})^{-1}\boldsymbol{X}'$,则在去除控制变量影响后的统计量可以写为

$$(\boldsymbol{T}'\boldsymbol{M}\boldsymbol{T})^{-1}\boldsymbol{T}'\boldsymbol{M}\boldsymbol{y}$$

还是接着上面的例子,假设我们希望控制年龄、民族、性别、父母教育水平、年龄平方、父母的户籍状态,可以采用以下 R 代码:

＃5013 个分析对象,1257 上过大学＃

set.seed(1)

test＝rep(NA,500)

for (i in 1:500){

edu＝ sample(cgss$edu4)

T＝as.matrix(edu)

Y＝as.matrix(cgss$lgindiannualincome)

X＝as.matrix(cbind(cgss$age, cgss$han, cgss$female, cgss$fedu, cgss$medu, cgss$age2, cgss$fhkagr, cgss$mhkagr))

M= diag(dim(X)[1])−X%*%solve(t(X)%*%X)%*% t(X)

TS=solve(t(T)%*%M%*%T)%*%t(T)%*%M%*%Y

test[i]=TS

}

hist(test)

T=as.matrix(cgss$edu4)

Y=as.matrix(cgss$lgindiannualincome)

X= as. matrix(cbind(cgss$age, cgss$han, cgss$female, cgss$fedu, cgss$medu, cgss$age2, cgss$fhkagr, cgss$mhkagr))

M= diag(dim(X)[1])−X%*%solve(t(X)%*%X)%*% t(X)

TS_obs=solve(t(T)%*%M%*%T)%*%t(T)%*%M%*%Y

abline(v= TS_obs,col="green")

结果发现,教育水平在控制了一系列的控制变量之后,还是显著地和收入相关,如图 2-8 所示。

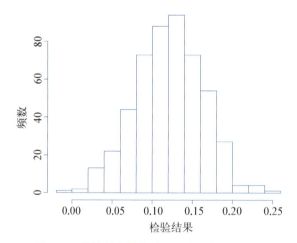

图 2-8 有控制变量的随机实验示例分析结果

在 STATA 中,我们的操作相对而言比较简单,代码如下。结果还是统计显著的。

use "C:\Users\admin\Desktop\random exp.dta"

permute edu4 _b[edu4],: regress lgindiannualincome edu4 age han female fedu medu age2 fhkagr mhkagr

```
Permutation replications (100)
----+--- 1 ---+--- 2 ---+--- 3 ---+--- 4 ---+--- 5
.................................................. 50
.................................................. 100

Monte Carlo permutation results          Number of obs  =    11785

      command:  regress lgindiannualincome edu4 age han female fedu medu age2 fhkagr mhkagr
        _pm_1:  _b[edu4]
   permute var:  edu4

------------------------------------------------------------------------------
      T |    T(obs)       c       n   p=c/n    SE(p)  [95% Conf. Interval]
--------+---------------------------------------------------------------------
  _pm_1 |   .8240512       0     100  0.0000   0.0000        0    .0362167
------------------------------------------------------------------------------
Note: confidence interval is with respect to p=c/n.
Note: c = #{|T| >= |T(obs)|}
```

到目前为止，我们已经介绍完了随机实验的基本原理和分析方法。从本质上看，随机实验的方法并不复杂，它的所有工作都取决于研究者能不能把感兴趣的处理变量随机地分配到不同对象上。如果一个研究的主题可以做随机实验的话，一个建议是尽量做随机实验，这样的话，后续的分析会非常简单。美国20世纪在经济学领域就有过这方面的讨论，也有文章论证不是实验的研究结论都不可靠（Lalonde，1986）。从这些争论以后，美国政府的很多决策都尽量去进行随机实验，这给研究者提供了很多的便利。同时，这些举措也让随机实验方法日渐深入人心。举一个例子，选举的时候，候选人的信息印在宣传手册上的第一页和最后一页可能有不一样的效果。所以美国加州采取随机分配的方法安排候选人在宣传手册上的位置，从而使得发到每个投票人手里的宣传手册可能各不一样。同一个候选人，有的印在第一页上，有的印在第三页上，等等。通过这样的设计，研究者就能够知道宣传手段对选举结果有什么影响（Ho和Imai，2006）。此外，还有一个很有名的随机实验的例子，美国去越南打仗的征兵过程采取抽签的方式进行，比如说123456，抽中456上前线，抽中123回家不用打仗（Angrist，Imbens和Rubin，1996）。这些操作听起来好像是游戏一样的，但正是因为有这样操作，给了后续社会科学家们很好的研究机会。

目前，我们在国家层面上的政策进行随机实验的并不多。但是一些区域性政策的实施也日渐有随机性安排在里面。比如，北京的抽签摇号拿车牌。我们假定它是随机的，那么就可以看拿到车牌的因果效果。实际上很多经济学家用工具变量的方法来做，他们认为随机获取车牌是一个很好的工具变量。但此类研究一个潜在的问题是，我们虽然找到了很好的随机安排，但很难找到有社会意义的 Y。换句话说，拿到车牌的和没拿到车牌的人相比，我们究竟希望比较什么 Y 呢？和摇号拿车牌不一样，摇号上战场，有很多我们可以研究的实际问题，比如说上战场以后就不可能去上学，那人力资源积累就少了，是不是退伍回来以后工资就比那些没有上战场的低。这个问题具有很重要的现实意义，但是通过摇号分车牌，我们的研究却容易找不到被车牌影响的有实际意义的 Y。

参考文献

1. Voas, David, Alasdair Crockett, and Daniel VA Olson. Religious pluralism and participation: Why previous research is wrong[J]. *American Sociological Review*. 2002, 67(2): 212-230.
2. Lalonde, R. Evaluating the Econometric Evaluations of Training Programs[J]. *American Economic Review*. 1986, 76, 604-620.
3. Ho, Daniel and Kosuke Imai. Randomization Inference with Natural Experiments: An Analysis of Ballot Effects in the 2003 California Recall Election[J]. *Journal of the American Statistical Association*. 2006, 101: 888-900.
4. Angrist, Joshua D., Guido W. Imbens and Donald B. Rubin. Identification of Causal Effects Using Instrumental Variables[J]. *Journal of the American Statistical Association*. 1996, 91(434): 444-455.
5. Rosenbaum, Paul. Conditional Permutation Tests and the Propensity Score in Observational Studies[J]. *Journal of the American Statistical Association*. 1984, 79(387): 565-574.

第三章

观测研究初步：有限混淆变量

在第一部分的最后一章，我们开始讨论观测性研究。前文已经说过，在经验分析中，如果能够做随机实验尽量做随机实验，但对于大多数的社会科学的研究主题而言，随机实验并不一定可行，因此观测性研究成为大多数经验社会科学的必选方案。观测性研究相比于随机实验而言，复杂在于我们需要控制很多潜在的混淆变量。例如，在分析大学教育的经济回报的时候，需要尽可能控制那些既影响大学入学机会又影响收入水平的变量。很明显，这种混淆变量有很多。但如果一项研究的混淆变量只有有限的几个，且研究者手头有这些变量的经验测量，那么我们面对的情况就叫做有限混淆变量。此时，研究者需要做的，只是把这些变量给控制起来即可。当然，这种情况并不多见，很多时候混淆变量并不是有限且可观测的，因此这里才称之为观测研究初步。但是了解有限混淆变量情况还是有必要的。一方面，这部分的讨论有助于我们进一步理解传统统计分析方法可能存在的问题。另一方面，本章的内容也可以为后续的更为复杂的因果统计分析模型做准备。具体而言，我们讲三种处理有限混淆变量的方法，一种叫回归，一种叫细分，一种叫加权。

回 归 法

所谓回归法，就是传统的回归模型，比如 OLS、广义线性模型等。这种模型的共同点在于，可以将一系列的混淆变量的观测作为控制变量放

在模型中,从而起到消除控制变量影响的作用。其可表示为

$$Y = f(D) + f(C) + e$$

在上面的公式中,响应变量Y可以表示为处理变量D、控制变量C和随机扰动项e的函数。在此函数中,D的效果就是在控制了C的前提下的效果。

说到回归模型,今天的社会科学量化研究往往会质疑回归模型在因果推论方面的作用。实际上,这种争论在统计学领域里面也是一直存在的。究竟回归模型能否帮助我们建立因果关系呢?Shadish等人在2008年有一篇论文讨论了这一问题(Shadish,Clark和Steiner,2008)。具体而言,他们看的是各种控制混淆变量的方法是否能够复制基于随机实验的结论。其中,基于控制变量的回归模型有很好的表现。换句话说,通过Shadish等人的研究,传统的回归方法在满足一定条件的前提下也是能够复制随机实验的结果,从而给出因果关系的估计。这无疑给长于回归分析的社会科学研究者带来了很大的信心。这个研究过程如图3-1所示。

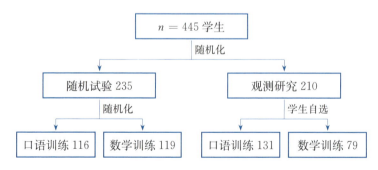

图3-1 随机实验设计验证回归模型效果

研究者共找到455个学生,通过随机安排的方式,235个学生进入随机实验组,210个学生进入观测研究组。然后,随机实验组再进行第二次随机安排,有的学生随机接受口语训练,有的学生随机接受数学训练,这就是一个很典型的随机实验了。与之对比,在观测研究组,实验人员让学生自选是否进入口语训练还是数学训练。当然了,一旦允许被研究个体自选,他们背后的各种社会因素都会起作用,比如说男生怎么选,女生怎

么选,城市人口怎么选,农村人口怎么选,各种复杂因素的不同组合都会有各种影响。基于这种研究设计,我们发现,第一步区分随机实验组和观测研究组的时候是随机安排的。因此,这两组的研究设计(一组经过二次随机安排不同的训练,一组通过自选进入不同的训练)具有可比性。最后发现,通过各种各样的观测性分析操作(包括多元回归)得到的结论和随机实验(第二次随机)研究得到的结论是非常近似的。因此,即使是在因果推论的研究中,可以说回归模型也是有价值的。在实践操作过程中,通常而言,研究者只要能够有效地把混淆因素通过回归模型控制起来,得到的结论就是和随机实验的结论实质上趋近。区别可能只是一个得到的点估计值是5.1,一个得到的点估计值是6.1。但二者都是统计显著的,而且符号一致。这对于大多数社会科学研究而言,已经足够了。这是因为我们很多时候不是特别在乎具体的数值,而是看数值所反映的实质结论。例如,这个系数是不是在常规的显著性水平上显著,系数是正还是负。原则上讲,只要系数正负方向和统计显著性是一样的,我们基本上会认为二者的结论一致。

虽然这个研究给我们一定的信心,但回归法依然有一个不得不面对的问题:外推(extrapolation)。什么叫外推呢?这里举一个例子(如图3-2所示)。在散点图上有三个点,我们基于这三个点做了一个回归模型。当X取值是x_1的时候,Y的取值是什么呢?很多时候,我们倾向于给出基于回归模型做的预测值y_1。但是如果退一步仔细想一下,我们怎么知道X取值为x_1的时候,它的Y值就一定是y_1呢?得出这个结论,依据是什么呢?依据可能是回归模型的拟合优度。比如图中的回归模型,所有的观测点都在回归线上,我们很难得到一个更好的模型了。此时,我们会说,这个模型拟合的那么好,那么对X取值为x_1时,Y的取值的最好的猜测应该就是y_1了。但是,实际上在图中阴影部分的区域是一大片空白。换句话说,没有任何资料来告诉我们这部分的数据区域中X和Y的关系

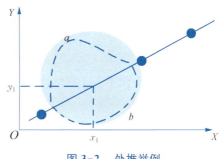

图3-2　外推举例

的基本模式。有可能是曲线 a 的关系,也有可能是曲线 b 的关系。实际上没有办法从经验上去确定 X 和 Y 之间在阴影部分就一定是线性关系。此时,利用别的数据点建立的模型去推广到没有直接数据支撑的部分,就是所谓的外推。

对于经验研究而言,外推是我们经常使用或者默认的方法。但是在一些具体的研究中,外推有可能带来问题。打个比方,这就类似于医生找了一些病人拟合了一个模型来确定药效,然后把这个结论用到一些新的病人身上。有时候这样做没有问题,但是万一这些新的病人和医生建立结论依据的那些病人有系统差异呢?有没有可能,医生的药对建立模型的这些病人有很好的效果,但是对新的病人毫无疗效甚至有反作用呢?某种意义上,这也是为什么任何药品出来后都要超出实验室的范围进行临床研究,以便最后把药效尽可能推广到一些没有实验涉及的人群身上。

在我们平时的研究中,很多时候没有意识到外推的问题,但这绝不意味着外推的问题不存在。这里我可以举个例子。假设一共有三个变量:是否上大学、收入情况和性别。我们都知道,在分析上大学和收入关系的时候,性别是一个很重要的混淆因素,女性相对男性在上大学机会上有劣势,而同时女性相对于男性而言在劳动力市场也有劣势。如果我们不控制性别,而只是简单地看上不上大学和收入的关系,这个结论是存在潜在的选择性误差的。面对这种情况,理想的数据信息应该是这样的,做一个 2×2 的表格,分别对应上不上大学和男女性别(如图 3-3 所示)。然后在每一个横的两组之间做对比(分别计算 $b-a$ 和 $d-c$),然后再算它们的加权平均。我们得到的就是在控制了性别以后上不上大学对于收入的影响。

	不上大学	上大学
男性	a	b
女性	c	d

图 3-3 上大学和收入关系的外推举例

比如说,男性中上大学的人的平均收入 b 是 100,不上大学人的平均收入 a 是 80。女性中间上大学的个体的平均收入 d 是 80,不上大学的个体的平均收入 c 是 60。如是男性女性人口比例是一样的,最后上大学对收入的影响就是 $(100-80+80-60)/2=20$。

那么，如果所有的女性都不上大学，上大学的人里面都是男性的话，我们的分析能不能进行下去呢？答案是否定的。因为这个 2×2 方格中少了一个方格的信息，我们因此不能计算针对女性的大学回报，自然不能计算后续的加权信息了。按照这样的设计，随机产生了一些数据，如图 3-4 所示。

	gender	college	income
1	1	1	25
2	1	1	20
3	1	1	20
4	1	1	50
5	1	0	10
6	1	0	10
7	1	0	5
8	1	0	8
9	0	0	7
10	0	0	6
11	0	0	4
12	0	0	3
13	0	0	3
14	0	0	2
15	0	0	1

图 3-4　外推举例之假想数据

这个数据中，女性(gender=0)上大学(college=1)的人数为零。如果我们希望分析在控制了性别后大学教育的收入回报，这个分析理论上讲是没有办法进行下去的。但如果把这个数据放到 STATA 里面去分析，会发现 STATA 仍然会报告一个结果。

```
. reg income i.college i.gender

      Source |       SS       df       MS              Number of obs =      15
-------------+------------------------------           F(  2,    12) =   14.99
       Model |  1656.67143     2  828.335714           Prob > F      =  0.0005
    Residual |  662.928571    12  55.2440476           R-squared     =  0.7142
-------------+------------------------------           Adj R-squared =  0.6666
       Total |      2319.6    14  165.685714           Root MSE      =  7.4326

------------------------------------------------------------------------------
      income |      Coef.   Std. Err.      t    P>|t|     [95% Conf. Interval]
-------------+----------------------------------------------------------------
   1.college |       20.5   5.255666     3.90   0.002     9.048888    31.95111
    1.gender |   4.535714    4.65865     0.97   0.349    -5.614612    14.68604
       _cons |   3.714286   2.809272     1.32   0.211    -2.406591    9.835163
------------------------------------------------------------------------------
```

那么 STATA 怎么算出来这么一个遗漏方格的信息从而计算出上大学能够带来 20.5 个单位的收入的提升呢？实际上，这里就是外推在起作用。这里可以认为这三个变量构成一个三维空间。那么，空间上有一些空白点。但是，基于已有数据构成的平面基本上取代了空白点，从而把模型信息代入到空白点的地方。以这个例子中的数据为例，我们把它们画到一个 3D 散点空间中，如图 3-5 所示。可以看到，在四个支柱处，有三个都有数据点支持，但是有一个缺乏数据。但是这并不妨碍回归模型设置一个回归平面，并基于这个平面和缺乏数据点的支柱的交叉来"外推"到那些实际不存在的上大学的女性的平均收入水平，如图 3-5 中点 A 所示。和上面的二维例子一样，这个点 A 的信息基于的是模型的外推，而在这个支柱的位置上是没有任何经验信息的。但是很遗憾，这种外推的应用是软件默认的操作，我们并没有办法直接从模型结果中检查出来。

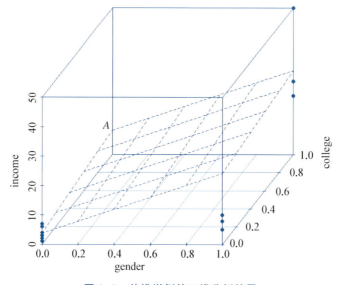

图 3-5　外推举例的三维分析结果

外推对于因果推论而言，最大的问题在于结论有可能不是数据的经验模式，而是混杂了基于模型对于未知数据区域的猜测。究竟猜测的数值为何，自然取决于拟合的模型是什么样的。正如上面的二维数据的例子中展示的，线性模型和曲线模型对于未知区域的数据模式的猜测是不同的，自然结论也不同。我们对于因果关系的推论就很大程度上取决于模型的形式。形式不同，估计值就不同。也就是说，我们的结论很不稳健。

从另外一个角度来讲，上面的问题也就是因为我们没有办法去严格地控制性别。换句话说,性别这个混淆因素在上大学和不上大学之间是高度不平衡的。在随机实验一章中,我们已经谈过,随机实验的优势在于能够将混淆因素在实验组和控制组之间拉平,从而保证混淆因素的平衡性。也就是说,除了混淆因素外,只有处理变量的取值在实验组和控制组之间有所不同。但是上面这个例子,性别作为混淆因素明显在大学组和非大学组之间不平衡:男性占了100%,而女性是零。那么,我们估算的因果关系就有瑕疵,因为实际上根本就没有任何经验信息告诉我,女性的大学教育的经济回报是多少。所以,这看似控制了性别的大学教育回报研究中,性别因素实际上是在上不上大学的两组人之间不平衡的。在STATA中,虽然统计结果告诉我们性别对于收入没有显著的影响(p值是0.34),但由于性别没有办法在实验组和控制组之间达到平衡,这里所谓的控制的性别是一个假的控制。

综合上面的例子,我们可以认为,在做社会科学研究的时候,完全可以用回归模型去做因果推断。但要时刻注意的一点是,有可能在回归模型中,虽然放了很多控制变量,但这些控制变量在实验组和控制组之间并不平衡。一旦出现这种情况,我们的回归结果就有可能不能做因果性的诠释。因此,单单去看统计输出结果有时候是有问题的。比如上面的输出表格,模型的R方能达到71%,这对于一般的社会科学研究而言,可谓完美了。可惜的是,这么完美的一个分析结果,如果从因果分析的角度来讲,却是站不住脚的。

细 分 法

传统的回归模型在因果推论上的问题在于研究者无法直接观察到混淆变量在处理变量不同水平下的平衡情况,一个最直接的解决办法就是一一查看混淆变量的平衡性,然后在混淆变量取值一致的情况下(例如都是男性,或者都是城市人口),分别考察因果关系,之后汇总。在混淆变量的数量有限且存在相关的测量的情况下,这不失为一种很好的分析策略。在因果推论的文献中,这种分析方法也称为细分法(subclassification),如表3-1所示。

表 3-1 细分法举例

	抽卷烟	抽雪茄和烟斗
死亡率(每千人·年)	13.5	17.4
按照年龄细分		
两组	16.4	14.9
三组	17.7	14.2
11组	21.2	13.7

为了展示细分法的主要思路和优势,这里采用统计学家 Cochran 的一个非常经典的研究(Cochran,1968)。他关心的是抽烟和死亡率之间的关系。具体而言,有两种烟,一种是卷烟,一种是雪茄和烟斗。针对每种抽烟方式,他收集了每千人每年的死亡人数,然后对比。结果发现,抽卷烟的个体的死亡率在 13.5‰,抽雪茄和烟斗的个体的死亡率是 17.4‰。基于 T 检验的分析,这两组人的死亡率的组间差异是统计显著的。换句话说,基于这个经验发现,我们可以得出结论,抽雪茄和烟斗的人要比抽卷烟的人死亡率更高。

但是,这个结论肯定存在选择性误差。比如,不同的抽烟方式本身不是随机分配的,不同类型的人选择不同的抽烟方式。我们都有这样的生活经验,年轻人抽烟的话,基本上都是抽卷烟的。我们很难想象一个高中生抽着烟斗或者抽着雪茄走在大街上。但是,一些老人,如果他们抽着雪茄或者抽着烟斗,我们不会有任何违和的感觉。这说明什么呢?抽雪茄和抽烟斗的人,他们的平均年龄应该比较大,而抽卷烟的人,一般平均年龄都比较小。而年龄大有什么风险呢?自然是死亡率高。所以,如果不控制年龄,直接做简单的 T 检验的话是不行的。基于这个原因,细分法就要把年龄这个重要的混淆变量进行细分。比如,年龄可以是从 18 岁~80 岁的一个区间,那么我们就把这个区间切成几块,在每一块里面看不同的抽烟方式和死亡率之间的关系。可以看到,一开始只是先切两组,比如说年纪大的和年纪小的两组。我们会发现,一开始的结论就被逆转过来了。不是抽烟斗或者雪茄的人,而是抽卷烟的人死亡率更高。如果进一步分三组,分 11 组的话,我们会发现这个结论是很稳健的,和一开始的结论完全相反：抽卷烟的死亡率更高。实际上，到了切 11 组的时候，抽雪茄和烟斗死亡率基本上是抽卷烟的死亡率的一半了。

通过这个例子，可以看出细分法的优势所在。在不断细分年龄这个混淆变量的过程中，我们的分析都是在每个切块里面去做的。这实际上就相当于控制了年龄这个变量，因为在一个切块内部，人们的年龄差异不会太大。当然，这种控制并不是完全的控制，因为即使是切块内部，年龄还是有一定的变异的。但是细分法的作用就是压缩年龄这个混淆变量的变异程度。比如，18 岁～25 岁这个切块内部，虽然被研究对象还会有一定的年龄差异，但这种年龄差异已经非常小了，都是年轻人，因此这种差异不足以造成死亡率的很大变化。但是，如果我们不做细分，就有可能拿一个 18 岁的被研究对象和一个 80 岁的被研究对象去进行对比。80 岁的人很有可能抽的是雪茄或者烟斗，18 岁的人更有可能抽的是卷烟。这个时候 80 岁的比 18 岁的死亡率高，我们无法判断究竟是因为抽烟的方式不同，还是年龄的不同，或者二者兼而有之。

综上所述，在细分法中，研究者通过对已知的有限混淆变量的细分，可以很好地去控制它们，从而保证因果推论的无偏性。当然，这里的例子很简单，只是年龄一个混淆变量在发挥作用，如果有两个混淆变量，可以建一个二维的平面，然后对平面进行切割。如果是三个混淆变量，就可以建立一个三维的空间，然后对空间进行切割，以此类推。但是，如果混淆变量数量很多，细分法就会出现问题。当我们不断地去切割的时候，针对每个切块，内部能用的被研究对象就越来越少了。我们可以假想一下，如果一共有 300 个被研究对象，把混淆变量切成三个切块的话，每一组平均下来就 100 个人。当然，如果不是平均分配，这 300 个人里面，有可能 200 个都是一个切块，这样的话，另外两个切块平均下来每一个只能有 50 个人了。可以想象，如果我们增加分析的维度，切块的数量会迅速增加，与之伴随的是，每个切块能够被分配到的分析对象的数量迅速减少。这就是我们通常意义上讲的维度灾难。面对这样一个问题，一个解决办法是我们后面要讲的倾向值方法。倾向值起到降维的作用，它可以把所有混淆因素转化为一个数值，然后仅针对这一数值进行处理。

细分法的工作是让混淆因素在实验组和控制组之间达到均衡。这里需要提到的一个问题是,对于均衡,有时候需要分清楚总体不均衡和抽样不均衡。总体不均衡是指实验组和控制组的人彼此之间有一些系统差异,这种系统差异是数据本身的问题,和我们如何获取数据无关。因此,细分法和后面介绍的一系列方法所处理的对象是总体不均衡问题。除了总体的不均衡之外,还有一种不均衡是因为抽样造成的,这就是抽样不均衡。比如,总体里面80%是男的,结果抽样里面50%是男的,这从一个侧面说明抽样本身出问题了。而抽样出了问题,影响的是结论的推广性。总体不均衡的处理解决的是内部有效性的问题,即我们的结论是否足够可靠以反映某种因果性。但是抽样的不均衡解决的是外部有效性问题,即我们的结论在何种程度上可以从样本推广到更多的人。这里细分法谈到的均衡,说的是实验组和控制组要在混淆因素上达到某种总体均衡,和抽样过程没关系。比如,实验组有80%男性,控制组尽量也保持在80%男性,或者说离80%差别不大的一个比例。另一方面,如果统计总体里面80%是男性,但抽样抽出来以后只有40%是男性,这种抽样不均衡不是因果推论直接来处理的。在这种情况下,实验组有可能有20%男性,控制组只要也保证20%男性也可以。如果实验组的男性比例30%,我们也通过细分尽可能保证控制组男性比例也是30%左右。总而言之,如果只是就因果推论谈均衡的话,是不在乎样本里面的比例和总体比例之间的差异的,我们只在乎实验组和控制组之间的均衡。所以说,总体和样本之间,这是一个抽样的问题,控制组和实验组之间,是因果推论的问题。

加 权 法

处理有限混淆变量的最后一种方法是加权法。加权的过程对于社会科学研究者而言并不陌生,我们在做抽样的时候经常用到。比如一个总体有1 000人,从中通过简单随机抽样的方式抽取了500人。如果我们希望用500人的样本信息去估算总体1 000人的信息的话,每个样本中被抽中的个体的权重就是1 000/500=2。也就是说,这500人是1 000个人的代表,每个人的代表性为2。

同理，加权的过程也可以用于因果推断。我们这里以随机实验为例，来讨论一下加权的分析过程。假设我们有 10 个被研究对象，四个人随机抽样进了实验组，六个人进入控制组，那么进入这实验组的四个人，如果让他们代表一开始的 10 个人的话，他们的权重是 2.5。也就是说，如果用四个人代表一开始全部的 10 个人的话，他们的分量不再是一个人了，一个人相当于 2.5 个人来用。同理，分配到控制组的六个人，如果我们想用这六个人来代表原来的 10 个人的话，每个人的权重就是 1.67，如图 3-6 所示。

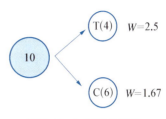

图 3-6　加权法示例 I

关于加权方法在因果推论过程中的运用，我们可以回到反事实的因果推断逻辑。基于反事实的逻辑，针对一群被研究对象，我们关心的是 $Y(1)-Y(0)$。这里的 $Y(1)$ 和 $Y(0)$ 都不是实际观测到的资料，而是一种假想的状态。也就是说，研究者去想象一下，每个人都有两个状态，一个是 $Y(1)$，一个是 $Y(0)$。如果应用于我们比较熟悉的上大学的经济回报的例子的话，一个样本包含 100 个人，50 个人上大学了，50 个人没上大学。但如果研究者想做因果推断的话，我们需要的是 100 个人"如果都上大学"之后的收入情况和如果 100 个人"都没上大学"的收入情况，它们之间的差异代表了平均因果效果。但是，我们不知道 50 个上大学的人在没上大学的情况下的收入。同理，我们不知道没上大学的那 50 个人上了大学后的收入信息。用本书一开始的符号，我们知道的是 $Y\mid D=1$ 和 $Y\mid D=0$。所以问题就变成如何利用 $Y\mid D=1$ 去推知全部样本 $D=1$ 的情况下的 Y 值，即 $Y(1)$。也就是说，如何从那些真的上了大学的人的收入推知所有人（不管是不是真的上了大学）上了大学后的收入情况。对于实际上没有上大学的人而言，我们也是希望从他们身上推知所有人（不管是不是真的上了大学）如果没上大学后的收入情况，如图 3-7 所示。

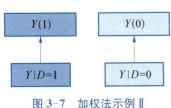

图 3-7　加权法示例 II

如果处理变量可以做到近似随机分配的话，我们就可以比照抽样过程来分析上述的因果推断问题。在 100 个人的样本中，近似随机地有 50

个人进入所谓实验组接受大学教育,就可以想象为,研究者从这100个人里面随机抽样抽了50个人,这时候每人的权重就是2。同样,剩下50个没有上大学的人,也可以推知这全体100个人如果没有上大学的话的情况,他们的权重也是2。当然了,这里的权重一样只是因为实验组和控制组的人数相等。如果实验组60人,控制组40人的话,我们就是通过60个人去推知100个人的情况,那么他们的权重就是100比60,等于1.667。40个控制组的人推到100的话,每个人权重就是2.5。为什么控制组的权重相比于实验组更大呢?因为控制组的人少,用40个人推知100个人,当然要比用60个人推知100个人的时候,每一个显得更加"重要"。本质上讲,在因果推论过程中使用加权与在抽样时使用加权逻辑是一样的。

但是,读者们也需要注意,加权以后通常会造成标准误的扩大。这是因为加权以后相当于人为的缩小了样本量。为什么这么说呢?如果100个人的总体下,我们考察100个人,那么每个人的权重都是1,一个人的信息就是一个人的信息,这100个人反映的信息便是非常多样化的。但如果加了权重,一个人当2.5个人的话,这时候100个人的总体下,样本量为40个人。换句话说,总体100个人的变异程度只剩下40个人来体现。我们再推广到一个最极端的情况,一个被研究对象的权重是1,如果有100个人的信息的话,彼此可能各不相同,比如收入有高有低,这时候得到的是一个丰富多彩的资料,自然能够很好地考察总体的情况。但在极端的加权的情况下,从100个人只是抽样出1个人,那么1个人的权重为100。此时,貌似也是分析了100个人,但这100个人都是一个人的信息重复了100遍,它能够提供的变化程度只是一个人的信息,当然标准误就会变得很大,在做统计推断的时候就很有可能得到不显著的分析结果。

总结一下,在一项研究中,有一些人实际接受了干预,有些人实际没有接受干预。最后我希望从真正接受干预的人推广到整体,以求了解这个整体所有人都接受了干预,他们会是什么状态。同理,没有接受干预的控制组的人,通过他们的信息推广到如果所有人都进入控制组的话,他们会表现出一个什么样的特征。这就是加权在因果推断中的功能。

需要提一句，通过这种加权的方法，实际上的权重就是每个个体被纳入实验组的概率的倒数。100 个人中间 60 个人被随机分配到实验组，概率为 60/100＝3/5。其倒数就是 5/3＝1.667。这本质上时抽样过程中的赫维兹-汤姆森估计量（Horvitz and Thompson,1952）。

$$Y_{\mathrm{HT}} = \frac{1}{n} \times \sum_{i=1}^{n} \frac{Y_i}{\pi_i}$$

基于赫维兹-汤姆森估计量，如果我们想推知总体的观测值情况，就需要把样本中的观测值除以 π_i，而 π_i 是抽样过程中个体 i 被抽中的概率。按照这一思路，加权以后，因果关系的表达式就可以写成：

$$\frac{1}{n} \times \left(\frac{\sum_{i=1}^{n} D_i Y_i}{e_i} - \frac{\sum_{i=1}^{n} (1-D_i) Y_i}{1-e_i} \right)$$

这个公式看起来好像挺复杂，但实际上还是很简单的。针对特定的研究对象 i，D_i 代表处理变量，取值为 0 或者 1，这个时候每个响应变量 Y_i 乘以 D_i 就可以表示 Y_i 是否属于实验组（控制组）。e_i 是个体 i 接受处理变量影响的概率，也称为倾向值。控制组的个体进入控制组的概率就是 $1-e_i$。当 $D=1$ 时，对于实验组的人来讲，$\dfrac{\sum_{i=1}^{n}(1-D_i)Y_i}{1-e_i}$ 等于零，因此后面一部分不见了。剩下的是 $\dfrac{1}{n} \times \dfrac{\sum_{i=1}^{n} Y_i}{e_i}$。由于 e_i 代表了个体 i 进入实验组的概率，那么除以这个概率就相当于对观测值进行了加权。然后加总，除以总人数 n，也就相当于样本所有的人都进入实验组，响应变量取值平均而言是多少。这本质上估算了 $Y(1)$ 的平均值。同理，在控制组看来，$D_i=0$，所以 $\dfrac{\sum_{i=1}^{n} D_i Y_i}{e_i}=0$，剩下的是 $-1 \times \dfrac{1}{n} \times \left(\dfrac{\sum_{i=1}^{n} Y_i}{1-e_i} \right)$。这个统计量是 -1 乘以 $\dfrac{1}{n} \times \left(\dfrac{\sum_{i=1}^{n} Y_i}{1-e_i} \right)$，而 $\dfrac{1}{n} \times \left(\dfrac{\sum_{i=1}^{n} Y_i}{1-e_i} \right)$ 则表示当样本所有的人都进入控制组的话,他们的响应变量取值平均而言是多少,亦即 $Y(0)$ 的平均值的估计值。综合起来,$\dfrac{1}{n} \times \dfrac{\sum\limits_{i=1}^{n} D_i Y_i}{e_i} - \dfrac{1}{n} \times \dfrac{\sum\limits_{i=1}^{n} (1-D_i)Y_i}{1-e_i}$ 就表示了我们希望估计的因果关系。这就是加权法的思路,非常直接,也非常的好用。

上面提到了,对统计量进行加权以后,有可能标准误会被扩大。但标准误扩大多少基本上取决于权重的大小。像刚才举的例子中,如果权重特别大,达到 100 的话,那就相当于样本量被缩小到了一个观测点,此时的标准误肯定会很大了。因此,在做加权的时候,如果发现权重特别大,那是要特别小心的。如果把这些权重特别大的人放进来分析的话,很有可能把整个结果给搞砸了。究竟权重多少才算大呢?这并没有一般的标准。通常来讲,权重最好不要超过 20,如果权重是 20 的话,相当于样本量除以 20 了,如果样本量是 2 000,一下子变成 100 个观测点,这实际上是一个很大的样本损失①。

在实际研究过程中,加权的操作可以非常灵活。比如一项研究中,观测到的数据里面实验组有 20% 男性,控制组有 40% 男性。就可以把实验组的权重提高一倍。结果是,实验组虽然只有 20% 是男性,但通过加权,一个顶两个用,从而达到均衡。这个办法实际上在抽样里面也会经常用到,叫做事后分层(post-stratification)。在抽样过程中,如果抽样出来以后,总体里面有 80% 男性,结果抽样出来的样本里只有 50% 男性。那么,样本中这 50% 男性,一个人就相当于 1.6 个人用(8/5)。另外一种情况下,如果抽样的时候样本中 50% 男性,50% 女性,但总体里面 80% 男性,20% 女性。这 50% 男性要保证其代表总体中 80% 男性的话,每个人要相当于 1.6 个人用,需要给他们一个比较高的权重。同样,总体中是 20% 的女性,但抽出来的样本中是 50% 的女性,我们就要给她们一个更小的权

---

① 需要说明的是,加权的过程无法处理样本量不够的情形。如果一个研究的样本量不够,这是根本的数据问题,加权也没有办法解决。因为单纯做加权的话,基本数据信息没有变化,只是把同样的人复制多遍而已。究竟样本量多少算作大样本。这个可以有专门的计算过程。但是经验来说,每个变量要保证 20~30 个人。也就是说,一个模型加上控制变量有 20 个变量的话,样本量就要到 400~600 之间,来保证样本量足够大。但如果模型特别复杂,样本量还要更大。

重,即 0.4,以保证样本中过高比例的女性可以代表总体中比较低比例的女性。此时,每个抽中的女性相当于总体中 0.4 个女性。通过这种权重的调整,我们抽样的信息不断往整体的性别比例上靠近。当然,如果抽样过程完全随机,每个总体都有相同的概率被抽中的话,基本上就不需要加权了。这也叫自加权。换句话说,加权的权重是 1。

目前为止,我们讨论的加权的权重都是基于简单随机抽样的。但是现实情况中,会有多层抽样的情况。例如,常规的社会调查中,我们都是有多个层次的抽样,从省到市再到县乡。每一层都会有一个加权方案,总的加权方案就是每一层权重的乘积。关键是我们关心的分析单位在哪个层次上,便可以相应地采用对应层次的权重进行分析。但是如果分析单位和最后落实的权重单位不一样,就会出现问题。比如,研究者希望做一个省层次的分析,但手里只有全国的加权方案,此时就不太适合采用加权法。所以,理想的加权方案是,研究者既有每一个分析层次的权重,又有总的加权方案,以便灵活处理。

在使用加权法进行因果推论的时候,如果有限的混淆变量在实验组和控制组的不平衡性不是很大,那么加权以后的分析结果和未加权的分析结果不会差别太大。但是,如果实验组和控制组是高度不平衡的,那就说明它们的分析对象在权重上会有很大的差异,加权过后的结果会比不加权的时候变化很大。在结束本章之前,我们最后需要提及的一点是,和加权法类似,很多研究者会采用配比法来组织实验组和控制组的人。比如,实验组中有 80% 的男性,那么也按照这个标准来安排控制组,以求在性别变量上可以达到平衡。但是,配比法和加权法一样,只能适用于有限个混淆变量的情况,如果混淆变量数量太多,或者彼此之间的交互效应太强,那么针对单个变量的配比不一定能够达到混淆变量全局的平衡。

参考文献

1. Shadish, William R., Margaret H. Clark, and Peter M. Steiner. Can Nonrandomized Experiments Yield Accurate Answers? A Randomized Experiment Comparing Random and Nonrandom Assignments[J]. *Journal of the American statistical association*. 2008, 103(484): 1334-1344.

2. Cochran, W. G. The Effectiveness of Adjustment by Subclassification in Removing Bias in Observational Studies[J]. *Biometrics*. 1968, 24(2): 295-313.
3. Horvitz, D. G. and Thompson, D. J. A generalization of sampling without replacement from a finite universe[J]. *Journal of the American Statistical Association*. 1952, 47: 663-685.

第二部分 基本方法

本部分有五章,这一部分的内容将讨论基本的因果推论方法。第四章是匹配方法。需要说明的是,匹配可以脱离倾向值单独成为一套具体的因果推论方法。第五章是倾向值方法。对于社会科学研究者而言,倾向值方法(尤其是倾向值匹配)是比较常用的分析手段。倾向值可以有多种应用。第六章是工具变量方法。工具变量方法可以说是经济学领域的一个看家本领。有不少经济学的论文,其成立的前提就是在于找了一个好的工具变量,以识别因果关系。那么,为什么我们需要工具变量来完成因果推断?什么时候通过工具变量得到的结论可以被视为一种因果关系呢?这个问题的解答需要一些特定假设,而这些假设在常规的研究中往往一笔带过,或者用一些简单的统计量检测。本部分的讨论将重点介绍工具变量方法进行因果推论背后的原理性知识。第七章是回归断点设计方法。相比于工具变量而言,回归断点设计一开始是教育心理学领域内兴起的一个方法。后来计量经济学的学者对于回归断点设计进行了数理上的系统化和精确化,使其成为一套标准化的分析程序。经过数十年的发展,当下回归断点设计方法不仅在具体操作程序上已经形成一套比较成熟的规则,而且在如何去识别因果推断,如何判断回归断点设计的优劣上也已经有了普遍接受的衡量标准。无论是工具变量还是回归断点设计都是计量经济学中常见的方法。由于这部分的教材浩如烟海,且内容上都比较详尽,所以在讨论这些方法的时候,本书尽量在内容上与计量经济学的研究范式相补充,而不是简单地重复。第八章是追踪数据的因果推断。目前国内已经慢慢开始积累一些追踪数据。虽然追踪的时段不是很长,但这些数据也可以让我们开始着手从历时性的角度分析一些问题,所以这里也会谈一谈追踪数据的因果推断问题。

第四章

匹 配 方 法

本章介绍基本因果推论方法中最为常用的匹配法。这是一个非常直观的方法,在社会科学各个学科里面用得都比较多。关于匹配,本章主要讲三点内容:第一,匹配法的原理;第二,匹配法的操作过程;第三,匹配法的优度衡量。

匹配法的原理

匹配法背后的原理是很简单的。在前面章节中,我们曾经举了一个例子,考察被研究对象上大学以后的收入情况,亦即高等教育的收入回报问题。为了确定是否上大学这一处理变量和收入之间是不是存在一定的因果关系,我们需要做的工作是找到另外一些人,这些人他们的特征和上大学的那些人在很多方面都很相像,比如说性别都是男性,户籍都是城市户口,高考的成绩也很接近,高中的学业表现也很接近等。但是与上大学的那些人相比,对比组的人的唯一的区别在于他们都没有上大学。那么,这些没有上大学的个体和上大学个体在收入上的差异就能够近似地看作上大学与否对收入的因果性影响。很显然,按照反事实因果推断的逻辑,这些与上大学的人相像的但实际上没有上大学的个体,与那些真正上大学的人如此相似,以至于我们可以近似把他们的收入当成上大学的人的收入的反事实状态。与大学毕业生相比,这些用于匹配的个体只是在高中毕业以后的关键节点上没有上大学,这种差异可以看作影响收入差异的近似的"唯一"因素。这就是匹配法的原理。

基于这种原理，匹配法的优点就十分明显了。一方面，匹配这样的分析过程从原理到实践都相比其他方法更为简单，整个分析不需要复杂的过程或者参数设定。这是因为，在我们找到匹配对象的情况下，为了确定因果关系，我们只需要将被研究对象和他们的匹配对象在响应变量 Y 上的取值做一个简单的对比即可。比如，做一个 T 检验就能够估计因果关系了。但是，需要注意，匹配法和随机实验还是有所不同的。随机实验最终的目的是希望通过随机化的过程，让一些看得到的或者看不到的混淆变量尽量在实验组与控制组之间保持平衡。匹配法的话，研究者不可能匹配那些看不到的因素，但是至少可以把一些看得到、测量得到的混淆因素进行匹配。通过这种努力，虽然我们不是在做随机实验，但匹配的结果却在能够观测到的混淆因素上尽可能向随机实验靠近。说到这里，匹配法和随机实验相比的缺点也是很清楚了。随机实验能够平衡的不仅仅是可观测到的混淆变量，甚至连非观测到的混淆变量也可以平衡，而匹配永远只能针对可观测的混淆变量操作。两相对比，当然随机实验更优，非随机实验的匹配法次之。故而一项研究中如果研究者能做随机实验，还是尽量做随机实验。但如果数据只能是观测性的，或者做实验在现有的条件下并不现实，此时如果我们能够将匹配做得很好，后续的分析过程也会大大简化，不需要有很复杂的模型就可以解决因果推断问题，这是匹配法的第一个优势。

匹配法的第二个优点在于降低了一项研究对模型的依赖。前面的章节中提到过，传统的建模方式最大的问题在于研究者会有意无意地做模型的外推，从而在模型没有数据支撑的地方，用模型的基本形式衡量那个"空白"区域的变量关系。这样做的前提是，模型拟合得很好。比如，实际数据产生过程是线性关系，模型也体现出线性关系；数据产生过程是抛物线关系，那模型也体现出抛物线关系。但是，如果数据的实际关系和模型规制的关系出现矛盾的话，过度依赖模型的外推就有问题了。打个比方，模型就像一个帽子，而数据则代表一个人头的大小。如果不管头大还是小，就按照固定尺寸的帽子一定要套在头上，那就明显不合适了。与这种基于模型进行的统计分析相比，匹配法的实施过程不存在人为设定好的参数模型。我们不需要像线性模型那样要求某项随机误差是正态分布，不需要设定方差恒定，不需要假定变量之间的线性关系等。因此，关于模型形式的参数的所有设定都被"放松"了，匹配过程做的就是一个非参数的操作，研究者只需要把一些人和另外一些人匹配起来，然后看这两组人在响应变量上的取值差异就可以了。所以，没有复杂的模型设定，这是匹配方法的另外一个优势所在。

当然，上面谈到的这两个优点，是有一个前提条件的，即匹配真的做得很好。也就是说，研究者能够找到一些和被研究对象非常相像的人匹配。否则，匹配法的结论仍然可能存在偏误。

匹配法的操作过程

关于匹配的具体步骤，我们可以进行两种基本的区分。一种匹配叫精确匹配，另一种匹配叫非精确匹配。什么叫精确匹配呢？很简单，就是说找来的和某个个体匹配的对象，和这个个体的混淆特征的取值要一模一样。比如，一个研究中的一个研究对象性别是男性，城市户籍，重点高中毕业。那么为了找到与之精确匹配的对象，也需要找一个男性、城市户籍、重点高中毕业的人。很明显，精确匹配是最好的状态，因为通过精确匹配，一项研究保证了在所有能观测到的混淆变量上，被匹配的两个人之间绝对是一样的，也就是说，在所有混淆因素上都是取值一样的，所以说这是一个最好的匹配策略。

但是很遗憾，精确匹配在现实中使用得很少。原因在于，精确匹配是"样本杀手"。比如，一项研究一开始有1万个样本，如果一定要坚持精确匹配的话，有可能最后只剩下二三十个人了。这是因为精确匹配的过程匹配的不是一个混淆变量，而是很多混淆变量。而且有一些混淆因素是连续性变量。那么精确匹配对于匹配对象的要求就非常高。比如年龄，找一个老年人匹配一个老年人相对容易，但一定要找一个60岁的人匹配另一个60岁的人，对匹配对象的选择就会有太大的限制，自然不是那么容易找得到。如果样本足够大，当然可能找得到这种对象，但是大部分其他人就是不符合这个条件的了。那么，如果研究者一定要坚持精确匹配,最终的匹配样本就会变得非常小。从某种意义上说,这里涉及的是匹配法过程中的平衡问题。如果研究者想要大样本,那么匹配的过程就不能那么精确。如果研究者想要一个精确的匹配,那么最后剩下的匹配样本就不可能那么大。正是在这个意义上,很多时候社会科学研究者需要有一定的样本量来保证统计检定力,故而采用的是非精确匹配方法。

所谓非精确匹配,是说一项研究中,要求的匹配关系不一定在混淆因素上取值一模一样,只是近似即可。比如被研究对象是一个60岁的人,找一个59岁的人和他匹配也差不多。这样做之所以可行,是因为我们通常觉得即使有误差,也不会有太大的问题,只不过差了1岁而已。那么,61岁的人可否用来和60岁的人匹配呢?也可以。62岁的人呢?似乎也没有太大问题。按照这种近似而非严格一致的原则进行的匹配就是非精确匹配。基于上文的讨论,这种非精确匹配是尽量在匹配的精度和样本量之间寻求一种平衡。我们在放宽匹配精度的情况下,尽量保证样本量。这对于大多数社会科学研究者而言是比较现实的一种方法。因此,大多数的研究使用匹配方法的时候采用的是非精确匹配的手段。

当然,无论是精确匹配还是非精确匹配,都需要找到一些指标来衡量不同个体在混淆因素上的距离。从本质上讲,我们认为个体A和个体B能够匹配起来,就是因为他们在混淆因素上距离更近。假设只有实验组和控制组两组人,我们可以从实验组出发,针对实验组中的个体I,收集其一系列背景信息X(例如性别、年龄、教育水平等)。之后,我们转到控制组中的个体。假设控制组有三个人,分别是A、B和C,这时候我分别计算A和I,B和I,以及C和I在X上的距离。然后将与I距离最近的一个控制组个体挑选出来与I匹配起来。

但是,距离的测量并不是一件简单的事情。在实际操作过程中,研究者有很多的选择。最简单的一种匹配就是精确匹配。精确匹配很简单,如果实验组的个体I和控制组的个体J在混淆变量X上的取值是一样的,我们就认为他们的距离是0。换句话说,在混淆变量构成的一个空间或者超空间上,I和J重叠了。但是,依据精确匹配,只要他们的X取值不一样,那么我们就认为他们的距离是无穷大的。换句话说,只要在一个方面不严格一样,距离就要设定为无穷大,因此不能匹配起来。唯有在混淆变量 X 上完全一样,才匹配起来。如果我们用 D_{ij} 来指代个体 i 和个体 j 之间的距离,精确匹配可以表示为

如果 $X_i = X_j$,则 $D_{ij}=0$,否则 $D_{ij}=\infty$

除了精确匹配之外,现实中用的比较多的距离测量叫马哈拉诺比斯(Mahalanobis)距离。马哈拉诺比斯是一个印度统计学家的名字。从某种意义上说,马哈拉诺比斯距离是对常规的欧几里得距离(又称欧氏距离)的扩展。比如,在二维空间里面计算两个点的距离。这两个点它们都有各自的坐标,那么欧几里得距离就是坐标差的平方和,然后开根号:

$$\sqrt{(x_1-x_2)^2+(y_1-y_2)^2}$$

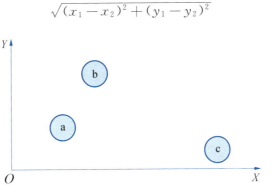

图 4-1 欧氏距离举例

例如,如果我们的匹配是在图中这个二维空间里去做的话,a 代表实验组中的个体,b 和 c 代表控制组中的个体。很明显,那肯定是 a 和 b 匹配起来,因为它们的欧氏距离更近。这里的例子只是一个二维空间,如果实际研究中有超过两个维度的信息,可以把二维扩到三维、四维等。在三维空间中的话,欧氏距离的计算公式只需要再加上第三个维度上坐标差值的平方即可,例如 $\sqrt{(x_1-x_2)^2+(y_1-y_2)^2+(z_1-z_2)^2}$。也就是说,维度可以不断地扩展,但基本的计算方法是一样的。

但是,欧氏距离的问题在于,我们的计算过程没有把 X 和 Y 变化的量纲差异考虑进去。在上面的例子中,我们说欧氏距离可以使用,一个前提是,横轴变动的单位和纵轴变动的单位一样。比如在我们都很熟悉的

欧氏坐标系中,横轴变动1,纵轴变动1,这个变动的量纲或者单位是一样的,代表着同样水平的变动,参照标准是一样的。但问题是,很多时候两个轴的数字变动的参照系并不一样。比如,我们对比两个人跑动的距离,一个人跑的距离是 10 m,另一个人跑的是 5 m,我们一般会说 10 m 肯定比 5 m 长。但这个说法是不严谨的,因为我们不知道这两个人所参照的对象是什么。比如,在一些最多只能跑 5 m 的人中间,一个人跑了 4 m,已经可以算得上是很长的一段距离了。但是如果在一些随意就能够跑 100 m 的人中间,某个人只能跑 10 m,这个距离实际上是很短的。所以,当两个人去对比的时候,究竟谁可以称得上跑的距离"长",还需要结合他们各自的参照对象来考虑。也就是说,参照系有一个各自的参照标准,我们以此为依据判断个体之间的高下比较合理。将参照系考虑到距离的测量中便是马哈拉诺比斯距离所完成的工作。如果我们在一维的情况下看,马哈拉诺比斯距离的公式可以表示如下:

$$D_{ij}=\sqrt{(X_i-X_j)'\Sigma^{-1}(X_i-X_j)}$$

和欧氏距离相比,马哈拉诺比斯距离增加了对 X 协方差 Σ 的考虑,即乘以协方差矩阵的逆矩阵。这个公式看起来似乎很复杂,但实际上非常容易理解。从本质上看,马哈拉诺比斯距离就是标准化以后的欧几里得距离。所谓标准化,就是计算一下标准得分。相信读者们对于标准分都不陌生。在高考的时候,不同省份之间的考生进行比较都需要基于标准分而非原始分。通过除以衡量变动程度的一个统计量(标准差),一个在北京参加高考的考生的成绩,就转变成了所有北京考生考分的变异程度下该考生的名次。这种相对名次在不同省份之间就是彼此可比的了。马哈拉诺比斯距离所计算的距离就是把这种可比性考虑进去,从而在尺度上进行统一。从这个角度来说,马哈拉诺比斯距离通常要比欧几里得距离使用的范围更广(如果变化量纲一致,则 Σ 为单位矩阵,马氏距离就变成了欧氏距离)。

在具体的研究项目中,研究者有可能需要计算欧氏距离或者马氏距离,这里我们展示一下在 R 里面如何进行具体的操作。这里采用很经典的鸢尾花数据,我们只选用其中四个变量的六个观测值使用,数据如下：

>iris[1:6,1:4]
>
>dist(iris[1:6,1:4], method = "euclidean")

这个数据是衡量鸢尾花的不同特征。例如，sepal.length 和 sepal.width 是指萼片的长度和宽度，petal.length 和 petal.width 是指花瓣的长度和宽度。

```
  Sepal.Length Sepal.Width Petal.Length Petal.Width
1          5.1         3.5          1.4         0.2
2          4.9         3.0          1.4         0.2
3          4.7         3.2          1.3         0.2
4          4.6         3.1          1.5         0.2
5          5.0         3.6          1.4         0.2
6          5.4         3.9          1.7         0.4
```

欧氏距离的计算，我们采用了 dist 命令，得到的分析结果如下：

```
          1         2         3         4         5
2 0.5385165
3 0.5099020 0.3000000
4 0.6480741 0.3316625 0.2449490
5 0.1414214 0.6082763 0.5099020 0.6480741
6 0.6164414 1.0908712 1.0862780 1.1661904 0.6164414
```

在生成的距离矩阵中，可以看到，第一行观测和第二行观测之间的欧氏距离为 0.538，其他数值的解释同理。

为了计算马氏距离，我们使用 StatMatch 包，其中的 mahalanobis.dist 命令可以帮助我们计算马氏距离，如下：

>library(StatMatch)
>
>mahalanobis.dist(iris[1:6,1:4])

```
         1        2        3        4        5        6
1 0.000000 2.237463 2.931554 2.931554 1.216908 2.781191
2 2.237463 0.000000 2.983245 2.983245 3.087399 3.076939
3 2.931554 2.983245 0.000000 3.162278 2.645122 3.146122
4 2.931554 2.983245 3.162278 0.000000 2.645122 3.146122
5 1.216908 3.087399 2.645122 2.645122 0.000000 2.828648
6 2.781191 3.076939 3.146122 3.146122 2.828648 0.000000
```

和欧氏距离不同,第一行和第二行观测之间的马氏距离值为 2.237。

上面的计算采用的是封装好的统计包。实际上,无论是欧氏距离还是马氏距离,手动计算也都比较简单。例如,数据中第一行和第二行观测点的欧氏距离的计算方式如下:

$$\mathrm{sqrt(sum((iris[1,1:4]-iris[2,1:4])\char`\^2))}$$

在计算马氏距离的时候,我们首先需要知道这四个变量两两之间的协方差信息,如果用 A 来表示协方差矩阵,我们有:

$$A = \mathrm{cov(iris[1:6,1:4])}$$

	Sepal.Length	Sepal.Width	Petal.Length	Petal.Width
Sepal.Length	0.083	0.08500000	0.025	0.018000000
Sepal.Width	0.085	0.11766667	0.029	0.020666667
Petal.Length	0.025	0.02900000	0.019	0.010000000
Petal.Width	0.018	0.02066667	0.010	0.006666667

那么,第一行和第二行观测在这四个变量上的算术差值设为 V,基于 A 和 V 的值,我们计算第一行和第二行观测之间的马氏距离,得到 2.237。这部分计算的代码如下:

$$V = \mathrm{as.matrix(iris[1,1:4]-iris[2,1:4])}$$
$$\mathrm{sqrt(V\%*\%solve(A)\%*\%t(V))}$$

除了欧氏距离和马氏距离之外,第三个衡量距离的方法是基于倾向值。如上文所讲到的,所谓倾向值,是指个体进入实验组(相对于控制组而言)的概率(这里用 e 表示)。由于在观测性研究中,这个倾向值是基于混淆变量估计出来的,因此我们就可以用不同个体之间估计出的倾向值大小来衡量二者之间的距离,如下:

$$D_{ij} = |\,e_i - e_j\,|$$

我们之所以能够用倾向值来衡量个体的距离,是因为倾向值是所有混淆变量的一个总结性变量。从本质上讲,当两个被研究对象在混淆变量上不一样的时候,这种差异之所以重要,不是因为这种差异本身重要,而是因为由于这种差异,这两个个体接受处理变量影响的概率不一样了。

比如，一个被研究对象是男的，另一个被研究对象是女的，这种性别差异对于一项研究而言是需要处理的，原因在于由于性别不同，上大学的概率不一样，从而进一步干扰到分析上大学的经济回报问题。同样的理由，年龄不同和户籍不同等混淆因素上的差异性，最终都体现在人们进入实验组和控制组的概率差异上，这个概率差异就是倾向值的距离。正因为如此，我们可以基于这些混淆变量计算出的倾向值的得分，进一步算一下它们的差值以衡量个体间的距离。

实际上，基于倾向值的分析让计算过程变得更简单了。这是因为倾向值本身就是一个数值，是一维的。因此，我们只需要用一个个体的倾向值得分减掉另一个个体的倾向值得分即可，这个分析过程和马氏距离的计算相比，明显简化很多，毕竟用个体 A 的一串特征和个体 B 的一串特征进行匹配，工作量是很大的。尤其是如果处理变量的类别超过两个，工作量会迅速增长。在此情况下，倾向值匹配的优势就很明显了。

基于倾向值去进行匹配也有一个问题，即倾向值的取值范围是在 0~1。所以，两个个体的倾向值的差值的取值范围就很窄（−1~1）。而由于这种比较窄的变动范围，我们匹配过程就不得不患得患失，因而不利于最终的匹配。比如，10 和 10.1 这两个数值匹配起来好像没有问题，但是，0.1 和 0.2 能匹配吗？我们似乎感觉没有那么自信，是因为其差值相比于原本的取值也算比较大的了。虽然两个的差值都是 0.1，但由于一开始的数值起点也小，后续的匹配就有可能不是特别好。

为了解决这个问题，我们就需要把 0~1 变动的倾向值想办法转换成一个从负无穷大到正无穷大变化的一个值。数学上，这可以通过 logit 变换完成。所谓 logit 变换，就是做如下操作：

$$\text{logit}(e) = \frac{e}{1-e}$$

通过这种变换，一个取值在 0~1 的数值 e 就转换成了一个取值范围从负无穷大到正无穷大的一个值了。此时，如果我们的匹配基于 logit 变换后的倾向值，两个被研究对象之间的差值也是负无穷大到正无穷大。由于距离不能够为负值，所以最后它们的距离从 0 到正无穷大，此时距离的定义如下：

$$D_{ij} = |\operatorname{logit}(e_i) - \operatorname{logit}(e_j)|$$

这种匹配也叫线性倾向值匹配。由于线性倾向值的取值范围较之之前的原始倾向值得分更加宽,这种取值范围更加有助于我们做匹配。这里需要说明的是,究竟倾向值差异或者线性倾向值差异多大才能够算接近,标准通常是由研究者来定的。比如,我们可以对距离差异没有任何容忍度,这就是一个精确匹配的过程。对于一个倾向值是 0.69 的人,我们一定要找一个 0.69 的人与之匹配。但是,如果我们对于距离的容忍是在正负 0.1 之间,那么,倾向值为 0.69 的人就可以和倾向值为 0.68~0.70 的任何一个人匹配。如果我们对于距离的容忍度是 0.05,那么和倾向值为 0.69 的个体进行匹配的人就是那些倾向值在 0.64~0.74 的分析对象。当然,能不能找到合适的人来进行匹配,也取决于数据质量,即数据中是否有比较相似的对象。

上述的这些测量距离的方法可以有一个综合的运用。比如,一项研究中,研究人员可以先看一看两个个体之间的线性倾向值究竟差多少?如果差得很多,就没有必要进行下一步的匹配,毕竟这两个人之间的距离已经很大了。此时,我们可以认为这两个人之间的距离无穷大。实际操作中,我们可以给这个无穷大的距离一个具体的数值,比如将距离值设定为 9 999。面对这么大的数值,基本上没有软件会去将两个人匹配起来。另一方面,如果线性倾向值的差距是在可接受范围内,这就说明个体之间的倾向值没有差别那么大。在此情况下,我们可再进一步使用马哈拉诺比斯匹配或者精确匹配。上述的操作可以用公式表示:

如果 $|\operatorname{logit}(e_i) - \operatorname{logit}(e_j)| \leqslant c$,则 $D_{ij} = \sqrt{(X_i - X_j)' \Sigma^{-1} (X_i - X_j)}$,否则 $D_{ij} = \infty$

这就是对上面多个距离测量的综合运用,把线性倾向值匹配和马哈拉诺比斯距离匹配两个结合在一起。其中,线性倾向值的距离是一个限定条件,后续的马哈拉诺比斯距离用来进行实际的匹配操作。

在确定了距离的度量之后,下一步要做的就是具体进行匹配了。这里要解决三个问题:(1)每个个体能够匹配几个对象;(2)在匹配的过程中,每个个体是否能够重复使用;(3)匹配的算法。对于这三个问题,我们分别讨论。

1. 匹配对象个数

我们首先看第一个问题,即匹配对象的数量。对于这个问题,我们基本上有两种匹配方法,一种叫一对一匹配,一种叫一对多匹配。一对一匹配,就是说一个实验组的人匹配一个控制组的人,反之亦然;一对多的话,一个实验组的个体要匹配多个控制组的对象,或者一个控制组的个体匹配多个实验组的人。一对一匹配有什么好处呢?经过一对一匹配,匹配的误差会很小,因为每次在做匹配的时候,都是找了一个和某个对象最相似的人去匹配,所以说这时候匹配的两个人之间的差异是很小的。但是,通过一对一匹配的话,后续分析的方差会很大。这是因为最终的样本量会被压缩,每一个匹配对也就是两个人而已。与一对一匹配相比,如果一项研究允许一对多匹配的话,这时候最终的样本会很大,所以方差会相对而言更小。但是,一旦允许一对多匹配,就意味着一个被分析对象和他或者她"最"接近的那个人匹配起来了,同时又跟与其"次"接近的人也匹配起来了。自然,匹配的质量就会受到影响,整体的误差就会升高。

实际上,上面谈到的一对一或者一对多的匹配,展现的就是经典的方差与误差的平衡关系。误差变大了,样本也变大了,方差就变小了。因此,具体采用什么方法是研究者的一个选择。通常来讲,在实际操作中用的最多的还是一对一匹配,一对多的匹配用的不是特别多。

需要说明的是,一对多匹配过程中,匹配对象的个数可以是不固定的。例如,一对 N 的匹配过程,这个 N 是可以变动,对于不同的个体来讲不一样。比如,一号被研究对象进行一对二匹配,二号被研究对象可以进行一对一匹配,三号被研究对象可以进行一对三匹配,这实际上是可变动的匹配。虽然这种匹配引入了某种灵活性,但是我们需要在后续的分析过程中进行加权。这是因为,不同的匹配对的大小不一样了。如果一对一匹配的话,每一对都是两个人,这时候各个匹配对的权重都是一样的。但如果允许一对多匹配的话,有的匹配对就两个人,有的匹配对是四个人,有的匹配对是三个人,这时候我们不得不需要特定的加权方案对他们进行处理。

讲到这里,我们需要讨论一下匹配过程的样本损失问题。无论采用什么距离测量,我们在匹配之后的匹配样本与原始样本相比,肯定是有样本损失的。基于特定的研究问题,有时候一个 6 000 多个样本的数据,匹配下来只能剩下 200 多个人了。当然,也有最极端的情况,匹配以后的匹配样本和原来的样本差不多大,没有样本损失,但这是很少见的。通常而言,一个很大的样本匹配完之后,留下来的分析对象有可能只是原来样本的二分之一甚至五分之一大。

但是,这种样本损失对于分析的统计检定力而言,影响不会特别大。理由有两个。第一,统计的检定力取决于实验组、控制组哪一个更小。通常而言,正如前文所言,很多研究最终关心的是 ATT,即针对实验组的平均处理效应。这时候,最好的情况是实验组比较小,而控制组相对而言更大。我们就有足够的控制组候选人来匹配实验组中的个体。最理想的情况,我们能够保证实验组的每个人都能有控制组中的人与之匹配起来。也就是说,控制组要足够大,以提供足够多的备选对象跟实验组的人去配对。因此,样本检定力主要取决于实验组和控制组中相对更小的那一组的容量。第二,通过匹配,可以提升样本相似度,从而降低了因为模型不确定性带来的误差,进而提升统计检定力。这一点可以从那些没有能够和实验组的人进行匹配的控制组个体这个角度来看。通常而言,匹配完了以后,把没有能够进行匹配的个体删掉。这个过程实际上是在尽可能保留有用的信息,而删除冗余信息,从而提升数据质量。这是因为删掉的人没有办法找到和他们匹配的人。换句话说,他们太独特,以至于找不到和他们相似的人。回到前文谈到的因果推论的假设,对于这些人,我们实际上没有办法去探究他们的反事实的状态。从倾向值的估计角度来说,因为我们在现有的资料中找不到和这些特殊对象特别像的人,这些人的倾向值就会特别极端。如果是控制组的个体,有可能他们的倾向值低到非常接近 0,对于他们而言,正值假设就会受到质疑。因此,匹配只不过是把多余的信息删掉,同时把最后有用的可以进行反事实因果推断的样本保留下来。故而匹配之后对于统计检定力的影响应该不大。实际上,如果把这些极端的个体留在分析样本中,数据中实验组和控制组之间的可比性就会被拉低。此时,研究者的模型或者拟合不出来,或者即使拟合出来,也会用到很多模型外推的手段,这当然不是一个很好的情况。

2. 匹配对象重复使用

关于匹配方法的另一个重要问题是,一个被研究对象能不能使用很多次。假设实验组中的三个人编号为1、2、3,控制组中的三个人编号为A、B、C。如果1号和A匹配了,2号和B匹配了,那么3号是否还能够再和A或者B匹配呢?如果可以的话,那么这就涉及被研究对象的重复使用了。如果不允许重复使用,一旦某个个体被匹配完了以后,这个个体就被拿走,再也不会在后续的匹配过程中考虑进来。这样一种匹配方法也称为贪婪匹配。这是因为这种匹配的逻辑是先到先得,把和自己最像的人匹配好而不考虑其他人了。之后,这个被匹配的对象就被拿掉,后面来的人不可能与之匹配。在上面谈到的例子中,实验组中的1号首先进行匹配,查看了控制组中的三个人,发现A和自己最像。于是1-A匹配。然后,2号来了,但是,已经没有A作为候选了,2只能去看B和C谁和自己最相像。如果2号发现C和自己很像,那么就和C匹配。此时,3号最后一个来,就没有选择,只剩下B,也就只能和B匹配了。对于贪婪匹配,很重要的因素是谁先匹配,先挑选的那个对象肯定匹配质量是最高的。同时,后挑选的对象有可能匹配质量很差。还是回到这个例子。假设我们用一个数字来衡量个体的特征(这个数字可以理解为倾向值,如表4-1所示),1号、2号和3号三个人的数值分别是0.6、0.5、0.3,A、B和C这边的数值分别是0.7、0.8和0.9,这时候1号的0.6的分数会和得分为0.7的A进行匹配。2号基于自己0.5的分值,在剩下B的0.8和C的0.9中间,只能选B的0.8了。选完以后,C的0.9只能够和3号的0.3进行匹配。很显然,C和3号的取值差异已经很大了。

表 4-1 匹配举例 I

实 验 组		控 制 组	
ID	得分	ID	得分
1	0.6	A	0.7
2	0.5	B	0.8
3	0.3	C	0.9

但是,如果研究者允许一个个体能够反复使用,那么挑选的顺序就不重要了。相应地,匹配的质量也会得到提高。之所以匹配质量会提高,是因为每个个体都能够找和自己最接近的个体去匹配,而这个最接近的个体有可能同时和很多人都很像。在重复使用的情况下,回到上面的例子中,1、2、3都和A去匹配,A就用了三次。这样的匹配情况下,整个匹配质量是可以提高。

但是重复使用也有自己的问题。即每个匹配对彼此之间不是独立的。比如,1和A匹配,2和A匹配,1-A和2-A这两对人就不是彼此独立的,因为他们有一个共同的个体A,这对于后续的统计处理而言是挺麻烦的一个事情,毕竟几乎所有的统计分析的假设前提是不同对数之间彼此独立。除此之外,还有一个麻烦的问题是,如果一个个体被反复的使用的话,一种最极端的情况是这里所展示的,A和所有的实验组的人都很像,结果发现1、2和3号都和A匹配起来,对A反复的使用,实际上造成的结果是,控制组的其他人(B和C)就没用了。换句话说,控制组的信息就变得非常的同质化,因为对于这个匹配过程而言,控制组就一个人A(被使用很多次),而B、C都是被视为冗余的了。

3. 匹配算法

下面一个要讨论的问题是怎么进行匹配。基于上面的讨论,个体间的距离计算出来了,同时研究者也决定好了是采用一对一还是一对多匹配,以及可不可以个体重复使用,下面就是实际操作进行匹配了。具体的匹配过程可以采用的策略有很多。上面谈到贪婪匹配就是其中之一。找到和自己最接近的人然后匹配起来,这是一个非常直来直去的匹配方法。除了这种方法以外,还有一种方法叫最优匹配,它"优"在哪里呢?对于最优匹配而言,这时候需要考虑的因素已经不再是单个个体的匹配优度,而是整体的匹配优度。这是最优匹配的一个最基本的特征。换句话说,最优匹配的方法优化的是整体的状态,而不是单个个体的状态。换个角度来说,在贪婪匹配中,我们的思路是要保证每次匹配的时候被匹配的对象之间的距离最小。比如说1号,找一个和自己最相像的,2找一个和自己最相像的,以此类推。研究者寻求的是每次匹配时个体层次上的匹配达到最优(即距离最短)。但是这里所说的最优匹配,看的是整体的"平均"

距离。这里可以展示一个具体的例子。

在表 4-2 中,如果采用贪婪匹配的话,一个匹配的方式是 A 匹配 V,B 匹配 Z,C 匹配 X,D 匹配 Y。这些匹配对的平均距离是 3.6。但如果采用最优匹配的话,看的是整体最优,一个匹配策略的就是 A-V、B-X、C-Y 和 D-Z,这时候整体的平均距离就变成了 3.4。实际上,所谓的最优匹配,我们是很熟悉的。从某种角度来说,这就相当于田忌赛马,每一轮比赛的时候拿自己最厉害的马和对方最厉害的马去比赛,这时三轮比赛有可能全部输掉。但是田忌放掉一轮,把最差的马和对方最好的马去比赛,但是后面两轮都能赢,这时候就能达到整体最优。可见,如果研究的目的只是看到单轮最优的话,那最后可能全盘达不到最优的状态。而把目标放在整体最优上,"成本"只是某些个别匹配达不到最优而已。

表 4-2 匹配举例 II

实 验 组		控 制 组	
ID	取值	ID	取值
A	5.7	V	5.5
B	4.0	W	5.3
C	3.4	X	4.9
D	3.1	Y	4.9
		Z	3.9

需要提及的是,在最优匹配里面有一种匹配方法叫全匹配(full matching)。在这种匹配策略下,研究者不再是关注每两个个体的匹配,而是把所有人看成一整块,然后像切蛋糕一样,尽量保证切的每块蛋糕内部,匹配对象的整体距离最小。这时候有可能在某块蛋糕内一个实验组的人匹配两个控制组的人,而在另外一块蛋糕中,一个实验组的人只匹配一个控制组的人。在全匹配中,我们不再纠缠于究竟是一对多还是多对一,最终的目的就是保证每一块内部,至少每个实验组的人都能找到相应的匹配对象。而为了达成这一目标,我们就是把整个空间做了一个分割,这就是所谓的全匹配。一个全匹配的过程可以通过图 4-2 展示。其中,不同的色块代表了切出来的不同的蛋糕"块"。我们需要做的是,保证在

每个色块中,至少有一个实验组的人和至少有一个控制组的人。在日常实践中,全匹配是比较常见的一个最优匹配的方法。

实验组	控制组
1	A
2	B
3	C
4	D
5	E

图 4-2　全匹配示例

总结一下,最优匹配有以下三个优点。第一个优点,和一般的贪婪匹配相比,最优匹配不存在顺序效应。也就是说,采取最优匹配的话,不存在先到先得的问题。第二个优点,至少能够保证所有实验组的人都能在控制组中找到匹配对象。在传统的匹配策略中,很有可能一些实验组的人因为难以寻找到控制组的匹配对象而被放弃掉。第三个优点,考虑到全匹配的优势,采用最优匹配的话,可以使用全匹配的策略,而传统的匹配过程无法使用全匹配。

除了最优匹配,还有一种匹配方法就是直接拿倾向值得分去匹配。倾向值最大的优点就是它可以降维。如上文所述,一开始的时候研究者可能面对很多混淆变量。这些混淆变量的数量如此之多,以至于直接进行匹配的话计算难度比较大。但是如果把它们都"总结"为一个倾向值得分的话,后续需要做的只是基于倾向值进行匹配即可。这是倾向值匹配的一个非常突出的优势,即只是在一维水平进行匹配,而不是在多维上进行匹配。在一维上进行匹配非常容易,如果把这个倾向值进行了线性处理(例如进行logit 变换)的话,其取值能从负无穷大到正无穷大,这时候把所有个体的倾向值进行排序,然后就近匹配即可。也就是说,这相当于在一把尺子上找最近的点去匹配,从而把很复杂的多维情况变成了一个一维的匹配。

此外,采用倾向值进行匹配的话,研究者也可以选定一个范围进行匹配,这个叫卡尺(caliper)匹配。所谓的卡尺,实际上就是一个半径范围。比如说研究者可以将卡尺定在 0.1。那么对于一个倾向值取值是 0.3 的实验组个体而言,在控制组中倾向值在 0.2~0.4 的所有人都可以拿来和这个倾向值为 0.3 的实验组个体进行匹配。只是,卡尺的具体值需要研究者自己来设定。这里提醒一点,这个卡尺半径不能设置得太小,设置太小,实际上和精确匹配没有区别。比如说对于倾向值为 0.3 的个体,研究者将卡尺半径设定为 0.000 01,就没有太大的意义了。通常来说,比较常见的卡尺半径值是 0.01 或者 0.05。卡尺匹配可以用图 4-3 表示。

图 4-3　卡尺匹配示例

还有一种匹配方法在经济学里面用得比较多,称为核函数(kernel function)匹配。前面介绍过,传统的匹配方法,是针对特定实验组中的某个对象,挑一个或者几个和他或者她特别像的人匹配起来,但是一些无法找到匹配对象的人会被删除掉,这有可能造成样本的严重损失。与之相比,核函数匹配尽可能地保留原始数据。比如,还是用表 4-3 描述的情形为例。

表 4-3　匹配举例Ⅲ

实　验　组		控　制　组	
ID	得分	ID	得分
1	0.6	A	0.5
2	0.5	B	0.63
3	0.3	C	0.9

实验组中的个体 1 的倾向值得分为 0.6,而在控制组中,和他最像的人是个体 B。在传统的贪婪匹配中,1-B 匹配即可。但是对于核函数匹配来说,则是定义一个权重设定。比如,在这里对于控制组中的 A、B、C 各自设定了一个权重,由于 B 和 1 最接近,我们可以给 B 很大的权重。而

取值为 0.5 的个体 A 和 1 号之间的距离稍微远了一点,我们可以给他次大的权重。最后,C 的 0.9 的取值和 1 号的 0.6 的取值相比,距离是最远的,那我们给他一个最小的权重。这时候,我们需要把 A、B、C 三者的值做一个加权平均,然后用这个加权平均的数值和个体 1 进行匹配。如果 A、B 和 C 的权重分别是 $W1$、$W2$ 和 $W3$ 的话,那么,和 1 号进行匹配的数值不再是某一个单个个体的观测值,而是他们数值的加权平均,即 $W1 \times 0.5 + W2 \times 0.63 + W3 \times 0.9$,其中 $W1 + W2 + W3 = 1$。

可见,核函数匹配的好处就在于每个被研究对象都会被用上,此时,最后使用的匹配样本就会因为有充足的样本量来保证统计效率。除此之外,核函数匹配还有一个好处。即对于 $W1$、$W2$、$W3$ 这些权重的基本状态,有一些已经形成的比较成熟的权重描述。这是什么意思呢?我们都知道,在安排权重的时候,需要对最相像的个体给予一个很大的权重,而随着距离越远,权重越低。但是从高权重到低权重的赋值变化过程可以有很多模式。比如,随着距离的越来越远,权重可以有一个线性下降,也可以有一个曲线下降。这些不同权重下降的方式分别对应了不同的核函数。例如,权重的分布可以是正态分布,从中心点(最相像的人)向两侧平滑下降。最后需要特别说明的是,核函数匹配可以囊括上面讲到的卡尺匹配。具体操作上,只需要采用均匀分布核函数即可。基于这一核函数,与被研究对象最相像的人左右两侧一定范围内的个体赋予同样的权重,相当于在一定的范围内计算平均值,而超出这个范围的个体权重为 0,即不予考虑。这些方法可以用图 4-4 和图 4-5 表示,其中我们关心的是实验组的 1 号的匹配。

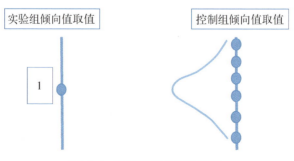

图 4-4　正态分布核函数示例

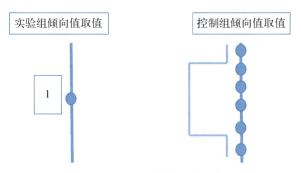

图 4-5　均匀分布核函数示例

最后一个匹配方法,叫遗传匹配(genetic matching)。遗传匹配可以看成倾向值匹配与马哈拉诺比斯距离匹配的一个综合。回到之前讲到的马哈拉诺比斯距离,它的表达式如下:

$$D_{ij}=\sqrt{(X_i-X_j)'\Sigma^{-1}(X_i-X_j)}$$

而在遗传匹配中,个体间的距离计算是

$$D_{ij}=\sqrt{(X_i-X_j)'(\Sigma^{-1/2})'W\Sigma^{-1/2}(X_i-X_j)}$$

与马哈拉诺比斯距离相比,遗传匹配所采用的距离度量增加了一个权重矩阵。这个权重矩阵的作用就是平衡马哈拉诺比斯距离和倾向值距离对计算最后的距离取值时的作用大小。具体而言,在计算遗传匹配的距离时,原始数据需要增加一列,即估计出的倾向值。换句话说,倾向值作为一个新的混淆变量增加到原始数据中去。因此,如果原来的项量是 N 个元素的话,现在变成了 $N+1$ 个元素了。而 W 是这样一个矩阵,它的非对角线元素为 0,而对角线元素则是一系列的权重值。这里可以举一个简单的例子,假设有三个混淆变量。那么增加倾向值以后,每个个体的混淆变量增加为 4 个。假设个体 i 和个体 j 之间在原来三个混淆变量上的差值分别为 $d1,d2$ 和 $d3$,而在倾向值上的差值为 dps,则新的距离可以表示为

$$\sqrt{(d1,d2,d3,dps)(S^{-\frac{1}{2}})^T W (S^{-\frac{1}{2}}) \begin{pmatrix} d1 \\ d2 \\ d3 \\ dps \end{pmatrix}}$$

暂时我们不去看 $(S^{-\frac{1}{2}})^T$ 和 $(S^{-\frac{1}{2}})$，$\boldsymbol{W}$ 是一个 4×4 的矩阵，可以表示为 $\begin{bmatrix} w1 & 0 & 0 & 0 \\ 0 & w2 & 0 & 0 \\ 0 & 0 & w3 & 0 \\ 0 & 0 & 0 & w4 \end{bmatrix}$。通过代入计算，上面的表达式变为

$$\sqrt{\frac{w1\times d1^2+w2\times d2^2+w3\times d3^2+w4\times dps^2}{s}}$$。很显然，如果 $w4=0$，$w1=w2=w3=1$，这就是传统的马哈拉诺比斯距离。如果 $w4=1$，$w1=w2=w3=0$，这就是传统的倾向值距离。研究者可以通过调整权重的取值来平衡究竟匹配过程是偏向于多变量的马哈拉诺比斯匹配还是一维的倾向值匹配，这就是遗传匹配的逻辑。当然，如果有个别混淆变量很重要，我们可以针对这个混淆变量给一个很大的权重，表示在计算个体间距离的时候，这个变量起到很重要的作用。遗传匹配的这些特征无疑给研究者很大的操作空间。从某种意义上说，这是遗传匹配一个非常好的特征。用这种匹配方法相当于在倾向值匹配和马哈拉诺比斯匹配之间选取了一个中间状态，这个中间状态可以有不同的权重，而这些是我们作为研究者可以设置的。

最后要介绍的匹配方法是和传统的回归模型结合起来，以求尽可能地削减因为实验组与控制组之间混淆变量的不平衡造成的误差（Abadie 和 Imbens，2011）。从某种意义上讲，这个方法是对一般的匹配方法的修正，故而姑且将之称为回归调整匹配。具体而言，回归调整匹配的思路是这样的。在传统的匹配过程中，对于实验组中的个体而言，他们未能够被观测到的 $Y(0)$ 是由控制组中的匹配个体的 Y 平均值来估算出来的。同理，控制组中的个体未被观测到的 $Y(1)$ 可以由与他们匹配起来的实验组中的个体的 Y 的平均值来估算出来。假设个体 i 的匹配对象范围为 $J_M(i)$，那么分别针对实验组和控制组中的个体，其反事实状态的估计值如下：

$$\widehat{Y_i(0)}=(1-D_i)\times Y_i+D_i\times \frac{1}{M}\sum_{j\in J_M(i)}Y_j$$

$$\widehat{Y_i(1)}=D_i\times Y_i+(1-D_i)\times \frac{1}{M}\sum_{j\in J_M(i)}Y_j$$

如果我们有一个很好的模型，可以刻画出响应变量 Y 和混淆变量 X 之间的关系。则对于实验组中的个体而言，他们未能够被观测到的 $Y(0)$ 可以用这种"完美"的回归模型的预测值来估算。举例而言，如果在控制组中，有 $Y = \mu_0(X) + \varepsilon$，则我们知道，对于控制组的个体而言，$Y$ 的最优的预测值是 $\widehat{\mu_0(X)}$。此时，对于实验组中的个体 i，我们就能够假设，如果他身处控制组的话（反事实状态），他的响应变量取值就应该是 $\widehat{\mu_0(X_i)}$。同理，如果在实验组中，我们有模型 $Y = \mu_1(X) + \varepsilon$，那么对于实际上身处控制组中的个体 j 而言，他的反事实状态（即假设如果身处实验组的话）应该是 $\widehat{\mu_1(X_j)}$。如下所示：

$$\overline{Y_i(0)} = (1 - D_i) \times Y_i + D_i \times \widehat{\mu_0(X_i)}$$

$$\overline{Y_i(1)} = D_i \times Y_i + (1 - D_i) \times \widehat{\mu_1(X_j)}$$

回归调整匹配的思路是将上述二者结合起来。很明显，实验组中的个体 i 如果和控制组中的个体 j 匹配起来的话，则 j 的观测值 Y_j 有可能仍然包含一部分由于 i、j 在混淆因素 X 上的差异而造成的系统偏差。此时，如果我们直接以 Y_j 作为匹配材料，则无疑没有剔除出这些系统偏差。一个做法是，从 Y_j 中减去因为 X_i 和 X_j 不同而造成的 Y 的取值差异。此时，如果针对控制组我们有一个很好的回归模型，则这种因为 X_i 和 X_j 不同而造成的 Y 的系统取值差异可以表示为

$$\widehat{\mu_0(X_j)} - \widehat{\mu_0(X_i)}$$

此时，和实验组中的个体 i 所匹配的就是 $Y_j - [\widehat{\mu_0(X_j)} - \widehat{\mu_0(X_i)}] = Y_j + \widehat{\mu_0(X_i)} - \widehat{\mu_0(X_j)}$。顺着这一思路，回归调整匹配下，分别针对实验组和控制组中的个体，其反事实状态的估计值如下：

$$\widetilde{Y_i(0)} = (1 - D_i) \times Y_i + D_i \times \frac{1}{M} \sum_{j \in J_M(i)} [Y_j + \widehat{\mu_0(X_i)} - \widehat{\mu_0(X_j)}]$$

$$\widetilde{Y_i(1)} = D_i \times Y_i + (1 - D_i) \times \frac{1}{M} \sum_{j \in J_M(i)} [Y_j + \widehat{\mu_1(X_i)} - \widehat{\mu_1(X_j)}]$$

利用这些估计值，我们就能够进一步修正潜在的实验组和控制组之间的误差，从而尽可能准确地估计出因果关系。

匹配法的优度衡量

关于匹配法,最后需要阐明的问题是在匹配完成以后,如何衡量匹配的质量。对于这个问题,最简单的解决办法就是看一看匹配完成以后,这些混淆变量在实验组和控制组之间的差异是不是变小了。如果匹配完成以后,这些混淆变量在实验组和控制组之间的取值彼此接近。那么我们就能够说,匹配的质量很不错。这里,我们有一个统计量可以具体衡量匹配前后,混淆变量取值在实验组和控制组之间的差异变化。这个称之为标准均值差。

$$标准均值差 = \frac{\overline{x}_{实验组} - \overline{x}_{控制组}}{\sqrt{\dfrac{s^2_{实验组} + s^2_{控制组}}{2}}}$$

这个公式很清楚,我们看的就是混淆变量在实验组和控制组之间的均值差异,然后除以各自方差加总平均的开根号。需要说明的是,标准化均值差不是 T 检验,对于 T 检验的话,如果我们希望比较组 a 和组 b 的均值差异,采用下面的公式:

$$T 检验统计量 = \frac{\overline{x_a} - \overline{x_b}}{\sqrt{\dfrac{s_a^2}{n_a} + \dfrac{s_b^2}{n_b}}}$$

二者的区分还是很明显的,对于 T 检验,分母部分涉及实验组和控制组的样本量 n_a 和 n_b,而对于标准化均值差,则是除以 2。为什么这样操作呢?因为我们的目的是要看实验组、控制组之间的混淆变量是不是在匹配之后变得更加相似,这个相似程度不应该随着样本量的大小而改变。换句话说,实验组和控制组之间在混淆变量上相像与否是一个事实问题,不会因为增加或者减少样本量而改变。像就是像,不像就是不像,做了匹配以后,匹配的质量高低,和样本量的大小应当是无关的。从某种意义上说,样本量大小决定了统计推断的时候的推断质量,而匹配好坏,实际上是一个样本特征。如果匹配得不好,就算是样本量增加了 10 万倍,实验组还是和控制组之间存在混淆变量的系统差异。正因为如此,在计算标准均值差的时候,不能够把样本信息放进去。

上面针对的是连续型的混淆变量,比照这一公式,对于离散型混淆变量而言,标准化均值差可以写成

$$标准均值差 = \frac{\hat{p}_{实验组} - \hat{p}_{控制组}}{\sqrt{\frac{\hat{p}_{实验组}(1-\hat{p}_{实验组}) + \hat{p}_{控制组}(1-\hat{p}_{控制组})}{2}}}$$

除了标准均值差之外,另外一种衡量匹配质量的方法是图式法,这在下面的经验示例中会进一步展示。

最后我们再简要介绍一个使用不多的衡量匹配质量的方法。这个方法看的是实验组和控制组的倾向值分布的重叠度。这个方法实际上是衡量匹配前后,实验组和控制组的倾向值的相像程度。如果匹配后在实验组选取一个人的倾向值,假设这个是 0.3。然后看 0.3 在整个实验组样本中的倾向值分布中的位置。比如说比 0.3 数值小的占了全部分布的 30%。那么,如果在控制组中,比 0.3 的倾向值小的占了控制组整体分布的 28%。那么,这就说明这两个分布很像。同理,我们也可以看分布的中间的一部分。比如在实验组中,点 A 和点 B 之间的面积能够占所有分布的 95%。那么,A 点和 B 点所对应的取值挪到控制组的分布上,假设 A 和 B 之间的面积也能够占 94% 或者 96%,这也能够说明这两个分布很像,因为它们主要的密度部分重叠了。当然,如果匹配质量很差,那么有可能我们把实验组中的占比 95% 的 AB 段挪下来,只占控制组分布的 60%。这就说明匹配质量很差,因为在实验组中,倾向值的分布占 95% 的部分到控制组的分布中只占 60%。这说明这两个分布太不一样了,当然匹配的质量就很差。在实验组中占总分布 2.5% 及以下的取值是 $F_t^{-1}(0.025)$,占总分布 97.5% 及以下的取值是 $F_t^{-1}(0.975)$,这样的话,在实验组中占中间 95% 的 AB 段如果挪到控制组的话,所占比例 π_c 可以表示为

$$\pi_c = F_c(F_t^{-1}(0.975)) - F_c(F_t^{-1}(0.025))$$

同理,在实际操作中,我们也可以把控制组的某个 AB 段挪到实验组去,以衡量两个分布的相似程度,其对应的占比 π_t 为

$$\pi_t = F_t(F_c^{-1}(0.025)) - F_t(F_c^{-1}(0.975))$$

最后我们简要谈一下匹配后的分析过程。当我们能够做到一个比较好的匹配数据后,最简单的选择是做组间比较(例如 T 检验)。当然,也可以基于匹配数据做回归模型。这种基于匹配的回归分析也被称为线性回归调整。一些被用于匹配的混淆因素再次在这个回归模型中作为控制变量来使用。线性回归调整的好处在于,可以将可能存在的混淆偏误进行进一步的消减。之所以能够如此,是因为目前为止我们讲的匹配大部分都是非精确匹配。因此匹配过程不可能要求实验组和控制组在混淆因素 X 上完全一样,自然还会有一些潜在的误差。那么这种误差究竟有多大,我们很难判断。比如,一个 60 岁的人最后和一个 55 岁的人匹配起来,差 5 岁究竟对于 Y 而言严不严重呢?换句话说,5 年的年龄差异究竟会不会带来响应变量 Y 的巨大变化呢?这个问题很难回答。此时,我们应该将年龄变量依旧在回归模型中控制起来,以尽可能地消减其带来的误差。

在统计软件 R 和 STATA 中,我们都可以进行匹配分析。这里我们采用经典的 lalonde 数据。这个数据中的变量及其含义参见表 4-4。其中处理变量为 treat(是否参加某培训项目),响应变量为 re78(1978 年的实际收入),其他为混淆变量。

表 4-4 Lolonde 数据中的变量及其含义

变 量 名	含　　义
Age	年龄
Educ	教育年限
Black	是否是黑人
Hisp	是否是西班牙裔
Married	婚姻状态(已婚)
Nodegr	高中文凭(是)
Re74	1974 年的实际收入
Re75	1975 年的实际收入
Re78	1978 年的实际收入

(续表)

变 量 名	含　　义
U74	1974年的收入是否为0
U75	1975年的收入是否为0
treat	自变量

在R里面，我们采用以下命令进行多种匹配。

library(MatchIt)

library(foreign)

library(Zelig)

library(cobalt)

lalonde <- na.omit(read.dta("C:\\Users\\admin\\Desktop\\lalonde12.dta"))＃＃读取数据＃＃

head(lalonde)

attach(lalonde)

m.out1 <- matchit(treat ~ educ + black + hisp, data = lalonde, method = "exact")＃＃精确匹配＃＃

m.out2 <- matchit(treat ~ re74 + re75 + educ + black + hisp + age, data = lalonde, method = "subclass", subclass=5)＃＃细分subclassification＃＃

m.out3 <- matchit(treat ~ re74 + re75 + educ + black + hisp + age, data = lalonde, method = "nearest")＃＃最近距离匹配＃＃

m.out4 <- matchit(treat ~ re74 + re75 + educ + black + hisp + age, data = lalonde, method = "optimal", ratio = 2)＃＃1：2最优匹配＃＃

m.out5 <- matchit(treat ~ re74 + re75 + educ + black + hisp + age, data = lalonde, method = "full")＃＃全匹配＃＃

m.out6 <- matchit(treat ~ re74 + re75 + educ + black + hisp + age, data = lalonde, method = "genetic")＃＃遗传匹配＃＃

##以细分、最近距离匹配、遗传匹配为例，展示匹配结果##
summary(m.out2)
summary(m.out3)
summary(m.out6)

##检验平衡性##
love.plot(m.out6)
plot(m.out6, type="jitter")
plot(m.out6, type="hist")

##基于匹配样本进行回归分析##
ate <- zelig(re78 ~ treat + age + educ + black + re74 + re75, data = match.data(m.out6), model = "ls")
summary(ate)

采用细分法，我们的经验发现如下：

首先针对每一个混淆变量，报告了实验组和控制组各自的均值以及经验 quantile 函数的差值的最小值、均值和最大值。

```
Summary of balance for all data:
         Means Treated Means Control Mean Diff eQQ Med eQQ Mean eQQ Max
distance        0.4264        0.4082    0.0182  0.0128   0.0190   0.073
re74         2095.5740     2107.0268  -11.4528  0.0000 487.9801 8413.000
re75         1532.0556     1266.9092  265.1464  0.0000 367.6133 2110.200
educ           10.3459       10.0885    0.2575  0.0000   0.4054   2.000
black           0.8432        0.8269    0.0163  0.0000   0.0162   1.000
hisp            0.0595        0.1077   -0.0482  0.0000   0.0486   1.000
age            25.8162       25.0538    0.7624  1.0000   0.9405   7.000
```

由于这里做的是细分，即根据倾向值细分为 5 个子群，R 的输出结果针对每一个子群报告了上述的对比，这里不再赘述。

```
, , Subclass 1
         Means Treated Means Control Mean Diff eQQ Med   eQQ Mean    eQQ Max
distance        0.3395        0.3296    0.0099  0.0057     0.0148     0.0612
re74         2658.5371     3140.3637 -481.8267  0.0000  1194.6643 15567.8000
re75         1058.4265      842.8598  215.5668  0.0000   542.3360  5301.5000
educ            8.1892        8.7917   -0.6025  0.0000     0.5405     2.0000
black           0.7297        0.6250    0.1047  0.0000     0.1081     1.0000
hisp            0.2703        0.3750   -0.1047  0.0000     0.1081     1.0000
age            22.5946       21.9861    0.6085  1.0000     0.8108     8.0000
```

```
, , Subclass 2
         Means Treated Means Control  Mean Diff   eQQ Med   eQQ Mean    eQQ Max
distance        0.3997        0.3997     0.0000    0.0006     0.0007     0.0031
re74         1774.8682      582.2409  1192.6272    0.0000  1257.7950  9986.6900
re75          921.3438      221.9207   699.4231    0.0000   710.1611  6039.4700
educ            9.8919        9.9322    -0.0403    0.0000     0.4054     2.0000
black           0.9730        1.0000    -0.0270    0.0000     0.0270     1.0000
hisp            0.0270        0.0000     0.0270    0.0000     0.0270     1.0000
age            22.8378       22.0678     0.7700    1.0000     1.2703    10.0000


, , Subclass 3
         Means Treated Means Control  Mean Diff   eQQ Med   eQQ Mean    eQQ Max
distance        0.4249        0.4248     0.0001    0.0006     0.0009     0.0031
re74         2722.8714     1181.6300  1541.2413    0.0000  1645.3922 24516.3000
re75         1334.7904     1038.2640   296.5264    0.0000   549.2289  4804.6000
educ           11.0000       10.6279     0.3721    0.0000     0.4857     2.0000
black           1.0000        0.9767     0.0233    0.0000     0.0286     1.0000
hisp            0.0000        0.0233    -0.0233    0.0000     0.0286     1.0000
age            24.2000       25.6279    -1.4279    1.0000     1.3429     4.0000


, , Subclass 4
         Means Treated Means Control  Mean Diff   eQQ Med   eQQ Mean    eQQ Max
distance        0.4479        0.4492    -0.0013    0.0011     0.0017     0.0051
re74          826.6936     2643.3356 -1816.6420    0.0000  1647.3431 18116.0100
re75         1140.0354     1839.3987  -699.3633    0.0000   721.9163  4541.9500
educ           11.0000       10.9200     0.0800    0.0000     0.2564     1.0000
black           0.9487        0.9400     0.0087    0.0000     0.0256     1.0000
hisp            0.0000        0.0000     0.0000    0.0000     0.0000     0.0000
age            27.7436       28.8000    -1.0564    1.0000     1.5385     4.0000


, , Subclass 5
         Means Treated Means Control  Mean Diff   eQQ Med   eQQ Mean    eQQ Max
distance        0.5187        0.5023     0.0164    0.0134     0.0139     0.0477
re74         2597.3959     2899.7694  -302.3734    0.0000   817.2786 10999.5000
re75         3216.2093     3305.6081   -89.3988   67.0348   633.6562  3365.8600
educ           11.6486       11.1389     0.5098    0.0000     0.4722     2.0000
black           0.5676        0.6111    -0.0435    0.0000     0.0556     1.0000
hisp            0.0000        0.0000     0.0000    0.0000     0.0000     0.0000
age            31.5135       30.1944     1.3191    2.0000     2.1389     8.0000
```

这五个子群的样本量大小如下：

```
Sample sizes by subclasses:
         Subclass 1 Subclass 2 Subclass 3 Subclass 4 Subclass 5
Treated          37         37         35         39         37
Control          72         59         43         50         36
Total           109         96         78         89         73
```

如果将五个子群混淆因素在实验组和控制组之间的差异综合起来，我们有以下结果。

```
Summary of balance across subclasses
         Means Treated Means Control Mean Diff eQQ Med eQQ Mean  eQQ Max
distance        0.4264        0.4214    0.0038  0.0043   0.0064   0.0241
re74         2095.5740     2105.2702  549.1126  0.0000 1312.5157 15768.0677
re75         1532.0556     1458.2712  215.9396 13.4070  633.3266  4807.8365
educ           10.3459       10.2853    0.1738  0.0000   0.4296   1.7892
black           0.8432        0.8302    0.0238  0.0000   0.0489   1.0000
hisp            0.0595        0.0794    0.0221  0.0000   0.0324   0.5892
age            25.8162       25.7695    0.4803  1.2000   1.4224   6.8000
```

上述结果是根据倾向值细分后剩余的可能的混淆因素不平衡水平，与样本一开始的不平衡情况相比，还是得到了优化，其中优化比例为：

```
Percent Balance Improvement:
         Mean Diff. eQQ Med  eQQ Mean   eQQ Max
distance    72.5250   66.64   66.1976   67.0107
re74        15.3382    0.00 -168.9691  -87.4250
re75        72.1722    -Inf  -72.2806 -127.8380
educ        76.4432    0.00   -5.9630   10.5405
black       19.9186    0.00 -201.8519    0.0000
hisp        58.6583    0.00   33.3333   41.0811
age         93.8781  -20.00  -51.2292    2.8571
```

如果采用最近距离匹配，结果会相对简单。如下所示，R 的输出结果仅报告了匹配前后混淆因素在实验组和控制组之间的差异情况，以及匹

```
Summary of balance for all data:
         Means Treated Means Control SD Control Mean Diff eQQ Med eQQ Mean  eQQ Max
distance        0.4264        0.4082     0.0665    0.0182  0.0128   0.0190    0.073
re74         2095.5740     2107.0268  5687.9067  -11.4528  0.0000 487.9801 8413.000
re75         1532.0556     1266.9092  3102.9830  265.1464  0.0000 367.6133 2110.200
educ           10.3459       10.0885     1.6143    0.2575  0.0000   0.4054    2.000
black           0.8432        0.8269     0.3790    0.0163  0.0000   0.0162    1.000
hisp            0.0595        0.1077     0.3106   -0.0482  0.0000   0.0486    1.000
age            25.8162       25.0538     7.0577    0.7624  1.0000   0.9405    7.000

Summary of balance for matched data:
         Means Treated Means Control SD Control Mean Diff eQQ Med eQQ Mean  eQQ Max
distance        0.4264        0.4227     0.0595    0.0036   9e-04   0.0043   0.0488
re74         2095.5740     1862.6154  4698.0180  232.9586   0e+00 390.8656 7175.7000
re75         1532.0556     1376.5527  3311.3120  155.5029   0e+00 348.2232 2510.6000
educ           10.3459       10.4108     1.4536   -0.0649   0e+00   0.4000   3.0000
black           0.8432        0.8432     0.3646    0.0000   0e+00   0.0000   0.0000
hisp            0.0595        0.0703     0.2563   -0.0108   0e+00   0.0108   1.0000
age            25.8162       25.2919     6.8542    0.5243   0e+00   0.7189   6.0000

Percent Balance Improvement:
          Mean Diff.  eQQ Med  eQQ Mean   eQQ Max
distance     80.0117  92.9842   77.5430   33.1369
re74      -1934.0726   0.0000   19.9013   14.7070
re75         41.3520   0.0000    5.2746  -18.9745
educ         74.8082   0.0000    1.3333  -50.0000
black       100.0000   0.0000  100.0000  100.0000
hisp         77.5862   0.0000   77.7778    0.0000
age          31.2244 100.0000   23.5632   14.2857

Sample sizes:
          Control Treated
All           260     185
Matched       185     185
Unmatched      75       0
Discarded       0       0
```

配之后结果的优化情况。需要注意的是,对于 re74 这个变量而言,最近距离匹配反而拉大了实验组和控制组之间的差异。

最后是遗传匹配的结果。同样,只是报告了匹配前后混淆变量平衡水平及其可能的优化。

```
Summary of balance for all data:
         Means Treated Means Control SD Control Mean Diff eQQ Med eQQ Mean  eQQ Max
distance      0.4264        0.4082       0.0665    0.0182  0.0128  0.0190    0.073
re74       2095.5740     2107.0268    5687.9067  -11.4528  0.0000 487.9801 8413.000
re75       1532.0556     1266.9092    3102.9830  265.1464  0.0000 367.6133 2110.200
educ         10.3459       10.0885       1.6143    0.2575  0.0000   0.4054    2.000
black         0.8432        0.8269       0.3790    0.0163  0.0000   0.0162    1.000
hisp          0.0595        0.1077       0.3106   -0.0482  0.0000   0.0486    1.000
age          25.8162       25.0538       7.0577    0.7624  1.0000   0.9405    7.000

Summary of balance for matched data:
         Means Treated Means Control SD Control Mean Diff eQQ Med eQQ Mean  eQQ Max
distance      0.4264        0.4252       0.0589    0.0012  0.0135   0.0142   0.0504
re74       2095.5740     1996.3083    4964.4238   99.2657  0.0000 654.9363 9402.3000
re75       1532.0556     1479.5258    3065.7883   52.5298  0.0000 401.3496 2251.3800
educ         10.3459       10.3514       1.8571   -0.0054  0.0000   0.4337   3.0000
black         0.8432        0.8432       0.3647    0.0000  0.0000   0.0422   1.0000
hisp          0.0595        0.0595       0.2372    0.0000  0.0000   0.0060   1.0000
age          25.8162       25.4757       6.8934    0.3405  1.0000   1.5181   7.0000

Percent Balance Improvement:
         Mean Diff.  eQQ Med   eQQ Mean    eQQ Max
distance   93.5288  -5.3564    25.3659    30.9044
re74     -766.7361   0.0000   -34.2137   -11.7592
re75       80.1884   0.0000    -9.1771    -6.6904
educ       97.9007   0.0000    -6.9880   -50.0000
black     100.0000   0.0000  -160.0402     0.0000
hisp      100.0000   0.0000    87.6171     0.0000
age        55.3313   0.0000   -61.4042     0.0000

Sample sizes:
           Control  Treated
All          260      185
Matched      166      185
Unmatched     94        0
Discarded      0        0
```

之后,检验一下混淆变量在匹配前后的平衡性变化。通过 love.plot 命令,我们可以发现,采用遗传匹配,除了 re74 之外,其他混淆变量在实验组和控制组之间的平衡性都得到了优化。

我们也可以查看 Jitter 图。可以发现,匹配后实验组中的样本与控制组中的样本有很大一部分是重叠的。当然,一部分的控制组中的样本因为缺少匹配对象而被删除掉了。

如果看匹配前后倾向值的分布情况,我们可以发现,整体而言,倾向值在实验组与控制组之间的匹配得到了提升。

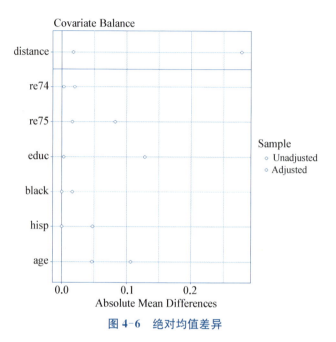

图 4-6 绝对均值差异

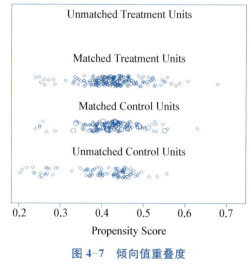

图 4-7 倾向值重叠度

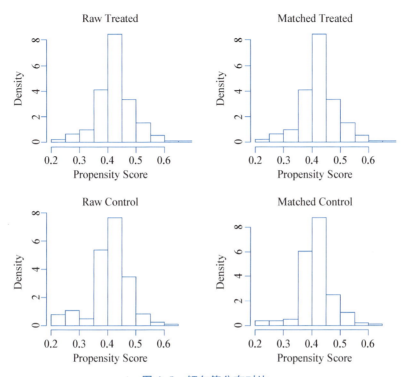

图 4-8 倾向值分布对比

最后，在得到匹配样本之后，我们可以基于匹配样本拟合回归模型，相关结果如下，其系数的解释与常规回归方法一致，这里不再赘述。

```
Residuals:
    Min      1Q  Median      3Q     Max
  -9572   -4670   -1891    3344   53990

Coefficients:
              Estimate Std. Error t value Pr(>|t|)
(Intercept)  2.968e+02  2.671e+03   0.111   0.9116
treat        1.533e+03  7.393e+02   2.073   0.0389
age          5.875e+01  5.355e+01   1.097   0.2734
educ         4.360e+02  2.029e+02   2.149   0.0323
black       -2.099e+03  1.061e+03  -1.979   0.0487
re74         4.166e-02  1.066e-01   0.391   0.6961
re75         1.142e-01  1.676e-01   0.681   0.4961

Residual standard error: 6842 on 344 degrees of freedom
Multiple R-squared:  0.05275,   Adjusted R-squared:  0.03623
F-statistic: 3.193 on 6 and 344 DF,  p-value: 0.004609
```

与 R 相比，STATA 中对于匹配方法的操作是围绕着直接估计因果关系的系数展开的。具体我们使用的命令如下所示。

use C:\Users\admin\Desktop\lalonde.dta

＃＃精确匹配＃＃

teffects nnmatch（re78 age educ black hisp re74 re75）（treat），ematch(educ black hisp)

＃＃欧氏距离匹配＋精确匹配 black 和 hisp＃＃

teffects nnmatch（re78 age educ black hisp re74 re75）（treat），ematch(black hisp) metric(euclidean)

＃＃马氏距离匹配＋精确匹配 black 和 hisp ＃＃

teffects nnmatch（re78 age educ black hisp re74 re75）（treat），ematch(black hisp) metric(mahalanobis)

＃＃卡尺匹配＋精确匹配 black 和 hisp，并针对 re74 re75 两个变量进行了回归调整匹配＃＃

teffects nnmatch（re78 age educ black hisp re74 re75）（treat），ematch(black hisp) metric(mahalanobis) caliper(0.01) biasadj(re74 re75)

＃＃倾向值匹配＃＃

teffects psmatch（re78）(treat age educ black hisp re74 re75)

＃＃优度衡量＃＃

teffects overlap

teffects psmatch（re78）(treat age educ black hisp re74 re75)，atet

teffects psmatch（re78）(treat age educ black hisp re74 re75)，nn(2)

＃＃检查混淆变量 age 的平衡性＃＃

tebalance box age

＃＃通过分布检查混淆变量 age 的平衡性 ＃＃

tebalance density age

＃＃对所有混淆变量的平衡性的展示＃＃

tebalance summarize

各种匹配结果如下所示。

```
Treatment-effects estimation              Number of obs      =      445
Estimator      : nearest-neighbor matching  Matches: requested =        1
Outcome model  : matching                              min =        1
Distance metric: Mahalanobis                           max =        8
```

	Coef.	AI Robust Std. Err.	z	P>|z|	[95% Conf. Interval]	
re78						
ATE						
treat (1 vs 0)	1594.278	663.7929	2.40	0.016	293.2681	2895.289

```
Treatment-effects estimation              Number of obs      =      445
Estimator      : nearest-neighbor matching  Matches: requested =        1
Outcome model  : matching                              min =        1
Distance metric: Euclidean                             max =        9
```

	Coef.	AI Robust Std. Err.	z	P>|z|	[95% Conf. Interval]	
re78						
ATE						
treat (1 vs 0)	1921.431	762.1852	2.52	0.012	427.5751	3415.286

```
Treatment-effects estimation              Number of obs      =      445
Estimator      : nearest-neighbor matching  Matches: requested =        1
Outcome model  : matching                              min =        1
Distance metric: Mahalanobis                           max =        8
```

	Coef.	AI Robust Std. Err.	z	P>|z|	[95% Conf. Interval]	
re78						
ATE						
treat (1 vs 0)	1594.278	663.7929	2.40	0.016	293.2681	2895.289

```
Treatment-effects estimation              Number of obs      =      445
Estimator      : nearest-neighbor matching  Matches: requested =        1
Outcome model  : matching                              min =        1
Distance metric: Mahalanobis                           max =        8
```

	Coef.	AI Robust Std. Err.	z	P>|z|	[95% Conf. Interval]	
re78						
ATE						
treat (1 vs 0)	1513.275	664.63	2.28	0.023	210.6245	2815.926

```
Treatment-effects estimation           Number of obs     =       445
Estimator      : propensity-score matching   Matches: requested =         1
Outcome model  : matching                              min =         1
Treatment model: logit                                 max =         8
```

	Coef.	AI Robust Std. Err.	z	P>|z|	[95% Conf. Interval]
re78					
ATE treat (1 vs 0)	2001.608	751.6758	2.66	0.008	528.3508 3474.866

在实验组和控制组之间，倾向值的重叠程度可以用图 4-9 表示。

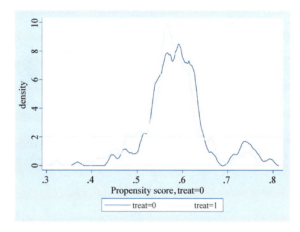

图 4-9　倾向值的重叠程度

针对混淆变量 age，我们可以检查其匹配前后的平衡性变化，如图 4-10 和图 4-11 所示。

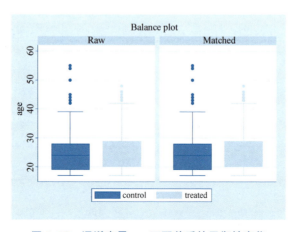

图 4-10　混淆变量 age 匹配前后的平衡性变化

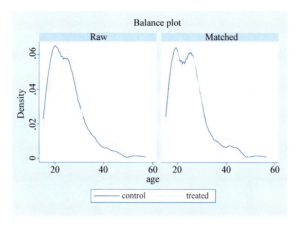

图 4-11 变量 Density 匹配前后的平衡性变化

整体的对于所有混淆因素的平衡性分析结果如下所示。

```
Covariate balance summary
                                        Raw        Matched

            Number of obs  =           445           890
            Treated obs    =           185           445
            Control obs    =           260           445


          | Standardized differences  |   Variance ratio
          |    Raw        Matched     |   Raw       Matched
      age |  .1072771     .005758     | 1.027755    .9257594
     educ |  .1412198     .0274795    | 1.551284   1.091326
    black |  .0438866     0           |  .9250286         1
     hisp | -.1745611     0           |  .5828804         1
     re74 | -.0021599    -.0283305    |  .7380957   .7936656
     re75 |  .0838633    -.0051486    | 1.076344    .9645045
```

参考文献

Abadie, Alberto & Guido Imbens. Bias-Corrected Matching Estimators for Average Treatment Effects[J]. *Journal of Business & Economic Statistics*. 2011, 29(1): 1-11.

第五章

倾向值方法

在前面一章介绍完一般意义上的匹配技术之后,本章专门就倾向值方法进行论述。具体而言,本章讨论两个问题,一个问题是倾向值在因果推论过程中起到的作用,另一个问题是如何使用倾向值。在进入到这两个问题之前,我们有必要定义一下倾向值的含义。

倾向值的定义及其作用

所谓倾向值,是指个体进入处理变量特定水平的概率。如果处理变量是一个二分变量(实验组和控制组),那么倾向值 e 就是进入实验组的概率。相应地,$1-e$ 就是个体进入控制组的概率。在后面我们会谈到广义倾向值,是指当处理变量具有多个处理水平(大于等于2)的时候,进入特定处理水平的概率。在随机实验中,一般而言,倾向值会是一个固定的值。例如,在简单随机实验中,每个个体通过掷硬币的方式来决定是否进入实验组,此时每个人的倾向值 e 就是 0.5,因为掷硬币的话,出现特定面的概率是固定在 0.5 的。在处理观测性数据的时候,倾向值则通常是由一系列混淆变量 X 决定的。在这种情况下,研究者可以通过特定的模型来估计倾向值。一个最简单的办法是利用 logistic 回归来估计每个个体进入实验组的概率。除了 logistic 回归,还有很多机器学习的分析技术可以用来进行倾向值的估算(例如回归树、支持向量机等),但是现有研究基本上支持 logistic 回归的倾向值估计策略(Lee,Lessler 和 Stuart,2010)。

具体的估计过程有以下几步。

倾向值的估计步骤：

第一步：确定处理变量 D(1＝进入实验组；0＝进入控制组)和混淆变量 $\boldsymbol{X}$；

第二步：拟合 logistic 回归模型 $\log\left[\dfrac{p(进入实验组)}{1-p(进入实验组)}\right]=\boldsymbol{X\beta}$

第三步：针对每个个体，产生估计的倾向值得分 $\widehat{e(X)}=\dfrac{e^{X\beta}}{1+e^{X\beta}}$

在得到倾向值之后，下一个问题是，倾向值在因果推断过程中起到什么作用呢？具体而言，倾向值有两个作用。第一个作用是，倾向值是一个平衡值(balancing score)。所谓平衡值，是指通过控制倾向值，我们能够满足可忽略性假设。也就是说，在控制了倾向值之后，处理变量 D 和潜在响应变量取值 $Y(1),Y(0)$ 之间达成独立，如下所示：

$$D \perp Y(1),Y(0) \mid e(\boldsymbol{X})$$

实际上，在我们分析观测性研究的时候，一个非常基本的假设是，虽然 D 与 $Y(1),Y(0)$ 并不独立，但是在控制了一系列混淆变量 X 之后，我们就能够达成可忽略性假设，即

$$D \perp Y(1),Y(0) \mid \boldsymbol{X}$$

这一条件也被称为"条件"可忽略性，即在控制了 $\boldsymbol{X}$ 之后，可以满足可忽略性假设。对比这一公式和前面一个公式可以发现，$e(\boldsymbol{X})$ 是所有 $\boldsymbol{X}$ 的一个代理变量。这就涉及倾向值的第二个作用，即降维。在一般的分析数据中，我们可以将一个控制变量看作一个维度。因此，如果有很多潜在的混淆变量的话，混淆因素的维度会很多。如果按照前面介绍的传统的方法，一个一个变量去考察，会面临一个称为维度诅咒(curse of dimensionality)的问题。维度诅咒的含义很容易理解。在给定数据的情况下，随着变量维度的增加，特定变量取值组合下的数据点就会越来越少。例如，如果我们有五个二分型混淆变量，那么它们就有 $2^5=32$ 种组合。此时如果我们有 100 个观测值，那么平均而言每种变量组合下只有 100/32≈3 个人。当然，现实情况下，混淆变量数量很多，变量的取

值也不仅仅是二分型的。此时,随着混淆变量数量的提升,特定混淆变量取值组合下有可能就没有观测点了,这就是所谓的维度诅咒。但是,如果我们能够通过类似于 logistic 回归的方法将各种混淆变量 X 都简化成为一个倾向值的话,我们就是在处理一维的资料,自然不会有维度诅咒的问题了。

总地来说,正如上面所说,倾向值的计算过程是很容易的。任何数据都有大量的混淆变量 X 存在,我们作为研究者也知道每个个体是不是真的进入实验组,从而可以建构一个二分变量。那么利用一些模型来算出每个个体的倾向值就是一个常规模型预测问题,本身不复杂。之后,研究者需要面对的一个问题是,在我们算出倾向值以后,应该怎么用它呢?具体来说,倾向值可以有以下几个主要用法:匹配、加权和细分。

倾向值匹配及其优势

匹配的思路在前面一个章节中已经介绍过,即把倾向值作为一个指标来把实验组和控制组的人进行配对。由于前面一个章节围绕着匹配这一主题,因此倾向值匹配仅仅是作为匹配的一种策略进行介绍。这里,我们有必要进一步审视一下倾向值匹配方法的基本特点。其中特别重要的问题是,和传统的基于回归模型的分析相比,倾向值匹配有什么优势呢?换句话说,匹配一定就比回归模型好吗?这一问题实际上是很多研究者的争论焦点所在。诚然,对于潜在的混淆变量,回归模型,将其作为控制变量纳入模型,我们同样得到的是一个所谓的"净"(net)处理效应。考虑到回归模型的普及性和操作便捷性,将混淆变量总结为倾向值并进行匹配反而显得复杂,甚至"无必要"。那么,究竟是什么原因促使我们采用倾向值匹配的分析策略呢?对于这个问题,社会学研究者戴维哈丁(David Harding)早在 2003 年的一篇论文中就进行了讨论(Harding,2003)。具体而言,他提出四点理由来说明为什么倾向值匹配比传统的回归分析好。

① 倾向值匹配是非参数模型,不受传统线性模型设定方式的限制。
② 倾向值匹配保证实验组和控制组的可比性。那些拥有过大过小

倾向值的人不会进入最后的分析。

③ 倾向值匹配因为估计的系数更少，更加有统计效率。

④ 在拟合倾向值模型的时候，我们关心的是能否通过倾向值的匹配，保证混淆变量在实验组和控制组之间达成平衡。因此传统的一些分析上需要注意的问题（例如共线性）可以不予考虑。

以上这四点理由中，第二点是最重要的。正如前面章节中所展示的，采用回归模型的话，我们是在拟合参数模型。对于特定的数据组合区域，不可避免会用到外推（extrapolation），从而产生过度依赖模型的问题。所以，采用倾向值匹配的话，可以很直观地观察到实验组和控制组之间的个体在混淆变量上的可比性。比如说，那些倾向值特别大或者特别小的人是比较极端的，我们基本上找不到和他们匹配的人。这样的话，在做基于倾向值匹配的分析的时候，这些极端的个体可能要剔除掉。但是，如果我们只是做一个回归模型的话，这些人一直要被考虑进来，从而有可能对我们的分析结果产生不好的影响。除了第二点以外，哈丁列举的倾向值方法的其他优点也是经验研究者比较看重的，比如说非参数性。倾向值匹配不像传统回归模型那样受模型设定方式的限制。可以说，倾向值匹配是一个直来直去的过程，和我们的常识经验更加一致。此外，倾向值匹配更有统计效率，因为匹配后估计的系数更少，研究者甚至不需要考虑很多控制变量，无须估计其系数。在匹配完成之后，通过 T 检验就能够估计出因果效果了。最后一个优势就是在估算倾向值的时候不在乎共线性等问题。这主要是指在估计倾向值的时候，如果混淆变量之间存在共线性的话，并不影响后续对倾向值的使用。这是因为，倾向值估计的目的不是为了看特定混淆变量的系数和影响力大小，而是看这些混淆变量加在一起多大程度上能够预测一个人进入实验组的概率。也就是说，我们看的是各个混淆变量加在一起的"预测"能力。反观共线性，它之所以是一个问题，是因为当不同的混淆变量彼此高度相关的时候，我们没有办法准确知道特定混淆变量的系数大小，这是系数估计的问题。但我们在用模型去估计倾向值的时候，目的恰恰不是为了看特定混淆因素的系数大小。自然，共线性就不再是一个问题了。

关于倾向值匹配,SAS 公司提供了一个很好的分析流程图(见图 5-1),这里引用过来供大家参考①。基于这一流程图,如果要用倾向值匹配的话,首先要决定一些匹配的基本参数。例如,我们针对混淆变量的哪个特定距离度量进行匹配,如果是卡尺匹配,如何选取半径等。之后,研究者需要决定是采取放回还是不放回匹配,如果采取放回匹配,我们的匹配策略就要考虑到一个人被用了很多次的情况。如果采取不放回匹配,那下一步就要决定是不是要采用最优匹配。如果不采取最优匹配,就要采用传统的贪婪匹配。如果采取最优匹配的话,我们还有一些选择。比如,在一对一或者一对多匹配中,可以固定实验组和控制组的

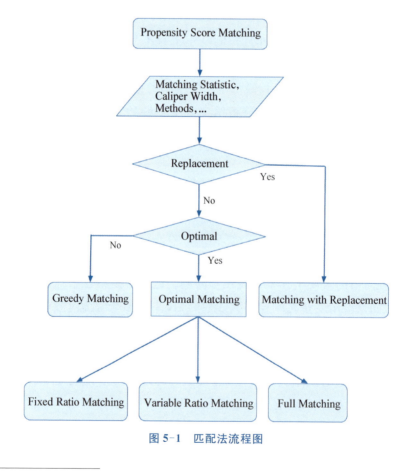

图 5-1 匹配法流程图

① 原文链接为 https://documentation.sas.com/?docsetId=statug&docsetTarget=statug_psmatch_details10.htm&docsetVersion=14.2&locale=en。

匹配人数比例,一对三,一对四等。当然,也可以放松匹配的比例,有些人是一对一,有些人一对三,有些人一对二。最后,我们也可以选用全匹配策略,这样相当于对整个数据进行"切块"。以上便是倾向值匹配的一般实践流程。

倾向值加权与双重稳健估计

加权的意思是指可以把倾向值作为基本的构建权重的变量。回想前面章节中关于加权的基本思路,可以发现,倾向值因为衡量了一个个体进入实验组的概率,那么它的倒数就可以作为权重来对实验组中的个体使用,从而估计出"如果"所有人都进入实验组的话,他们响应变量取值的期望值是多少,亦即 $E[Y(1)]$。同理,对于控制组中的人而言,他们的权重就是1减去倾向值。基于此进行加权,我们就能够知道"如果"所有人进入实验组的话,在响应变量上的取值的期望值,亦即 $E[Y(0)]$。具体而言,我们有:

$$E[\widehat{Y(1)}] = n^{-1}\sum_{i=1}^{n}\frac{D_i \times Y_i}{e_i}, \; E[\widehat{Y(0)}] = n^{-1}\sum_{i=1}^{n}\frac{(1-D_i)\times Y_i}{1-e_i}$$

此时,我们关心的因果效果(如果用 τ 表示)就是

$$\hat{\tau} = n^{-1}\sum_{i=1}^{n}\frac{D_i \times Y_i}{e_i} - n^{-1}\sum_{i=1}^{n}\frac{(1-D_i)\times Y_i}{1-e_i}$$

这里需要提到的是,倾向值加权的方法还可以和传统的回归方法结合起来,从而构成我们所谓的双重稳健估计法。为了更好地理解双重稳健估计,我们暂时假设,有一个很好的模型可以刻画响应变量、自变量和混淆变量之间的关系。例如,对于连续型自变量 Y,可以假设以下模型(其中混淆变量矩阵表示为 $\boldsymbol{X}$)。

$$E(Y) = \beta_0 + \beta_1 D + \boldsymbol{X} \cdot \boldsymbol{\beta}$$

对于二分型响应变量,我们可以假设传统的 logistic 回归模型,即

$$E(Y) = \frac{\exp(\beta_0 + \beta_1 D + \boldsymbol{X} \cdot \boldsymbol{\beta})}{1 + \exp(\beta_0 + \beta_1 D + \boldsymbol{X} \cdot \boldsymbol{\beta})}$$

对于连续型的 Y 而言,

$$\hat{\tau} = \widehat{E(Y \mid D=1)} - \widehat{E(Y \mid D=0)}$$
$$= (\widehat{\beta_0} + \widehat{\beta_1} D + \boldsymbol{X} \cdot \widehat{\boldsymbol{\beta}}) - (\widehat{\beta_0} + \boldsymbol{X} \cdot \widehat{\boldsymbol{\beta}}) = \widehat{\beta_1}$$

而对于二分型的 Y 而言,我们有

$$\hat{\tau} = \widehat{E(Y \mid D=1)} - \widehat{E(Y \mid D=0)}$$
$$= \frac{\exp(\widehat{\beta_0} + \widehat{\beta_1} D + \boldsymbol{X} \cdot \widehat{\boldsymbol{\beta}})}{1 + \exp(\widehat{\beta_0} + \widehat{\beta_1} D + \boldsymbol{X} \cdot \widehat{\boldsymbol{\beta}})} - \frac{\exp(\widehat{\beta_0} + \boldsymbol{X} \cdot \widehat{\boldsymbol{\beta}})}{1 + \exp(\widehat{\beta_0} + \boldsymbol{X} \cdot \widehat{\boldsymbol{\beta}})}$$

但是,这样一个完美的模型很难估计得出。原因很简单,任何线性模型的形式都是基于研究者的假定。我们无法完全了解是否这一模型对于现有数据就是"对"的。例如,我们在拟合模型的时候不知道是否已经纳入需要的所有的控制变量,无法得知自变量的测量是否存在误差,更无法验证我们设定的线性模型形式是否恰当。因此,如果模型设置有误,我们就不能够将回归模型的特定系数看成对因果关系的一个无偏估计。那么,我们有没有可能将倾向值加权的方法与回归方法结合呢?答案是肯定的。这就是所谓的双重稳健估计方法。具体而言,对于因果关系的双重稳健估计量可以表示为

$$\hat{\tau} = n^{-1} \sum_{i=1}^{n} \left[\frac{D_i \times Y_i}{e_i} - \frac{D_i - e_i}{e_i} \times \widehat{E(Y \mid D=1)} \right]$$
$$- n^{-1} \sum_{i=1}^{n} \left[\frac{(1-D_i) \times Y_i}{1-e_i} + \frac{D_i - e_i}{1-e_i} \times \widehat{E(Y \mid D=0)} \right]$$

这个估计量粗看起来非常复杂,但是其内部结构却有章可循。例如,这个估计量的前半部分 $n^{-1} \sum_{i=1}^{n} \left[\frac{D_i \times Y_i}{e_i} - \frac{D_i - e_i}{e_i} \times \widehat{E(Y \mid D=1)} \right]$。它所估计的是整体中的 $E\left[\frac{D_i \times Y_i}{e_i} - \frac{D_i - e_i}{e_i} \times \widehat{E(Y \mid D=1)} \right]$。观察这一表达式,由于 $D=0$ 的时候, $D_i \times Y_i$ 等于 0,因此,我们有

$$E\left[\frac{D_i \times Y_i}{e_i} - \frac{D_i - e_i}{e_i} \times E(\widehat{Y \mid D=1})\right]$$

$$=E\left[\frac{D_i \times Y_1}{e_i} - \frac{D_i - e_i}{e_i} \times E(\widehat{Y \mid D=1})\right]$$

$$=E\left\{Y_1 + \frac{D_i - e_i}{e_i} \times [Y_1 - E(\widehat{Y \mid D=1})]\right\}$$

$$=E\{Y_1\} + E\left\{\frac{D_i - e_i}{e_i} \times [Y_1 - E(\widehat{Y \mid D=1})]\right\}$$

此时,如果我们的回归模型是正确的,那么$E(Y_1) - E(\widehat{Y \mid D=1}) = 0$,则$E\left[\frac{D_i \times Y_i}{e_i} - \frac{D_i - e_i}{e_i} \times E(\widehat{Y \mid D=1})\right] = E(Y_1)$。另一方面,如果我们的倾向值模型拟合得好,则$E(D_i) - e_i = 0$,我们依旧有$E\left[\frac{D_i \times Y_i}{e_i} - \frac{D_i - e_i}{e_i} \times E(\widehat{Y \mid D=1})\right] = E(Y_1)$。同理可证,只要回归模型或者倾向值模型至少一个拟合得好,$E\left[\frac{(1-D_i) \times Y_i}{1 - e_i} + \frac{D_i - e_i}{1 - e_i} \times E(\widehat{Y \mid D=0})\right]$就等于$E\{Y_0\}$。那么,$\widehat{\tau} = n^{-1} \sum_{i=1}^{n} \left[\frac{D_i \times Y_i}{e_i} - \frac{D_i - e_i}{e_i} \times E(\widehat{Y \mid D=1})\right] - n^{-1} \sum_{i=1}^{n} \left[\frac{(1-D_i) \times Y_i}{1 - e_i} + \frac{D_i - e_i}{1 - e_i} \times E(\widehat{Y \mid D=0})\right]$就是对因果关系的无偏估计了。

实际上,双重稳健估计可以看作对倾向值加权方法的一个调整。具体而言,通过简单的数学变换,可以将其表示为

$$\widehat{\tau} = n^{-1} \sum_{i=1}^{n} \frac{D_i \times Y_i}{e_i} - n^{-1} \sum_{i=1}^{n} \frac{(1 - D_i) \times Y_i}{1 - e_i}$$

$$- n^{-1} \sum_{i=1}^{n} \left[\frac{D_i - e_i}{e_i \times (1 - e_i)} \times (1 - e_i) \times E(\widehat{Y \mid D=1}) + e_i \times E(\widehat{Y \mid D=0})\right]$$

前面一行的表达式就是传统的倾向值加权下对因果关系的估计,后面的是调整部分。Glynn 和 Quinn(2010)证明,后面的调整部分的期望值为0。

综上，双重稳健估计之所以如此命名，是因为只有在回归模型与倾向值模型都出问题的情况下，其对因果关系的估计才会有所偏差。这相比于单纯使用回归模型或者单纯使用倾向值模型更加"保险"。因此，经验研究者如没有很强的证据表明(1)回归模型设定是正确的或者(2)所有的混淆变量均已经考虑到。那么，双重稳健估计方法不失为一个很好的选择。在计算得到了双重稳健估计量以后，其统计估计的标准误可以通过自助法算得，这里不再赘述。在 R 中，双重稳健估计可以通过以下代码实现，还是以 Lalonde 的数据为例：

```
library(CausalGAM)
library(MatchIt)
library(foreign)
lalonde <- na.omit(read.dta("C:\\Users\\admin\\Desktop\\lalonde12.dta"))
head(lalonde)
attach(lalonde)
```

divby0.action 用于处理极端倾向值，所谓极端，是指小于 divby0.tol 或者大于 1－divby0.tol 的值。"truncate" 选项的话，极端情况的倾向值固定在 divby0.tol 或者 1－divby0.tol。"fail" 选项的话，直接停止运行。"discard" 选项的话，删掉观测值。##

```
ATE.out <- estimate.ATE(pscore.formula = treat ~ re74 + re75 + educ + black + hisp + age, pscore.family = binomial, outcome.formula.t = re78 ~ treat + re74 + re75 + educ + black + hisp + age, outcome.formula.c = re78 ~ treat + re74 + re75 + educ + black + hisp + age, outcome.family = gaussian, treatment.var = "treat", data=lalonde, divby0.action="truncate", divby0.tol=0.001, var.gam.plot=FALSE, nboot=50)
print(ATE.out)
```

```
#################################################################
AIPW Estimator:
-----------------------------------------------------------------
Estimated ATE:   1632.658
                    SE           z-statistic           Pr(>|z|)
Emp. Sandwich     644.6973          2.5324              0.0113
Estim. Asymptotic 665.3064          2.454               0.0141
Bootstrap         739.2221          2.2086              0.0272
#################################################################

#################################################################
IPW Estimator:
-----------------------------------------------------------------
Estimated ATE:   1625.424
                    SE           z-statistic           Pr(>|z|)
Estim. Asymptotic 665.3066          2.4431              0.0146
Bootstrap         736.4048          2.2072              0.0273
#################################################################

#################################################################
Regression Estimator:
-----------------------------------------------------------------
Estimated ATE:   1639.506
                    SE           z-statistic           Pr(>|z|)
Estim. Asymptotic 665.3063          2.4643              0.0137
Bootstrap         740.1919          2.215               0.0268
#################################################################

#################################################################
General Information
-----------------------------------------------------------------
Control Value:   treat = 0
Treated Value:   treat = 1
Number of Discarded Units:  0
Number of Truncated Propensity Scores:  0
Number of Treated Units Before Discards/Truncations:   185
Number of Treated Units not Discarded/Truncated:       185
Number of Control Units Before Discards/Truncations:   260
Number of Control Units not Discarded/Truncated:       260
#################################################################
```

可以发现，双重稳健估计的因果效果与单纯利用倾向值加权和单纯利用回归模型的结果还是有些不同的。

在 STATA 中，我们也可以进行倾向值加权和双重稳健估计，代码如下：

use C:\Users\admin\Desktop\lalonde.dta

teffects ipw (re78) (treat age educ black hisp re74 re75)

teffects aipw (re78 age educ black hisp re74 re75) (treat age educ black hisp re74 re75)

```
Treatment-effects estimation          Number of obs    =      445
Estimator      : inverse-probability weights
Outcome model  : weighted mean
Treatment model: logit
```

re78	Coef.	Robust Std. Err.	z	P>|z|	[95% Conf. Interval]	
ATE treat (1 vs 0)	1625.424	643.5953	2.53	0.012	364.0004	2886.848
POmean treat 0	4563.123	336.6072	13.56	0.000	3903.385	5222.862

基于倾向值加权,如果所有人的 treat 变量的取值都是 0,则其收入情况为 4 563.123,但是如果所有人的 treat 变量都取值为 1,则平均收入要比 4 563.123 高 1 625.424 元。

```
Treatment-effects estimation          Number of obs    =      445
Estimator      : augmented IPW
Outcome model  : linear by ML
Treatment model: logit
```

re78	Coef.	Robust Std. Err.	z	P>|z|	[95% Conf. Interval]	
ATE treat (1 vs 0)	1632.658	646.0486	2.53	0.011	366.4262	2898.89
POmean treat 0	4564.949	336.8189	13.55	0.000	3904.796	5225.102

基于双重稳健估计,如果所有人的 treat 变量的取值都是 0,则其收入情况为 4 592.75,但是如果所有人的 treat 变量都取值为 1,则平均收入要比 4 592.75 高 1 700.768 元。

在这个命令之后可以使用其他补充命令,检测混淆变量的平衡性以及在加权以后实验组与控制组在接受处理变量影响的概率上的重叠性(overlap)。

tebalance density age

tebalance overid

tebalance summarize

teffects overlap

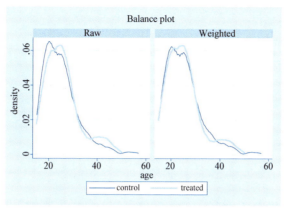

图 5-2　STATA 软件输出结果

以年龄变量为例，可以发现在加权前后，平衡性有一个很好的改善。

```
Overidentification test for covariate balance
      H0: Covariates are balanced:

   chi2(7)    =    1.47463
   Prob > chi2 =   0.9832
```

Covariate balance summary

	Raw	Weighted
Number of obs =	445	445.0
Treated obs =	185	222.6
Control obs =	260	222.4

	Standardized differences		Variance ratio	
	Raw	Weighted	Raw	Weighted
age	.1072771	.0023822	1.027755	.9630741
educ	.1412198	-.0013385	1.551284	1.673154
black	.0438866	.001061	.9250286	.9980836
hisp	-.1745611	-.0009692	.5828804	.9971668
re74	-.0021599	-.0023135	.7380957	.7596458
re75	.0838633	.005964	1.076344	.7573576

整体而言，所有的混淆变量都能够满足平衡性。

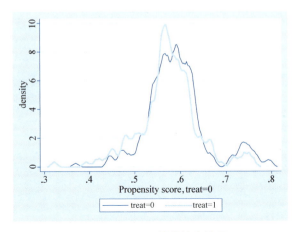

图 5-3 STATA 软件输出结果

最后,可以发现,实验组与控制组之间的倾向值重叠度也比较高。

倾向值细分与处理效应异质性

最后,所谓的细分,是指将估算出的倾向值得分划分为不同的小的区间。每个区间内部的个体,彼此之间的倾向值差异不大,因此可以近似地看成一个随机实验。那么,我们在每一个区间内去估计因果效果,之后将不同区间的估计综合起来就是总体的平均处理效应的。

关于细分的方法,有必要多说几句。由于倾向值的实质意涵是个体进入实验组的概率,那么当我们对其进行细分的时候,不同组估计出的因果处理效果实际上能够体现出随着进入实验组的概率不同而表现出的处理效应异质性(heterogeneity)。这里可以举一个例子,是布兰德(Jannie Brand)和谢宇关于大学回报异质性的分析(Brand 和 Xie,2010)。我们都知道,通常而言,上大学的个体的收入平均而言要高于不上大学的个体。但是问题在于,高等教育的回报在不同类型的人中间是不一样的,有些人的回报可能高一些,有些人的回报可能低一些。因此,我们需要分析,同样是大学教育,在不同类型的个体之间的回报有何差异,或者说异质性如何。布兰德和谢宇首先估计出个体上大学的概率,也就是倾向值。之后按照细分的思路,将倾向值从小到大分为几组,在每组内部估计高等教育的回报率。利用图示法表达,如图 5-4 所示。

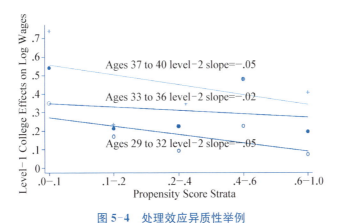

图 5-4 处理效应异质性举例

图片来源：Brand and Xie (2010)中的图 2(第 288 页)。

这里 X 轴是上大学的概率,也就是倾向值,代表了一个人有多大的概率可以上大学。之所以称为 strata,是因为这些倾向值被切成了几段,然后在每一段里面估计上大学究竟能给那一段中的个体带来多大的收益。如果每一组的高等教育回报水平用一个点来表示的话,我们就能够用一条回归线来计算这些点所展示出来的基本变化模式,也就是我们所谓的异质性。在这幅图中,可以看到有几条线。这些线是针对不同年龄段的人作的,但它们的趋势是一致的,即全部斜向下。这些模式说明,那些特别不容易上大学的人(倾向值得分比较小的组的人),他们的高等教育回报反而很高。对于那些倾向值数值很高的人而言,他们的回报反而更低。这个模式可以这样理解。假设有两个人,一个人是富二代,一个是穷人的孩子。如果上大学的概率和家庭收入正相关,那么如果让这两个人都去上大学,富二代从大学里面获益不是那么高,反而是穷人的孩子能够从大学的经历里面获益最多。与之相关的一个政策启示便是,大学教育为了社会效益的最大化,应当将录取资格向社会弱势群体(也就是那些不太容易上大学的群体)倾斜。

对于这种分析异质性的研究议题,上面说到的先细分后对各组处理效应进行回归分析的方法也称为细分-多层次法(Stratification-Multilevel Method,SM)。这里之所以说是多层次,是因为我们所拟合的回归模型是基于小组的处理效应估计,因此相比于小组第一层次的细分,回归是更高的第二层次的分析,故而是多层的。除了这一方法之外,我们还可以先将实验组和控制组的个体基于倾向值得分进行匹配,匹配好以后,对于每个匹配对,估算处理效应。之后再看处理效应从倾向值得分低的组到倾向值得分高的组是如何变化的。这里我们可以用一些非参数的平滑方法来看各个匹配对的处理效应是如何变化的。这也称为匹配-平滑法(Matching-Smoothing Method,MS)。与这一思路近似,我们也可以分别对实验组和控制组中的个体的数据先进行平滑处理,看实验组与控制组的人的收入如何随倾向值的变化而变化。之后,将两条平滑变化曲线相减,从而得到处理效应异质性的估计。这个方法被称为平滑-差值法(Smoothing-Differencing Method,SD)。

目前为止,实现这些方法的最简便的软件平台是 STATA。假设我们想知道高等教育的回报异质性的话,可以采用以下命令完成上述三种估计方法。

use C:\Users\admin\Desktop\CGSS10toy12.dta

hte sm lgindiannualincome edu4 female fedu medu fhkagr mhkagr

hte ms lgindiannualincome edu4 female fedu medu fhkagr mhkagr, lpoly(degree(1))

hte sd lgindiannualincome edu4 female fedu medu fhkagr mhkagr, ngrid(100)

分析结果如图 5-5。

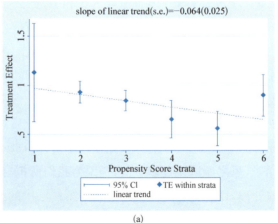

(a)

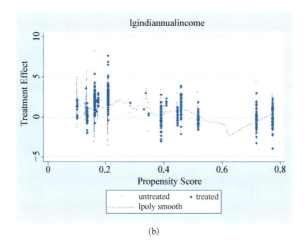

(b)

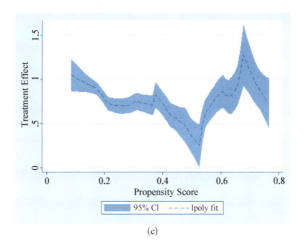

(c)

图 5-5　STATA 软件输出结果

三种结果彼此之间差异比较大,但是 SM 方法表示出的信息比较具有可解释性,体现出了某种负选择效用。而 MS 和 SD 方法则更加精细,可以展示出每一段的倾向值所对应的处理效用大小。

参考文献

1. Lee, Brian K., Justin Lessler, and Elizabeth A. Stuart. Improving Propensity Score Weighting Using Machine Learning[J]. *Statistics in Medicine*. 2010, 29(3): 337-346.

2. Brand, Jennie E., and Yu Xie. Who Benefits Most from College? Evidence for Negative Selection in Heterogeneous Economic Returns to Higher Education[J]. *American Sociological Review*. 2010, 75(2): 273-302.
3. David J. Harding. Counterfactual Models of Neighborhood Effects: The Effect of Neighborhood Poverty on Dropping Out and Teenage Pregnancy[J]. *American Journal of Sociology*. 2003, 109(3): 676-719.

第六章

工具变量方法

从本章开始,我们将介绍一些比较常见的计量经济学中使用到的因果关系识别方法。在这些方法中,最为常见的或许就是工具变量方法了。因为这个方法已经非常成熟,几乎所有的计量经济学教科书都会有非常详尽的说明,告诉我们怎么操作,很多内容这里不再赘述。具体而言,本章我们主要谈两个问题,一个是为什么做因果推论的时候需要工具变量,第二个是什么情况下工具变量的分析结果可以作为因果关系的估计进行解释。

工具变量方法的基本逻辑及其因果推论价值

工具变量的基本逻辑可以用图 6-1 表示,其中 D 为自变量,Y 为响应变量,U 为混淆变量,Z 为工具变量。

很显然,D 对 Y 有影响,这是研究者希望分析的因果关系。但是有一些混淆变量 U,一方面影响了 D,一方面影响了 Y。因为 U 的存在,D 和 Y 的因果关系没有办法很好地估计出来。这就类似于,是不是上大学 D 和是不是能赚钱 Y 这两个变量都和个人的能力 U 相关,有能力的人一般收入会高一些,有能力的人的教育水平也通常会高

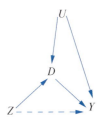

图 6-1 工具变量方法原理

一些。但是究竟何为能力,或者什么能力决定了一个人的收入和教育水平,这是很难讲清楚的。自然,如果没有办法控制能力这一混淆变量 U,我们估计出的 D 和 Y 的关系就有可能是虚假的。例如,我们有可能发现 D 和 Y 之间的关系是正向的,看上去好像上大学的人收入比不上大学的人的收入高一些,但有可能上大学的人和能不能挣钱之间不存在什么实质性的关系,只是因为这些读书好的能力也高,而能力高的人挣钱多一些,从而让读书与收入之间才显得是正相关的。如果出现这种情况的话,我们就没办法去准确估算大学教育和收入之间的真正关系。

但是,如果有工具变量 Z,研究者就能够探究 D 和 Y 之间的真实关联。这个工具变量 Z 需要和 U 没有直接关系,也就是图中它们之间没有任何连线。Z 和 Y 也没有"直接"的关系,因此这根线是虚线。但 Z 可以影响 D,D 可以影响 Y。换句话说,Z 对 Y 的影响必须通过 D 的传递才能实现。这些便是工具变量的两个基本特征,一来它和混淆变量 U 没有关系,彼此之间相互独立;二来它和响应变量 Y 没有直接关系,有任何关系都要通过处理变量去传递。

上面介绍的工具变量的特点可以进一步整合进线性模型中。比如,响应变量 Y_i 可以写成是 D_i 和 U_i 的函数 $Y_i = \beta_0 + \beta_1 D_i + \beta_2 U_i + \varepsilon_i$,其中 ε_i 是随机扰动项,且和 D_i、U_i 都独立。但是由于测量上的问题,我们没有办法直接观测到 U_i,此时 U_i 就只能进入到随机扰动项中,即随机扰动项变成了 $\beta_2 U_i + \varepsilon_i$。自然,如果 U_i 和 D_i 彼此关联,那么结果便是,因为忽略了 U_i,我们所估计的 D_i 的系数时就违背了传统回归模型的假设,所得到的系数 β_1 估计就是有偏差的。

但是,如果我们有工具变量就不一样了。按照上面谈到的,工具变量 Z_i 和 U_i 是没有关系的。因此,有:

$$\beta_2 U_i + \varepsilon_i \perp Z_i$$

Y_i 和 Z_i 的关系必须通过 D_i 来传递,所以说通过一个很简单的统计计算,可以发现 Y_i 和 Z_i 的斜方差实际上是 D_i 和 Z_i 的斜方差乘以 β_1,而 β_1 就是我们感兴趣的 D_i 的系数,具体的计算过程如下:

$$\begin{aligned}\text{Cov}(Y_i, Z_i) &= \text{Cov}(\beta_0 + \beta_1 D_i + \beta_2 U_i + \varepsilon_i, Z_i) \\ &= \text{Cov}(\beta_0, Z_i) + \text{Cov}(\beta_1 D_i, Z_i) + \text{Cov}(\beta_2 U_i + \varepsilon_i, Z_i) \\ &= 0 + \beta_1 \text{Cov}(D_i, Z_i) + 0\end{aligned}$$

基于这样一种统计关系,估计出 β_1 的取值,就比较容易了,其可以表示为 Y_i 和 Z_i 的协方差比上 D_i 和 Z_i 的协方差。换句话说,我们对于因果关系 β 的估计就是 Y_i 和 Z_i 的共变程度比上 D_i 和 Z_i 的共变程度,如下所示:

$$\widehat{\beta_1} = \frac{\text{Cov}(Y_i, Z_i)}{\text{Cov}(D_i, Z_i)}$$

这个看起来似乎很复杂,但还是很容易理解的。这个表达式的分子是 Y_i 和 Z_i 的共变,而 Z_i 并不直接作用于 Y_i,而是要通过 D_i 来影响 Y_i。用一个简单的图形来表示,就是:

$$Z_i \to D_i \to Y_i$$

基于这个图示,Z_i 对 Y_i 的影响由两部分组成,一部分是 Z_i 如何影响 D_i(假设用 a 表示),另一部分则是 D_i 如何影响 Y_i(假设用 b 表示)。那么,Z_i 对 Y_i 的影响就是 $a \times b$。如前所述,我们关心的是 D_i 如何影响 Y_i(也就是 b),自然我们用 Z_i 对 Y_i 的影响除以 Z_i 对 D_i 的影响就得到了 $\frac{a \times b}{a} = b$。换句话说,由于传递性的存在,只要工具变量对 Y_i 的影响算出来了,除以一下工具变量对于自变量 D_i 的影响,就能够得到了自变量对于响应变量的影响,这是一个很直观的想法。

那么在进行因果推论的时候,工具变量会起到什么作用呢?通常而言,工具变量方法和因果推断的交集出现在"样本不服从(non-compliance)"的情况下。什么叫"样本不服从"呢?它描绘的是这样一种情境。比如,医生在进行药物药效分析时,将进入研究的病人分为实验组和控制组。实验组中的病人被要求服药,控制组中的病人被要求不服药。理想的情况是,病人都服从这种安排,按照医生的安排服药或者不服药。但实际会出现什么情况呢?有可能实验组的这些病人中间,一些人偷偷没有服药。同理,控制组的这些病人,有可能通过别的渠道找到这种药吃了。这就是所谓的"样本不服从"。简言之,被研究对象没有服从研究人员的安排,让分析对象吃药,但他或者她不吃,不让分析对象吃药,他或者她偏吃。将样本不服从的情况考虑进来,我们到目前为止讲到的所有关于因果推断的估计量都只能称为意向处理效用(intent-to-treat effect),就是研究者"想要"的那个处理效应。在这个例子中,我们的意向处理效果就是大家在现有安排下的处理效果。但实际情况是,有些人分配到实验组的没吃药,分配到控制组的反而吃药,这就涉及样本不服从情况。

面对这种情况,工具变量便有了用武之地。作为研究者,在一项研究中能做的只能是采用一种随机化的方式来分配处理变量水平(例如随机分发药),但通常没有办法保证我们分发出去的药物,被研究对象一定会按照事前的安排服用或者不服用。此时,我们可以把药物的分发方式看成一个工具变量 Z(这里暂时去掉下标 i)。由于药物的分配是随机的(比如采用扔硬币的方式决定,扔正面进入实验组被分配到服用药物,扔反面进入到控制组不服用药物),工具变量 Z 就是一个完全随机的变量,自然和任何潜在的没有观测到的混淆变量 U 彼此独立。在分药 Z 到症状 Y 之间,我们有一个真正关心的处理变量 D。D 代表了是否吃药。只有通过 D,我们才能真正了解药效,所以是否吃药才是我们的处理变量。在这种情况下,我们采用工具变量就能够估计出 D 对 Y 的影响。具体而言,药物的分配是随机的,从而构成随机实验。因此,Z 对于 Y 的影响以及 Z 对于 D 的影响都能估算出来。这就好比两个随机实验,一个随机实验的响应变量是 D,另外一个随机实验的响应变量是 Y。换句话说,Z 和 Y 是怎么共变的我们能算出来,同理,Z 和 D 是怎么共变的我们也能算出来。两个一除就得到了 D 对 Y 的因果效果。这就是工具变量的好处。就算我们能控制的只是如何分配药品,工具变量方法也能够帮助我们去推算吃药和症状之间的关系。

在社会科学研究中,这种"样本不服从"问题是一个很普遍的问题。比如,我们都知道,北京的车牌是要通过抽签随机分配的。那么,我们可以把它想象成一个随机化的变量。假设我们想知道抽中车牌以后开自己购买的车会不会提升北京居民的幸福感。但是问题在于,很多人即使抽中也可能不会使用车牌(比如没有及时考出驾照)。有些人没抽中,但可以通过别的途径获得车牌从而开上自己的车。我们会发现，在这个研究中，可以保证的只是让被研究对象去抽签，但抽中了以后是不是一定能够享受到那个牌子带来的驾车体验，或者没抽中是不是一定没有办法开自己的车上路，是很难讲的。这里面肯定会有一些"样本不服从"的情况存在，这就要使用工具变量了。与这个例子类似，我们研究教育经历在学龄儿童中的影响时，往往也会利用日期作为工具变量。众所周知，出生在 8 月后的孩子要晚上学一年的，而对于小孩子而言，这一年会带来体力、智力等各个方面的差异。此时，上学时长的一年差异是我们关心的自变量，而出生日期是我们的工具变量。但是，很多时候，人们的上学安排并不严格遵从规定，一些出生在 8 月以后的孩子的父母可能采用一些手段让自己的子女早上学，同样一些出生在 8 月之前的孩子的父母也有可能希望能够推迟子女上学的时间。这也是我们所说的"样本不服从"。此时，出生日期就是工具变量，上学时长是处理变量。

那么，在具体的研究中，应该如何使用工具变量呢？通常而言，我们可以采用二阶段模型法。这个方法是计量经济学中的常规方法，因此这里仅简单介绍一下，感兴趣的读者可以从其他计量经济学教材中获取更多的信息。二阶段模型法拟合两个模型。一个模型以 D 为响应变量，看什么因素决定了被研究对象是不是吃药。另一个模型以 Y 为响应变量，看哪些因素决定了被研究对象的症状。如下：

$$\begin{cases} Y_i = \boldsymbol{X} \cdot \boldsymbol{\beta} + \alpha D_i + \varepsilon_i \\ D_i = \boldsymbol{X} \cdot \boldsymbol{\rho} + \gamma Z_i + \omega_i \end{cases}$$

在这个模型中，ω_i 与 Z_i 和 $\boldsymbol{X}$ 都彼此独立，ε_i 与 Z_i 和 $\boldsymbol{X}$ 都彼此独立，但是由于有潜在的混淆因素 U 存在，ε_i 与 D_i 之间彼此不独立。基于这些设定，可以把 D_i 的表达式代入 Y 的方程中，得到：

$$\begin{aligned} Y_i &= \boldsymbol{X} \cdot \boldsymbol{\beta} + \alpha D_i + \varepsilon_i \\ &= \boldsymbol{X} \cdot \boldsymbol{\beta} + \alpha (\boldsymbol{X} \cdot \boldsymbol{\rho} + \gamma Z_i + \omega_i) + \varepsilon_i \\ &= \boldsymbol{X} \cdot \boldsymbol{\beta} + \alpha (\boldsymbol{X} \cdot \boldsymbol{\rho} + \gamma Z_i) + \alpha \omega_i + \varepsilon_i \\ &= \boldsymbol{X} \cdot \boldsymbol{\beta} + \alpha (\boldsymbol{X} \cdot \boldsymbol{\rho} + \gamma Z_i) + \varepsilon_i^* \\ &= \boldsymbol{X} \cdot \boldsymbol{\beta} + \alpha \widehat{D_i} + \varepsilon_i^* \end{aligned}$$

通过上面简单的运算,可以发现,最后的模型相当于把 D_i 的预测值 $\boldsymbol{X} \cdot \boldsymbol{\rho} + \gamma Z_i$ 作为一个新的变量放进 Y_i 的模型中,然后去计算它对于 Y_i 的影响,其中的误差项 $\varepsilon_i^* = \alpha \omega_i + \varepsilon_i$。但是需要注意的是,这里的误差项是有的,因为基于一开始的针对 Y_i 模型,误差项应该是 $Y_i - \boldsymbol{X} \cdot \boldsymbol{\beta} - \alpha D_i$,但是当我们把 D_i 的预测值放进去以后,误差项变成了 $Y_i - \boldsymbol{X} \cdot \boldsymbol{\beta} - \alpha \widehat{D_i}$,二者并不完全等同。好在目前大多数的软件会自动进行误差的修正,并不需要我们手动计算。此时,我们估计出的 α 的值就是工具变量对因果关系的估计。

工具变量因果推论的假设条件

目前为止,我们介绍了工具变量的基本特征以及实际操作。特别强调的是,工具变量可以帮助研究者处理"样本不服从"问题,因此在很多具体的实践中,有很广泛的应用范围。下面我们要介绍的是,在利用工具变量进行因果推断的时候需要满足哪些基本条件。正如本书一开始所谈到的,进行因果推断的时候,如果前提假设条件不成立的话,即使采用了工具变量的方法做因果推断,得到的结论也会受到质疑。

在讲基本假设之前,不妨先介绍一个非常经典的工具变量。按照 Thad Dunning 的总结(Dunning,2012),目前在社会科学研究中,最好的一个工具变量就是美国的通过抽签上战场这个工具变量。因为它基本上满足了几乎所有的因果推论需要满足的条件。具体而言,如果我们想知道战场经历如何影响了后续的劳动力市场表现。很显然,我们不可能直接安排个人上战场。但是当时美国的安排是抽签决定,假设号码从 1~6,抽中 1、2、3 则上战场,抽中 4、5、6 则不需要上战场。如果我们套用一下上面的讨论,工具变量是抽签的结果,号码是大还是小完全是自己随机抽取的,就像随机实验一样。但是我们关心的不是抽中号码的大小,而是关心是不是真的上战场,后者就是我们的处理变量。而响应变量则是一些劳动力市场上的表现,比如退伍以后进入劳动力市场的话收入是多少。基于这样一个经典的例子,我们来具体看一看,如果基于工具变量来进行因果推断的话,需要满足什么条件。具体而言,有五条条件需要满足(Angrist,Imbens 和 Rubin,1996)。

第一条条件就是我们以前谈到的 SUTVA。在本书开始的时候,我们讲过,SUTVA 有两层意思,一个是处理变量不存在版本差异,另一个意思是个体的 Y 的取值不受其他个体的处理变量安排方式的影响。在工具变量的方法体系中,SUTVA 可以表述为两点:(1) 如果 $Z_i = Z_i'$,则 $D_i(\mathbf{Z}) = D_i(\mathbf{Z}')$;(2) 如果 $Z_i = Z_i', D_i = D_i'$,则 $Y_i(\mathbf{Z}, \mathbf{D}) = D_i(\mathbf{Z}', \mathbf{D}')$。

其中,向量 $\mathbf{Z}$ 是一个群体中的号码分配方式,例如一群人有 5 个人,最后的号码抽取方案为 1、2、2、1、5、6。则 $\mathbf{Z} = (1\ 2\ 2\ 1\ 5\ 6)$,$\mathbf{D} = (1\ 1\ 1\ 1\ 0\ 0)$。条件(1)是说,对于编号为三的个体而言,他肯定要去上战场,而这个决定与其他人抽签结果无关。也就是说,只要第三个人的抽签号是 2,那么换一种其他人的抽签情况,不改变第三个人是否上战场 D_3 的取值。例如,再抽签一次,得到的 $\mathbf{Z}' = (5\ 5\ 2\ 2\ 3\ 6)$,$\mathbf{D}' = (0\ 0\ 1\ 1\ 1\ 0)$。也就是说,编号为 1 号,2 号的人将从上战场改为不上战场,而 5 号则由不上战场改为上战场,但这些都不影响 3 号的 D_3 的取值。同样的道理,响应变量潜在的取值 Y 也不会随着其他人的抽签结果和是否上战场而改变。这是 SUTVA 的条件 2 所讲到的内容。除了不存在相互影响之外,这里的表述也说明不存在版本的差异。例如,当 Z 固定下来以后,D 的取值是唯一的,Z 不存在同样取值但是 D 的版本有差异的问题(例如同样是抽中 1,一些人上战场,而一些人不去,这是不行的)。同理,只要 Z 和 D 定下来了,Y 的潜在取值也就定下来了。实际上,根据一致性的假设,Z 和 D 定下来之后,Y 的潜在取值就是 Y 的观测值了。

第二个条件是随机化假设,即 Z 是一个随机化过程得来的工具变量。表述为 $\mathbf{Z}$ 为特定取值 c 的概率等于 $\mathbf{Z}$ 为特定取值 c' 的概率。这怎么理解呢?假设我们有三个人,每个人抽取号码,每个人有六种可能取值,则三个人综合起来有 $6^3 = 216$ 种取值组合,每一种组合都是等可能性的。换句话说,由于是随机实验,因此在这 216 种组合中,实际出现的某种组合的概率都是 1/216。

第三个条件是排除性假设(exclusion)。这个假设的意思是 Z 对 Y 的影响只有通过 D 的传递才能发生。Z 和 Y 之间不存在直接的联系,表述如下:

$$Y(Z,D)=Y(Z',D)$$

这个表述所要传达的意思是,既然 Z 对 Y 的影响通过 D 完成,那么只要 D 定了下来,Y 就不可能再受 Z 的影响了。即使我们把 Z 的安排改变成 Z',但是只要 D 不变,Y 也不变。

第四个条件很简单,即要求 Z 对 D 具有实质性的影响。放在上面的例子中,这一条假设要求抽签的结果 Z 和是否上战场 D 之间应该是相关的。二者的相关性不能是 0。

第五个条件是单调性假设(monotonicity)。意思是说,当 Z 变化,D 的变化服从一定的单调性。比如,如果 Z 从小号码到大号码变化的话,D 的变化方向应当是从不上战场的概率大到上战场的概率大。二者之间的变动方向应该是一致的。这一个假设之所以重要,是因为它可以帮助研究者把一类人排除出了我们分析之外,哪一类人呢?就是唱反调的人(defier)。所谓唱反调的人,是指当他抽中的号码是大号的时候,本来不用上战场,但他反而坚持一定要去。或者如果他抽中号码是小号,本来需要去前线,结果他由于各种原因没有去前线。为什么我们一定要把这些唱反调的人排除出去呢?这可以从我们计算因果效果的公式看出来。正如上文所示,利用工具变量进行因果推断,所依据的统计量是 Z 与 Y 的协方差比上 Z 与 D 的协方差。但是,基于 Z 带来的 D 的变化有两种情况,一个是当 Z 逐渐变大的时候,D 逐渐变小(负相关),或者 Z 逐渐变大的时候,D 逐渐变大(正相关)。对于我们的研究而言,Z 的效果需要保证 Z 和 D 的共变能够反映出理论上有意义的问题,即当号码从小号转为大号的时候,人们上前线的概率下降。假设取的号码是小号的话 $Z=1$,取大号的话 Z 取值为 0。D 的编码为 $D=1$ 上前线,$D=0$ 不上前线。那么单调性假设要求 $D(Z=1) \geq D(Z=0)$。这样,那些唱反调的人(对于他们,$D(Z=1) < D(Z=0)$)就被排除出去了。

这五个条件综合起来,就能够帮助我们基于工具变量方法进行因果推断。例如,有了 SUTVA 和随机化条件,Z 的实施是一个随机实验,那么我们就能够计算出意向处理效用。条件三和条件四加起来就是工具变量的定义,条件五帮助去掉了唱反调的人。由此,我们能够估计出因果效果。

但是这里需要说明的是,通过工具变量估算出来的因果效果是针对特定人群的,这些特定人群是那些服从研究者设计的对象。因此,通过工具变量估计出来的因果效应也称为局部处理效应(local average treatment effect)。如果以上面谈到的验证药效的例子来说明,所谓的吃药后的效果仅仅是限定在那些实验组中实际吃药,而控制组中不吃药的那些听话的人而言的。广义上看,任何一个实验中,分析对象群体都能分为四种人,一种是这里所谓的听话的人,一种是无论研究者如何安排总是吃药的人,一种是无论研究者怎么安排都不会吃药的人,而最后一种就是我们上面说的唱反调的人。我们通过工具变量所估计出的因果效果仅适用于那些听话的人。唱反调的人基于上面的单调性假设已经排除在外。总是吃药或者总是不吃药的人,它们的处理变量是一个常量(D总是为0后者1),自然无从分析其处理效应。

为了更好地理解局部处理效应,我们可以采用图示法来表示不同类型的对象。对于听话的个体而言,工具变量可以影响处理变量,从而进一步影响Y。由于听话的个体其处理变量的取值取决于工具变量的取值,因此混淆变量U不会影响自变量D(见图6-2)。

但是对于那些总是吃药或者总是不吃药的人而言,处理变量的取值和工具变量没有任何关系,由于二者之间不存在任何联系,我们自然无法估计因果效果(见图6-3)。

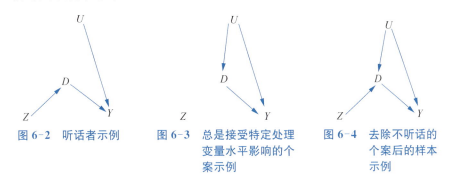

图6-2　听话者示例　　图6-3　总是接受特定处理变量水平影响的个案示例　　图6-4　去除不听话的个案后的样本示例

基于单调性假设,我们把唱反调的人排除出去的话,所处理的对象相当于把这两张图重叠起来,得到图6-4,这实际上就是本章一开始时所展示的工具变量的图示。

工具变量的方法软件实现时非常容易。假设我们以父母的教育水平作为工具变量,看个体的教育水平与幸福感之间的关系,那么R里面的代码如下：

library(foreign)

cgss <— na.omit(read.dta("C:\\Users\\admin\\Desktop\\CGSS10toy12.dta"))

head(cgss)

ivmodel=ivreg(happiness～edu+age+han+lgindiannualincome+female,～fedu+medu+age+han+lgindiannualincome+female,x=T,data=cgss)

summary(ivmodel, vcov = sandwich, diagnostics = TRUE)

```
Call:
ivreg(formula = happiness ~ edu + age + han + lgindiannualincome +
    female | fedu + medu + age + han + lgindiannualincome + female,
    data = cgss, x = T)

Residuals:
    Min      1Q  Median      3Q     Max
-3.2814 -0.2084  0.1178  0.3322  1.8861

Coefficients:
                    Estimate Std. Error t value Pr(>|t|)
(Intercept)         2.524643   0.151279  16.689  < 2e-16 ***
edu                 0.077247   0.049295   1.567 0.117171
age                 0.004448   0.001254   3.547 0.000394 ***
han                -0.171708   0.049884  -3.442 0.000582 ***
lgindiannualincome  0.114825   0.026754   4.292 1.80e-05 ***
female             -0.096862   0.024106  -4.018 5.95e-05 ***

Diagnostic tests:
                 df1  df2 statistic p-value
Weak instruments   2 5002   219.802  <2e-16 ***
Wu-Hausman         1 5002     0.973   0.324
Sargan             1   NA     0.005   0.942
---
Signif. codes:  0 '***' 0.001 '**' 0.01 '*' 0.05 '.' 0.1 ' ' 1

Residual standard error: 0.8215 on 5003 degrees of freedom
Multiple R-Squared: 0.03225,    Adjusted R-squared: 0.03128
Wald test: 31.04 on 5 and 5003 DF,  p-value: < 2.2e-16
```

相关分析结果的解释与常规的回归模型一样，这里不再赘述。只是需要说明的是，在分析结果之后，有几个指标衡量了工具变量的优度。其中弱工具变量指的是当我们用工具变量去预测自变量取值的时候，模型的解释力很差。通常在线性模型中，我们可以用F检验中的F值来衡量工具变量(和其他控制变量一起)对于处理变量的解释力。Wu-Hausman 检验看的是不用工具变量的 OLS 模型与采用工具变量的 OLS 模型进行对比的时候,结论是否一致,如果一致的话,就说明内生性问题不是很严重,不必要使用工具变量。Sargan 检验是针对多个工具变量的情况所做的检验,如果原假设被拒,则说明至少有一个工具变量不合适。

在 STATA 中,工具变量的分析代码如下:

use C:\Users\admin\Desktop\CGSS10toy12.dta

ivregress 2sls happiness age han lgindiannualincome female (edu = fedu medu)

estat endogenous

estat firststage

estat overid

相关的经验发现与上面的一致,这里不再赘述。

```
Instrumental variables (2SLS) regression      Number of obs   =      5,009
                                              Wald chi2(5)    =     176.50
                                              Prob > chi2     =     0.0000
                                              R-squared       =     0.0322
                                              Root MSE        =     .82104
```

happiness	Coef.	Std. Err.	z	P>|z|	[95% Conf. Interval]	
edu	.0772472	.0517418	1.49	0.135	-.024165	.1786593
age	.0044477	.001291	3.45	0.001	.0019174	.0069781
han	-.1717081	.0472928	-3.63	0.000	-.2644003	-.079016
lgindiannuali~e	.1148252	.0262765	4.37	0.000	.0633242	.1663262
female	-.096862	.0239144	-4.05	0.000	-.1437333	-.0499906
_cons	2.524643	.1355299	18.63	0.000	2.259009	2.790277

Instrumented: edu
Instruments: age han lgindiannualincome female fedu medu

Tests of endogeneity
Ho: variables are exogenous

Durbin (score) chi2(1)   = .875132 (p = 0.3495)
Wu-Hausman F(1,5002)   = .874061 (p = 0.3499)

First-stage regression summary statistics

Variable	R-sq.	Adjusted R-sq.	Partial R-sq.	F(2,5002)	Prob > F
edu	0.3515	0.3508	0.0638	170.535	0.0000

```
Minimum eigenvalue statistic = 170.535

Critical Values                       # of endogenous regressors:   1
Ho: Instruments are weak              # of excluded instruments:    2

                                       5%      10%      20%     30%
2SLS relative bias                            (not available)

                                       10%     15%      20%     25%
2SLS Size of nominal 5% Wald test     19.93   11.59    8.75    7.25
LIML Size of nominal 5% Wald test      8.68    5.33    4.42    3.92

Tests of overidentifying restrictions:

  Sargan (score) chi2(1) =   .005353  (p = 0.9417)
  Basmann chi2(1)        =   .005346  (p = 0.9417)
```

参考文献

1. Dunning, Thad. *Natural Experiments in the Social Sciences: a Design-based Approach*[M]. Cambridge University Press, 2012.
2. Angrist, Joshua D., Guido W. Imbens and Donald B. Rubin. RubinIdentification of Causal Effects Using Instrumental Variables[J]. *Journal of the American Statistical Association*. 1996, 91(434): 444-455.

第七章

回归断点设计方法

本章所介绍的方法也是经济学领域内很常见的一种方法,称为回归断点设计或者回归中断设计。在不同的语境下,可能有不同的翻译,但基本上英文都是一样的,称为 regression discontinuity design。和工具变量一样,目前有很多流行的计量经济学教科书会谈到这个方法,因此更多的细节这里不再赘述。本章主要讨论三方面的内容:第一,回归断点设计的基本原理;第二,回归断点设计的类型及其假设;第三,回归断点设计的带宽选择问题。在讲完这三点以后,本章会展示一个具体的实例。

回归断点设计的基本原理

回归断点设计的思路实际上是和我们的经验常识是非常一致的。举一个生活中的例子,如果我们想知道上大学对一个人收入的影响,那么最好就是找一些刚刚到分数线的上了大学的人,与那些就差分数线一点的人进行对比。换句话说,如果上大学代表实验组的话,那么控制组的人最好就是那些"差点"就能上线的人,他们构成了一个基准的对比状态。这样的话,刚刚勉强能够上大学的人的状况和这个基准状态(差点就能上大学的人的收入)去比较一下,我们就能知道上大学对一个人的收入的影响。

回归断点设计的思路和这个例子的思路是很像的。很多时候,我们的确能够以分数线作为设计回归断点的依据。给定一个分数线的话,有一些人可能超过分数线 1 分、2 分就进了大学了,有些人没上分数线,他也就差了1分、2分。生活经验告诉我们,超了分数线1分、2分,或者低了分数线1分、2分,两相对比,高考成绩可能就差了2分、3分或者4分而已。别的情况都差不多的话,这些人实际上是很像的。他们像在什么地方呢?像在上大学的概率上。虽然一些人真的上了大学,另一些人真的没上大学,但由于他们非常接近分数线。如果上大学完全由分数线决定的,那么这些人上大学的概率应该是非常接近的。这个时候,如果想知道上大学的因果效果的话,只需要比较这两类人,一类是刚刚过了分数线的那帮人,一类是在分数线下面的那帮人。这时候他们过了四年以后的收入情况,确实能够反映出上大学的效果,这是回归断点设计非常巧妙的地方。它把目光集中在一些在临界线"上下"的一些特殊群体身上,这个是非常好的设计思路。

通过这个例子,我们基本上可以了解回归断点设计的原理了。我们有一个关心的自变量 D 和结果变量 Y。而 D 的取值取决于另外一个变量 X,当 X 在某个临界值以下时,D 取某一个特定值,而当 X 的取值超过临界值以后,则 D 的取值会变化。由于直接看 D 和 Y 的关系有可能有潜在的混淆偏误,因此我们转而看临界值上下的个体并比较之。由于临界值决定了 D 的取值,距离临界值很近的人自然距离 D 的取值转换的临界点很近。换句话说,这些人的 D 的取值"可上可下"。对比一下随机实验的话,我们就可以近似地认为,这些临界点上下的人构成了一个类似随机实验的环境,谁上谁下(谁的分数超过分数线几分,谁的分数低于分数线几分都很正常)基本上不会有系统性的差异。虽然实际情况下,确实有一些人上去了,有一些人下来了,但决定这一上一下的对比更多的是一些随机的事件(例如突发感冒或者高考没有发挥好,因而没有上线)。既然如此,我们就能够基于这些对象估计出因果效果。

回归断点的方法一开始是用在教育心理学研究主题中的。当时考察的是特定的教育激励机制是否有效(Thistlethwaite 和 Campbell,1960)。例如,设想一个作文考试,考试成绩设定一个分数线,如果一个学生的作文成绩过了这个分数线,将会得到一定的奖励,如果没过分数线就没有奖励。基于这种设计,研究者进而去观察,若干年以后,得到奖励的那些同学的发展趋势是不是特别想去从事和研究类相关的工作。在这个例子中，自变量是奖励，响应变量是未来发展的方向选择，构成断点的变量就是作文成绩。我们知道，奖励与否的判断是一个非黑即白的决定，作文竞赛分数超过分数线就能得到奖励，低于这个分数线就得不到奖励。这时候，我们比较的就是接近分数线，但是一些人在分数线下，而另一些人在分数线上的两拨人。如果说，在这两拨人里面，得到奖励的人特别容易从事学术研究类工作，那么我们就有理由人为这个奖励是有因果影响的。

但是，早期的回归断点设计在实践起来并不是特别的严格，或者说随意性比较大。例如，低于分数线或者高于分数线多少分算是能够接受的范围，这类问题往往付诸日常经验和常识，而非严格的统计或者数据标准。直到后来，经济学研究开始关注并利用回归断点设计，一些计量经济学家对整个回归断点设计的方法进行了系统化和数理化的提升，这些成果构成了下面我们要讲的主要内容（如 Hahn、Todd、Van der Klaauw，2001）。

回归断点设计的类型及其假设

具体而言，回归断点设计是有两类，一类叫确定性（sharp）回归断点设计，还有一类叫模糊（fuzzy）回归断点设计。所谓的确定，意思是说，在断点处，一个人接受处理的概率瞬间从 0～1（或者从 1～0）。还是回到高考的例子，如果我们的处理变量是是否上大学的话，那么过了分数线就上大学，不过分数线就不上大学，这是一个 0 和 1 的黑白分明的变化，非常直接，也非常确定。

为了讨论方便，我们需要采用一些符号。还是回到上面的例子，上大学与否的变量表示为 D，X 代表了高考成绩，c 是分数线，$1\{\}$ 代表一个指示函数，如果 $X \geqslant c$，那么表示分数过了分数线，则 $D=1$。那么，我们有

$$D_i = 1\{X_i \geqslant c\}$$

显然，对于处理变量 D 而言，如果一个人的成绩过了分数线，那么 D 实际上就取值为 1，否则就是 0，这是非常确定的。甚至说，$X=c$，表示一个人的分数踩线了，那么这个人接受处理变量影响的概率就是 1。但如

果一个人只比分数线低了那么一点点,那接受处理的概率立刻变成 0 了。也就是说,就算差 0.5 分,也进不了大学。如果我们用 ε 来表示一个很小的数字,那么当 X 的取值为 $c-\varepsilon$ 的时候,进入大学读书的概率就是 0。

$$P(D_i = 1 \mid X_i = c) = 1$$

$$P(D_i = 1 \mid X_i = c - \varepsilon) = 0$$

回到因果推断的问题。如上文所述,回归断点设计关心的对象是那些分数在分数线上下浮动的人,分数线上下的这些人在响应变量 Y 上的差异,构成了我们想研究的因果效果。所以说,一个理想的情况就是看分数线上下的很小范围,一些人上了大学,他们的收入情况怎么样。另外一些人没有能够上大学,他们的收入情况怎么样。各自做一个数学期望,并计算其差值。这样,我们就估算出了因果效果,用 SRD 表示 sharp regression discontinuity,我们有:

$$\tau_{\text{SRD}} = E[Y_i(1) - Y_i(0) \mid X_i = c] = E[Y_i(1) \mid X_i = c] - E[Y_i(0) \mid X_i = c]$$

针对这个公式,有一些问题需要解释一下。在这个公式中,$Y_i(1) \mid X_i = c$ 没有什么问题。在 $X = c$ 的时候,说明一个人实际上是上了大学了(虽然是踩线),那么他的收入 $Y_i(1) \mid X_i = c$ 自然是能够直接观测到的。但是 $Y_i(0) \mid X_i = c$ 这一表达式却有问题,这是因为 $X = c$ 的时候,踩着分数线的人肯定会上大学,我们因而难以去计算他们的 $Y_i(0) \mid X_i = c$,因为根本就找不到这类上线以后又假设其没上大学的情况下的收入状况。

另外一个需要解释的问题在于,确定性回归断点设计在一定程度上违背了前面谈到的正值假设。回顾前面的章节的内容,所谓正值假设,是说我们所研究的个体,他们接受处理变量的概率应该是在 0～1 之间的数,但不能为 0 也不能为 1,如果是取值为 0 或者 1 的话,就属于特别极端的情况,不适宜用于因果分析。确定性回归断点设计公式却存在违背正值假设的情况,过了分数线的人其上大学的概率为 1,没过的就是 0。因此,如果我们要估计因果效果的话,我们需要再增设一些条件,以尽可能地保证正值假设成立。具体如下:

$$E[Y_i(0) \mid X_i = c] \approx E[Y_i(0) \mid X_i = c - \varepsilon]$$

这个假设条件的意思是，我们可以试着寻找一个替代性方案，虽然对于踩分数线的那些人，我们不知道如果他们没上大学的话收入 $E[Y_i(0) \mid X_i = c]$ 取值如何，但是我们知道那些马上就要到分数线但没有上大学的人的收入情况。那么，我们在 c 的基础上减掉一个很小的数 ε，然后去看这些没上大学的人的平均收入情况 $E[Y_i(0) \mid X_i = c - \varepsilon]$。这一收入状况约等于那些上了大学的人假设没有上大学的情况下的反事实状态，他们的响应变量的取值情况应该是比较接近的，即 $E[Y_i(0) \mid X_i = c] \approx E[Y_i(0) \mid X_i = c - \varepsilon]$。

为了让这种"约等于"的状态成立，我们就需要做一个连续性的假设，什么叫连续性的假设呢？我们将类似 X 这样的变量称为使动变量（forcing variable）（例如高考成绩），那么连续性假设认为，响应变量的潜在取值 $Y(0)$ 随着使动变量的变化，应该是一个连续的光滑的曲线（当然，如果接受处理变量影响的概率是从 1~0，那么我们需要潜在取值 $Y(1)$ 连续变化）。总而言之，连续性假设要求，潜在变量 $Y(1)$ 和 $Y(0)$ 的变化在临界值前后不能有跳跃。

我们为什么要做这个假设呢？实际上很简单，只要这个假设存在，那么下面的极限计算就能成立：

$$\tau_{\text{SRD}} = E[Y_i(1) - Y_i(0) \mid X_i = c]$$
$$= E[Y_i(1) \mid X_i = c] - E[Y_i(0) \mid X_i = c]$$
$$= \lim_{x \downarrow c} E(Y_i \mid X_i = x) - \lim_{x \uparrow c} E(Y_i \mid X_i = x)$$

直观地讲，如果 Y 的潜在取值是一个光滑变化的曲线的话，它就不会在使动变量的分数线 c 处有突然之间一个高低波动，那么踩着高考线的这些人，他们没上大学的收入情况就和那些马上到分数线的没上大学的人的收入情况非常接近（毕竟 $Y(0)$ 的变化是平滑的）。另一方面，如果 Y 的变化不是平滑的，而是跳跃性的，那么那些没上大学的人虽然接近分数线，但是也有可能有一些系统性的原因造成他们与那些踩线进大学的人之间具有本质差异，这样，我们就不能够使用确定性回归断点设计了。

基于连续性假设，那么确定性回归断点设计的因果关系就能够用上面极限的方式表达出来。需要注意的是，这里求极限是从两个方向趋近的,一侧的极限计算是从大到小,指的是过了分数线的那些人向分数线趋近。另一个则是从小到大,指的是那些没有过分数线的人向分数线趋近。它们的期望值的差值就构成了一个可以经验分析的问题,亦即我们感兴趣的因果效果。

对于回归断点设计而言,最开始的操作应该是画图,通过图示的方法看是否在使动变量断点处 c 存在响应变量的取值跳跃。如果一项研究连基本的图像都看不出任何断点的话,那这个研究的设计就会很有问题,即很难说得上是断点设计。画图的话,有三类图要特别注意。一类图看的是响应变量的观测值。既然称为回归断点设计,就要求一项研究的响应变量 Y 在断点处要有明显的变化,或者说截断。这个是不言自明的。例如,如果 Y 轴是收入的话,X 轴是高考成绩,分数线的临界点是 c。我们期望看到的基本模式是,Y 的取值在 c 的左右比较上有一个跳跃。如果在分数线以上的人收入比在分数线以下的收入在 c 处明显的高,那说明上大学的人比不上大学的人收入高。因此,回归断点设计要求响应变量在使动变量的断点处 c 有一个变化,否则,便不存在回归断点设计了。

另一类图则关注的是使动变量,就是高考成绩自身的变化。这个变量在设定的断点处"不应该"有一个跳跃。为什么是这样呢? 因为如果高考成绩在 c 的上下本身就有一个断点,那就说明一定有别的原因造成高考成绩在临界点处有断点。由于高考成绩是决定被研究对象是不是上大学的唯一因素,那么,如果别的原因改变了个体的高考成绩,那么这个看不到的别的原因也会进而改变了上大学的概率。同时,我们知道响应变量在断点处有一个跳跃,此时我们的一个合理怀疑是,响应变量在断点处的跳跃可能有别的原因在起作用,而不是完全取决于是不是上大学。因此,我们不希望看到使动变量(高考成绩)在 c 的前后有显著的变化。

这个问题如果换成一般的有向无环图(directed acyclical graph)的话,可以假设我们有一个看不到的混淆变量 U 存在,U 影响了高考成绩 X,高考成绩进而影响一个人是不是上大学 D,D 又影响了个体的收入 Y。同时 U 有可能影响 Y,这样,D 和 Y 的关系就会被混淆,这是一个非常典型的混淆因素的情况(见图 7-1)。

图 7-1　混淆因素的影响示例

这里可以举个简单的例子。比如性别这个变量被遗漏了。比如说在分数线以下的都是女的,分数线以上的都是男的,结果发现,成绩在分数线这里突然之间变化了,那有可能是因为性别变量在发挥作用。从分数线下面到分数线上面,我们观察的群体就从女同学变成男同学了。同时,我们都知道性别会影响收入。此时,如果高考成绩分数线上下人们的收入有显出差异,我们实际上不知道这种差异是归因于是否上大学、性别差异还是二者皆有。

实际上,使动变量的连续性假设还有更为微观的情况存在。很多时候,如果一个研究中的使动变量在临界点上下有变化的话,很有可能是因为个体在"操纵"这样一个断点。比如,在经典的作文竞赛的例子中,有些人可能知道自己的作文能力是什么水平,他们会预计一下自己的可能分数。有可能他们认为如果自己努力一把,就有可能过线,但如果自己不努力,就是在线下徘徊。所以,一旦发现作文成绩这个使动变量在临界点处有一个断点的话,很有可能是一些徘徊在分数线下的人有理性的预期,知道努力一把就过线,过线会有一些奖励等。那么,理性的个体就会在此时非常拼命地学习,提升最后过线的概率。这种情况下,我们在分析对比刚刚过线的和刚刚不过线的人的时候,这些刚刚过线的人实际上里面有一部分人"本不应该"过线的,这时候我们的结论肯定受到影响。毕竟我们本来希望分析一个自然状态下,线上和线下的群体差异,但如果有一个人为预期操纵的过程,影响了过线的概率,那么这些看到过线的人就不再是自然状态(也就是说,有个人努力这一变量进入进来混淆了因果效果)。这些潜在的个人操纵或者理性化努力,相当于把一些控制组的人(没有过线的人)"挪到了"实验组里去,自然,我们的结论就会受到质疑了。综上所述,使动变量不应该在临界点处有跳跃。

第三个图,关注的是其他控制变量,要求它们在断点处也不应该有变化。在社会科学研究中,类似的混淆变量有很多,比如性别、年龄等变量。

理想情况下,这些因素在临界点处应该是一个平滑的曲线,不应该有一个断点。实际上,这里要求它们和使动变量的变化模式是一样的,因为一旦这些混淆变量有断点的话,就相当于它们作为混淆因素介入到因果关系中去,从而影响我们估计的因果效果。

综上所述,在进行回归断点设计时,我们需要用作图法来作一些简单的分析,这些分析可以帮助我们了解一些必要的前提假设是否成立。基本上,除了响应变量在断点处有变化以外,使动变量和其他混淆变量都不应该在断点处有变化。换句话说,它们应该是一个在断点前后呈现出连续平滑的曲线模式,而不应该有任何的跳跃。否则的话,回归断点设计就不是设计得很好,相应的因果推论结论就不可靠。

在确定了这些基本模式后,后续的分析工作相比较而言是很简单的。比如,我们确定好这样一个断点为高考成绩的某个分数之后,进而确定将高考成绩 3 分以上的和高考成绩 3 分以下的这些人囊括进来,那么,我们只需要对比一下这两组人的收入差异即可。这里,我们有两种分析策略可供选择。一个分析策略是,计算以下两组人的平均收入情况,然后作类似于 T 检验一样的分析,非常简单。如果用公式表示,可以写为

$$\mu_+(x) = \lim_{z \downarrow x} E(Y_i(1) \mid X_i = z)$$

$$\mu_-(x) = \lim_{z \uparrow x} E(Y_i(0) \mid X_i = z)$$

其中,$\mu_+(x)$ 是指分数线"上面"一定区间内的个体的平均收入,而 $\mu_-(x)$ 是指分数线"下面"一定区间内的个体的平均收入,二者的差异代表了非参数方法估计出的因果效果。

另外一个分析策略则是参数估计。参数法主要是将分数线上下个体收入的变化趋势展现出来。例如,有可能随着高考成绩的提升,人们的收入也随之提升,只是在分数线上下,有一个提升的错位。那么为了展示出这种错位,我们需要分别在临界点上下分别拟合模型。由于这些模型隐含了一些参数假设,我们称之为参数估计方法。假设我们只是拟合了一个很简单的回归曲线,其中自变量为使动变量(高考成绩),响应变量为我们关心的结果变量(例如收入),则分数线以下的个体的拟合曲线为

$$E(Y_i) = \alpha_- + \beta_-(X_i - c)$$

同理,分数线以上的个体的拟合曲线为

$$E(Y_i) = \alpha_+ + \beta_+(X_i - c)$$

由于在临界点处,$X = c$,因此在临界点两个模型的预测值之差就是我们关心的因果关系:

$$\tau_{SRD} = \alpha_+ + \beta_+(c-c) - [\alpha_- + \beta_-(c-c)] = \alpha_+ - \alpha_-$$

也就是说,因果关系的估计值为两侧模型的截距之差。

除了确定性的回归断点设计之外,还有一种类型叫模糊回归断点设计。模糊的回归断点设计思路是这样子的,当我们在跨过使动变量临界点 c 的时候,我的接受特定处理变量影响的概率不再是从 0 变到 1(或者从 1 变到 0),而是"更有可能"从 0 变成 1(或者从 1 变到 0),这和上面提到的例子不一样。在上面的例子中,我们假定只要过了分数线,人们就会上大学,如果没过线,就一定不上大学。在这种设计中,我们认为上大学的概率从 0 变成了 1。但是现实情况下,这种情况是不太可能发生的。一些人虽然成绩没有达到分数线,但是有其他的途径(例如学科竞赛获奖)来获得进入大学读书的机会。同理,即使过了分数线,也有可能因为其他的情况放弃或者丧失入读大学的机会。当然,对于大多数人而言,只要分数过线,基本上还是会去上大学的。那么,对于一个群体而言,当跨过分数线以后,上大学的概率会得到显著的提升,这是比较符合现实状况的描述,但这个提升本身不代表是从"完全不可能"上大学提升到"一定"会上大学。正因为如此,我们称之为模糊断点设计,因为对于处理变量而言,它的取值随着使动变量的变化改变的不是那么绝对。

实际上,从某种角度来看,模糊断点设计可以用工具变量的思路进行分析。此时,使动变量就是工具变量。在模糊断点设计的状态下,高考分数和一个人是不是上大学是高度相关的,但也不是如确定性回归断点设计那样完全决定后者。这实际上就是我们讲的"样本不服从"问题,此时自然工具变量就有用武之地了。为了使用使动变量来发挥工具变量的作用,我们需要要求使动变量和最后要研究的响应变量 Y 之间只能通过是否上大学来实现。同样的,它和那些影响 Y 的混淆变量之间也不能够产生联系。如果这些条件满足,使动变量就是一个工具变量,它可以用来估计因果效果。

回顾工具变量这一章的内容,我们还需要指出的是,工具变量的因果推论还要满足其他一些假设条件。比如,我们要满足单调性的假设。在回归断点设计中,单调性的假设要求当一个人过了分数线以后,他上大学的概率要高于分数线以下人的概率。在实际生活中,这个假设是非常符合常理的。说白了,它要求分数线以下的人上大学概率要低于分数线以上的人上大学的概率。和工具变量方法一致,这一假设去掉了那些唱反调的人。所谓唱反调,就是过了分数线不上大学,不过分数线反而上大学的人。通过单调性的假设,这种人就可以被排除出去。

如果用公式表达单调性假设,我们可以写成:

$$P(D=1 \mid c+\varepsilon) \geqslant P(D=1 \mid c-\varepsilon)$$

另外一个假设是可忽略性假设。在回归断点设计中,可忽略性要求在控制了高考成绩以后,实际上不上大学和收入的潜在状态 $Y(1)$ 和 $Y(0)$ 之间是独立的,即:

$$Y(1), Y(0) \perp D \mid X$$

此外,针对工具变量,还有排除性假设,即使动变量对响应变量的作用仅通过处理变量实现。因此,如果控制了处理变量,使动变量与响应变量独立:

$$Y(1), Y(0) \perp X \mid D$$

如果这些条件都能够满足,那么后续的计算过程就变成了工具变量方法。回顾工具变量这一章的内容,工具变量所估计的因果效果应该是 X 对 Y 的影响比上 X 对 D 的影响。如果把这个公式套到回归断点设计里面的话,会发现 X 对 D 的影响,就是高考成绩对于一个人是不是上大学的影响,而 X 对 Y 的影响,就是高考的成绩对我们关心的响应变量 Y 的影响。具体而言,X 对 Y 的影响可以用前面的确定性回归中断设计的方法估计出来。X 对 D 的影响可以依葫芦画瓢,分别在临界点的左右做回归模型,只是这时的响应变量是 D 而不是 Y。也就是说,我们暂时把回归断点设计的响应变量设置为 D，分别在断点上下拟合模型：

$$E(D_i) = \theta_- + \rho_-(X_i - c)$$

$$E(D_i) = \theta_+ + \rho_+(X_i - c)$$

此时，我们就知道，使动变量 X 对于 D 的效果为 $\theta_+ - \theta_-$。基于确定性的回归断点设计，X 对 Y 的影响为 $\alpha_+ - \alpha_-$。此时，如果我们用 FRD 表示 fuzzy regression discontinuity，我们有

$$\hat{\tau}_{\text{FRD}} = \frac{\alpha_+ - \alpha_-}{\theta_+ - \theta_-}$$

可以发现，确定性回归断点设计是模糊回归断点设计的一个特例。这是因为，在确定性回归断点设计中，$\theta_+ - \theta_- = 1 - 0 = 1$。因果效果就变成了 $\alpha_+ - \alpha_-$。

带宽的选择及稳健性检验

目前为止，我们已经介绍了如何利用回归断点设计进行因果关系的分析。在这一部分，我们将介绍两个辅助性工作。第一个工作是带宽的选择。第二个工作是对结果的稳健性进行评估。

对于第一个问题，首先需要明确，什么叫带宽呢？带宽就是我们在一个回归断点设计中，从临界点 c 往左往右各挪动的距离。在回归断点设计中，带宽的选择很重要，但实际操作起来却又很模糊。比如，回到上面的高考成绩的例子，我们都认可需要从分数线向上向下选取一定的区间，但是这个区间是多少分呢？换句话说，我们需要选取多大的带宽才能保证分数线上下的人比较相似呢？有的人可能会说 1 分，另外一个人可能说 3 分，当然，5 分为什么不可以呢？最后，有些人可能觉得 10 分上下也都没有什么不行的，不会带来系统性的差异。这样的话，带宽的选择变成了一个仁者见仁、智者见智的问题，这种主观性肯定是对我们的分析不利。那么，为了保证我们研究的客观性，我们需要寻找到一些方法，保证我们可以基于经验资料来确定带宽的大小。

目前，回归断点设计中的带宽选择算法有很多。这里不一一列明。

仅举两个比较常用的技术。一个是代入法，一个是交互验证法。这两个方法都不是基于我们的经验判断来确定带宽的。先看代入法。这个方法是很简单的。经济学家 Imbens 和他的同事推导出了一个最优带宽的表达式(Imbens 和 Kalyanaraman，2012)。基于这个公式，我们只需要将我们研究的具体信息输入进去，带宽自然就确定的。用 h 来表示带宽，这个公式可以表示如下：

$$h_{最优带宽} = C_k \times \left[\frac{2 \times \frac{\hat{\sigma}^2(c)}{\hat{f}(c)}}{(\widehat{m}''_+(c) - \widehat{m}''_-(c))^2 + (\hat{r}_+ + \hat{r}_-)} \right]^{0.2} \times N^{-0.2}$$

在这个公式中，C_k 表示特定的核函数(kernel function)下的常数。c 是临界值，$\hat{\sigma}^2(c)$ 是在临界点处使动变量的方差估计值，$\hat{f}(c)$ 是使动变量在临界点处的分布函数估计。$\widehat{m}_+(c)$ 表示在临界点以上估计的响应变量和使动变量的关系函数，而 $\widehat{m}_-(c)$ 表示在临界点以下估计的响应变量和使动变量的关系函数。对于它们分别取二阶导数，我们得到 $\widehat{m}''_+(c)$ 和 $\widehat{m}''_-(c)$。在估计二阶导数的时候，为了提升计算的准确度，需要分别增加一个常数 $\hat{r}_+$ 和 $\hat{r}_-$。最后，N 代表了样本大小。从这个公式可以看出，采用代入法计算带宽需要我们计算一系列的统计量。但实际上，由于目前大家都是采用软件来进行操作，我们并不需要手动计算这些统计量和最后的带宽，很多分析过程都是自动化的了。

另外一个确定带宽的方法叫交互验证法。与带入法相比，交互验证法的逻辑相对复杂一些，其中比较常用的叫留一(leave-one-out)法。

使用这种方法的话，我们首先要做的是先给定一个备选带宽，比如 h_1。之后，我们从临界点向下，找到距离临界点最近的一个观测值，假定是点 A。然后以点 A 为上边界，再向下 h_1 范围内选取一些观测点。在这个范围内除了点 A 以外，以其他的点为基础拟合一条回归线。基于这条回归线，预测一下点 A 处在响应变量 Y 上的取值，A 点的预测值和观测值之间的差值计算出来，假设这个差值的绝对值表示为 Δ_A。

下一步，我们从 A 点再向下移动，找到 A 点之外距离临界点最近的点，假定是点 B。针对点 B，我们进行同样的操作，将点 B 作为上边界，向下选取 h_1 范围的点。用范围内 B 点之外的其他观测点做回归模型，

这个模型下 B 点处 Y 的预测值和实际观测值之间的差值的绝对值表示为 Δ_B。

如此这般,将临界线下边的点穷尽,各个点的 Δ 的值加起来,然后得到一个对应 h_1 带宽的总的 Δ 值。由于 Δ 代表了实际值和观测值的差异,可以近似看作一种残差。自然,带宽越好,残差就应该越小。

这时,我们再设定第二个备选带宽 h_2,然后基于上面同样的分析,得到基于 h_2 的残差值。直到穷尽了各种候选带宽的值。

对于临界点以上,我们采用同样的分析过程,确定最优的带宽。

基于上面的描述,我们可以知道,这样一个带宽选择的过程计算量是很大的。比如,我们可能试了 1 万个备选 h 值,如果在临界点左边有 1 000 个点的话,我们就要针对每一个 h 值做 1 000 次回归,一共就做了 1 千万次回归。当然,手工计算是不可能的,我们都要依靠电脑来进行计算。

讲完了带宽选择问题。我们来介绍一下在作完回归断点设计以后,需要考虑的一系列稳健性检验。

第一个稳健性检验是关于带宽。这部分的分析看的是,如果我们改变带宽选择方法的话,是不是结论就变了。理想的情况,我们改变带宽大小,实质结论不应该变化。那么反过来,如果我们的实质结论只是因为带宽变化就变化了(例如不显著了),那就说明我们的结论是非常不稳健的。这一条稳健估计是很容易理解的。例如,在图 7-2 中,断点左右各有四个点,如果我们只是将带宽选为临界点左右各两个人的话,会发现两组之间有显著差异。但是如果我们把带宽扩大成左右四人的话,发现临界点左右的均值无差别了。这就说明我们的结论不太稳健。

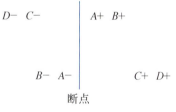

图 7-2 结论稳健性示例

第二个稳健性检验是在改动临界点的情况下,观察研究结论如何变化。这个检验也称为安慰剂检验,是说如果我们把临界点变动到别的位置,观察结论是否成立。这个检验的原理在于,我们基于观测资料观察到的结论是具有实质意义的,因此如果我们简单地把临界点改变位置,就把我们研究问题的实质意义改变了,那么应该不会存在因果性关系。如果以上大学为例，我们如果把分数线降到 200 分，那么上大学与否的含义与一开始分数线在 600 分时定义的上大学与否已经不一样了。此时，我们一开始认为的上大学所具有的因果性关系应该就不一样了。换句话说，我们改变临界点的位置，实质上改变的是自变量的定义，那么定义不同，理应经验模式应该也有所差异。

第三个稳健性检验关注的是使动变量本身在临界点处是否有显著的差异。上面也说到了，如果说使动变量高考分数在断点处存在跳跃，那就说明有可能有潜在的人为操纵（例如分数线下的人主动通过努力改变成绩以进入分数线以上）或者存在一些我们没有考虑到的混淆因素在起作用。针对这个问题，有专门的检验，叫麦克拉瑞(McCrary)检验。这个检验的原假设是使动变量在临界点处是连续变化的，那么如果麦克拉瑞检验的 p 值很大，则支持了连续性变化的假设。否则，我们需要认为使动变量在临界点处有比较大的变化。

这里我们展示的是 Lee(2008) 做得非常经典的在位者优势的例子。所谓的在位者优势，是指在选举过程中，之前已经被选上的"前任"具有优势，很有可能再次当选。这个例子中，处理变量 D 是之前是否当选，使动变量是上一次选举的时候的得票比例。很显然，如果得票比例超过 50%，就会成为在位者（$D=1$），否则如果上次选举的得票比例低于一半，则不会是在位者（$D=0$）。响应变量是下次选举是否当选。

在 R 中，具体的分析过程可以参见 https://cran.r-project.org/web/packages/rddtools/vignettes/rddtools.html。这里就经验分析简要解释一下。

```
library(rddtools)
data(house)
house_rdd <- rdd_data(y=house$y, x=house$x, cutpoint=0)
summary(house_rdd)
plot(house_rdd)
reg_para <- rdd_reg_lm(rdd_object=house_rdd, order=4)
reg_para
plot(reg_para)
bw_ik <- rdd_bw_ik(house_rdd)
```

reg_nonpara <- rdd_reg_np(rdd_object=house_rdd, bw=bw_ik)
print(reg_nonpara)
plot(x=reg_nonpara)
plotSensi(reg_nonpara, from=0.05, to=1, by=0.1)
plotPlacebo(reg_nonpara)
dens_test(reg_nonpara)

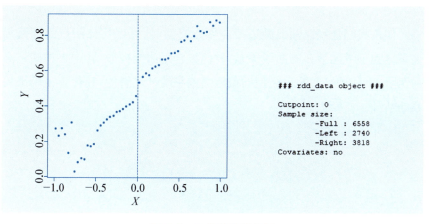

图 7-3　R 软件输出结果

通过数据描述(图 7-3),可以看到在断点处有一个明显的跳跃。在现有数据中,断点左边有 2 740 人,右边有 3 818 人。一共样本量是 6 558 人。这里没有考虑控制变量。

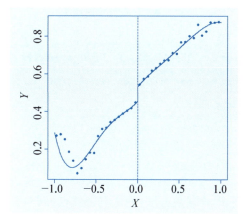

图 7-4　R 软件输出结果

```
### RDD regression: parametric ###
        Polynomial order:  4
        Slopes:   separate
        Number of obs: 6558 (left: 2740, right: 3818)

        Coefficient:
  Estimate Std. Error t value  Pr(>|t|)
D 0.076590    0.013239  5.7851 7.582e-09 ***
---
Signif. codes:  0 '***' 0.001 '**' 0.01 '*' 0.05 '.' 0.1 ' ' 1
```

如果我们分别在断点两边拟合参数模型,就可以估计断点处的因果关系。为了考虑潜在的曲线关系,我们拟合了曲线模型,其中多项式最高为四阶。可以发现,两边模型的截距之差是统计显著的,其代表了因果关系的估计。

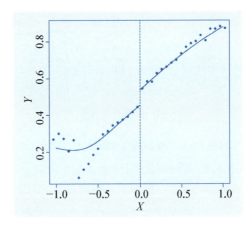

图 7-5　R 软件输出结果

```
### RDD regression: nonparametric local linear###
        Bandwidth:   0.2938561
        Number of obs: 3200 (left: 1594, right: 1606)

        Coefficient:
  Estimate Std. Error z value  Pr(>|z|)
D 0.079924    0.009465  8.4443 < 2.2e-16 ***
---
Signif. codes:  0 '***' 0.001 '**' 0.01 '*' 0.05 '.' 0.1 ' ' 1
```

我们也可以采用非参数方法,使用局部线性回归,并采用代入法来确定带宽。同样,因果关系的估计是统计显著的。

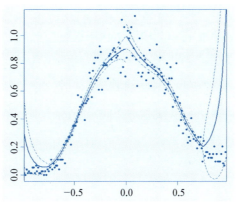

图 7-6　R 软件输出结果

```
         McCrary Test for no discontinuity of density around cutpoint

data:  reg_nonpara
z-val = 1.2952, p-value = 0.1952
alternative hypothesis: Density is discontinuous around cutpoint
sample estimates:
Discontinuity
    0.1035008
```

下面可以看一下使动变量在临界点上下是否连续。图 7-6 展示，说明基本上可以认为是连续的。通过 McCrary 检验（$p=0.195\,2$），连续性也得到的支持。

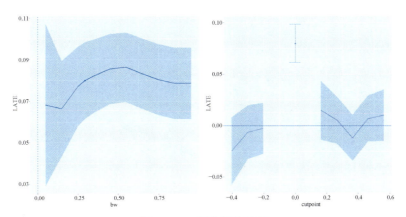

图 7-7　R 软件输出结果

如果我们更换带宽的话，可以发现结论虽然有一定的波动，但总是成立的。同样，如果我们把临界点换到别的地方，结论就不成立了。因此，这里的回归断点设计是比较稳健的。

在STATA中,我们可以利用以下代码进行类似的分析。结果和上面的一致,所以不再赘述。对于带宽选择感兴趣的读者,可以使用rdbwselect命令,其中展示了多种新的带宽选择技术。

use "C:\Users\admin\Desktop\house.dta"

♯采用代入法确定带宽♯

rd y x, gr mbw(100)

♯另一种画图♯

rdplot y x

♯检验使动变量连续性♯

DCdensity x, breakpoint(0) generate (Xj Yj r0 fhat se_fhat)

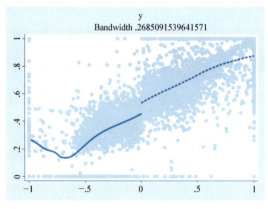

图7-8　STATA软件输出结果

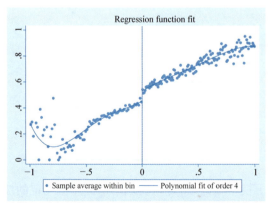

图7-9　STATA软件输出结果

```
Two variables specified; treatment is
assumed to jump from zero to one at Z=0.

 Assignment variable Z is x
 Treatment variable X_T unspecified
 Outcome variable y is y

Command used for graph: lpoly; Kernel used: triangle (default)
Bandwidth: .26850915; loc Wald Estimate: .07844218
Estimating for bandwidth .2685091539641571
```

y	Coef.	Std. Err.	z	P>|z|	[95% Conf. Interval]
lwald	.0784422	.0087049	9.01	0.000	.0613809 .0955035

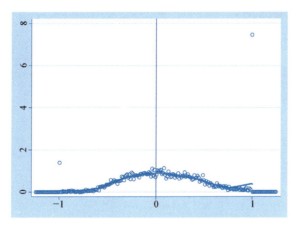

图 7-10　STATA 软件输出结果

```
Bandwidth estimators for sharp RD local polynomial regression.

          Cutoff c =  | Left of c   Right of c       Number of obs =      6558
                                                     Kernel        = Triangular
       Number of obs    2740         3818            VCE method    =         NN
            Min of x   -1.000        0.000
            Max of x   -0.000        1.000
        Order est. (p)     1            1
        Order bias (q)     2            2

Outcome: y. Running variable: x.
```

	BW est. (h)		BW bias (b)	
Method	Left of c	Right of c	Left of c	Right of c
mserd	0.134	0.134	0.238	0.238
msetwo	0.127	0.191	0.215	0.309
msesum	0.155	0.155	0.236	0.236
msecomb1	0.134	0.134	0.236	0.236
msecomb2	0.134	0.155	0.236	0.238
cerrd	0.086	0.086	0.238	0.238
certwo	0.082	0.123	0.215	0.309
cersum	0.100	0.100	0.236	0.236
cercomb1	0.086	0.086	0.236	0.236
cercomb2	0.086	0.100	0.236	0.238

```
#多种带宽选择方法#
rdbwselect y x, all
```

上面例子是确定性的回归断点设计。我们也可以在软件中进行模糊断点设计。虽然在 R 中，rddtools 程序包也可以完成模糊断点设计，但为了展示分析过程，我们也可以采用 rdd 的程序包。首先我们先用 rdd 程序包分析上面的例子，采用以下代码：

library(rdd)

hs=RDestimate(y~x, data=house, subset = NULL, cutpoint = 0)

summary(hs)

plot(hs)

attach(house)

DCdensity(x, 0)

相关的分析结果如下所示：

```
Call:
RDestimate(formula = y ~ x, data = house, subset = NULL, cutpoint = 0)

Type:
sharp

Estimates:
          Bandwidth  Observations  Estimate  Std. Error  z value  Pr(>|z|)
LATE      0.2685     2956          0.07844   0.008705    9.011    2.035e-19  ***
Half-BW   0.1343     1585          0.06345   0.011695    5.425    5.797e-08  ***
Double-BW 0.5370     5074          0.08668   0.006407    13.529   1.059e-41  ***
---
Signif. codes:  0 '***' 0.001 '**' 0.01 '*' 0.05 '.' 0.1 ' ' 1

F-statistics:
          F        Num. DoF  Denom. DoF  p
LATE      507.7    3         2952        0
Half-BW   158.5    3         1581        0
Double-BW 1555.3   3         5070        0
```

这里我们有三种带宽，LATE 模型采用的是 Imbens-Kalyanaraman 的代入法带宽，另外两个模型分别采用这一带宽的一半以及这一带宽的两倍来作为带宽值。三种带宽下的模型都是显著的(F 值)，但是估计出的因果效果有一定的差异(Estimate 一列的值)。

我们在 rdd 程序包中也可以作图，如图 7-11 所示。

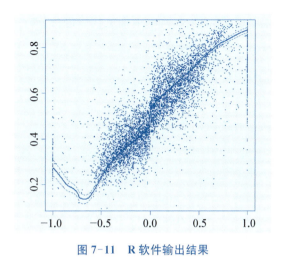

图 7-11　R 软件输出结果

最后，对使动变量做连续性检验，得到下面的图 7-12。

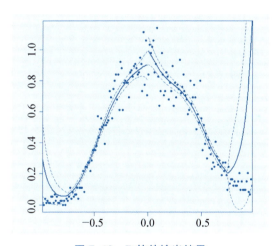

图 7-12　R 软件输出结果

如果是模糊断点设计的话，我们需要给定处理变量 Z。这里，我们在前面的例子的基础上，生成一个处理变量 Z。例如，我们可以将 Z 设定为一个二分变量，在使动变量临界点下面，将 Z 取值为 1 的概率设置为 0.2。在使动变量临界点上面，将 Z 取值为 1 的概率设置为 0.8。这样，在使动变量的临界点下面，不是所有人都会落选，个别人的处理变量取值是 1（即当选）。而在使动变量临界点上面，也不是所有人都会当选，个别人的处理变量取值是 0（即没有当选）。当然，当选的概率从临界点上下来看是逐渐变大的。

利用 rdd 程序包，我们可以基于下面的代码进行分析：

library(rdd)

library(rddtools)

data(house)

#对原始数据的使动变量进行排序#

house_n=house[order(x),]

##生成处理变量##

z1=rbinom(dim(subset(house, x<0))[1],1,0.2)

z2=rbinom(dim(subset(house, x>=0))[1],1,0.8)

z=c(z1,z2)

house_n=cbind(house_n, z)

fz=RDestimate(y~x + z, data = house_n, subset = NULL, cutpoint = 0)

summary(fz)

par(mfrow=c(1,2))

plot(fz,which=c(1,2))

因果关系的估计系数如下。无论采用什么带宽，都有显著的因果关系。

```
Call:
RDestimate(formula = y ~ x + z, data = house_n, subset = NULL,
    cutpoint = 0)

Type:
fuzzy

Estimates:
          Bandwidth  Observations  Estimate  Std. Error  z value  Pr(>|z|)
LATE      0.2685     2956          0.07940   0.008829    8.994    2.394e-19  ***
Half-BW   0.1343     1585          0.06398   0.011810    5.418    6.035e-08  ***
Double-BW 0.5370     5074          0.08847   0.006566    13.475   2.199e-41  ***
---
Signif. codes:  0 '***' 0.001 '**' 0.01 '*' 0.05 '.' 0.1 ' ' 1

F-statistics:
          F        Num. DoF  Denom. DoF  p
LATE      502.6    3         2952        8.046e-264
Half-BW   158.0    3         1581        1.473e-89
Double-BW 1537.2   3         5070        0.000e+00
```

对于模糊断点设计，我们可以作两幅图，一幅针对响应变量在断点处的变化。一幅针对处理变量在断点处的变化。如下所示，二者在断点处都有显著的变化,因此二者的比值构成了模糊回归断点设计的因果效应估计。

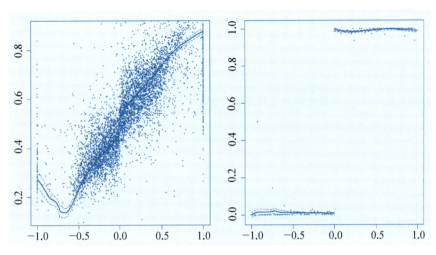

图 7-13　R 软件输出结果

参考文献

1. Angrist, Joshua D., Guido W. Imbens and Donald B. Rubin. RubinIdentification of Causal Effects Using Instrumental Variables[J]. *Journal of the American Statistical Association*. 1996, 91(434): 444-455.
2. Thistlethwaite, Donald L., and Donald T. Campbell. Regression-discontinuity Analysis: An Alternative to the Expost Factor Experiment[J]. *Journal of Educational psychology*. 1960, 51(6): 309-317.
3. Hahn, Jinyong, Petra Todd, and Wilbert Van der Klaauw. Identification and Estimation of Treatment Effects with a Regression-discontinuity Design[J]. *Econometrica*. 2001, 69(1): 201-209.
4. Imbens, Guido, and Karthik Kalyanaraman. Optimal Bandwidth Choice for the Regression Discontinuity Estimator[J]. *The Review of Economic Studies*. 2012, 79(3): 933-959.

第八章

追踪数据的因果推断

本章要介绍的方法都是围绕追踪数据展开的。所谓的追踪数据,是指数据收集过程跟踪个体很长一段时间,进而展示出个体的历时性变化的数据。在本章中,我们主要介绍三个分析技术:固定效应法、双重差分法和综合控制个案法。

固定效应模型

在社会科学研究中,固定效应模型使用的越来越多(Allison,2009)。尤其经济学的很多经验考察,都会采用固定效应。所谓固定效应,顾名思义,就是通过变量控制的手段将一些需要考虑到的具有混淆效应的变量"固定"起来(见图 8-1)。

固定效应和因果关系的估计是怎么结合起来的呢?这个问题的答案可以用上面的图示来说明。假设处理变量 D 和响应变量 Y 之间的关系是我们关心的问题。那么我们知道,一些混淆变量有可能同时影响了 D 又影响了 Y。常规的操作是把这些混淆变量找出来,然后在一个回归模型中控制起来,这个是常规的办法。但问题在于,我们需要控制的混淆变量有可能很多,无法穷尽。或者虽然我们能够想到某些混淆变量,但是数据中缺乏相关的测量。比如,在研究上大学对收入的影响的时候,什么因素会同时影响一个人上大学的概率和收入的高低呢?这种混淆因素的列表可以很长。在某一项具体的研究中,我们经常有一种顾虑,生怕遗漏了潜在的混淆因素。

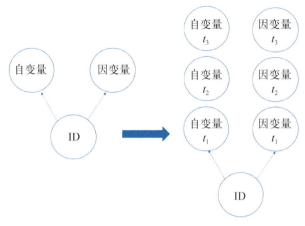

图 8-1　固定效应示例

这时候,我们会希望有一个一劳永逸的办法,即能够有一个变量把潜在的混淆因素一网打尽。这个变量实际上就是被研究对象在一个数据中的 ID。无论是直接观测到的还是无法直接观测到的混淆因素,所有变量的取值都是跟随着个体 ID 来的,故而 ID 和所有的变量都是高度相关的。比如说 1、2、3 是三个被研究对象的 ID,这三个人对应的性别取值为男、女、女,对应的年龄取值是 30、40、50 等。可见,所有这些混淆变量的取值组合最复杂的情况下也只能对应特定的 ID。此时,就算我们有很多混淆变量,甚至有很多没能够直接测量的混淆变量都没有关系,因为无论这些混淆变量的取值如何彼此组合,最终对应每种组合都是一个特定的 ID。很显然,如果我们把 ID 给控制起来,根本不用担心混淆变量的问题。

但是,是否能够这样操作取决于数据的性质。比如上图左边所示的截面数据情况,是否我们把 ID 控制起来,处理变量和响应变量的关系就不受混淆因素影响了呢? 理论上如此,但是经验上我们却不能这样做。这是因为我们在把混淆变量的组合给控制起来的同时,控制 ID 也把处理变量和响应变量的各种取值组合控制起来了。从某种意义上讲,控制 ID 也就固定了"一切"取值。换句话说,我们拟合一个模型,然后把 ID 作为控制变量给控制起来之后,实际上相当于每一个 ID 下面只有一个观测值。也就是说,对应于处理变量的每个取值水平,我们只拿了一个观测值去做回归,这个时候当然什么都得不到,因为自由度完全不够用。在常规的截面数据中,类似的问题便会发生。

但是,如果我们手里的是一个历时性的数据,情况就有所不同了。在一个历时性的数据中,每一个 ID 下面,就不是一个观测值,而是一串观测值。具体的数据结构如上图右边所示。比如一项研究中,我们针对每个分析对象连续观测四年,这样每个 ID 下面有四个历时性观测值了。那么,即使我们控制了 ID,也可以探究处理变量和响应变量的关系。比如,我们只看 ID=1 的话,ID 下的处理变量和响应变量都还是有自己的变动过程。针对上面的例子,至少处理变量和响应变量都有四年的变动趋势。这时,我们控制了 ID 以后,还是可以分析 D 和 Y 各自四年的变化之间有什么"共变"关系。反观传统的截面数据的话,我们对每个人的观测点只有一个,针对 ID=1,D 就一个固定的值,Y 就一个固定的值。如果我们只有两个固定的取值,自然没有什么相关关系可以计算,毕竟 D 和 Y 没有变化,它们都不再是变量。而这些问题在历时性的数据中就不再是问题了。

那么,我们可以进一步看一下 ID 所控制起来的是哪些因素。简单地说,固定效应通过固定 ID 的方式所控制起来的因素,是那些"不随时间变化的个体特征。"比如,我们控制了 ID,那么这个被分析对象的性别特征(比如男性)便被控制起来了。由于性别不会随着时间变化,所以在一个特定的数据集里面,我们会发现,这个人的性别变量的取值在各个年份都是一样的。男性总是男性,四年的取值是一样的。除了性别之外,还有很多不随时间变化的因素,比如种族。在我们控制了 ID 之后,类似于这种不随时间变化的因素,无论看得到还是看不到,都被控制起来了。换句话说,固定效应甚至能够将那些看不到的"不随时间变化"的混淆因素固定起来,这是其他因果推论手段通常无法完成的。这个特点对于经验研究者非常具有吸引力,因为有大量的混淆变量跨时点变化的幅度很小,我们便可以近似地认为固定效应也将这种混淆变量控制起来了。总结一下,在固定效应模型中,通过控制了 ID,我们实际上控制的是那些不随时间变化的个体特征,无论观测得到还是观测不到,都被控制起来了。

但是,固定效应却无法控制那些随着时间变化的混淆因素。这实际上很好理解。在固定效应中,我们关心的是,平均而言,处理变量的变动趋势如何和响应变量的变动趋势产生关联。但是如果混淆变量本身也随着时间变化而变化,且变动模式与处理变量保持一致,那么无论我们通过固定效应发现了何种处理变量和响应变量之间的关联性,都无法排除混淆因素的效果。举例而言,假设混淆因素为 Z,且 Z 的变化趋势和 D 一致,那么在图 8-2 中,D 和 Y 的负相关有可能是由于 Z 的干扰造成的。换句话说,Z 和 D 正相关(变动趋势一致),Z 和 Y 负相关(变动趋势相反),那么自然,D 和 Y 彼此之间即使没有什么实质性的关联,其变动趋势也为负相关。

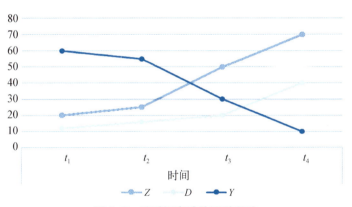

图 8-2 随时间变动的混淆误差

固定效应的具体计算过程很简单。具体而言,有两种办法。一种是,如果有两个时间点的话,计算 y 在这两个时间点之间的变化,即做了一个差值运算。假设模型可以写为(i 表示个体,t 表示时间,α_i 表示个体的效应,λ_t 表示时间效应,X_{it} 是控制变量):

$$y_{it} = \alpha_i + \lambda_t + \beta D_{it} + X_{it}\delta + \varepsilon_{it}$$

假设时间点从 0 到 1,很显然,在时间点 0,我们有:

$$y_{i0} = \alpha_i + \lambda_0 + \beta D_{i0} + X_{i0}\delta + \varepsilon_{i0}$$

在时间点 1,我们有:

$$y_{i1} = \alpha_i + \lambda_1 + \beta D_{i1} + X_{i1}\delta + \varepsilon_{i1}$$

那么,通过计算他们的差值,我们就把代表个人特征的 α_i 约掉了,从而得到

$$y_{i1} - y_{i0} = \lambda_1 - \lambda_0 + \beta(D_{i1} - D_{i0}) + \delta(X_{i1} - X_{i0}) + \varepsilon_{i1} - \varepsilon_{i0}$$

另外一种计算固定效应的方法,就是中心化运算,即每个变量减掉了它相应的均值。此时,针对响应变量的均值,我们有

$$\bar{y}_i = \alpha_i + \bar{\lambda} + \beta \bar{D}_i + \bar{X}_i \delta + \bar{\varepsilon}_i$$

用 y_{it} 减掉 $\bar{y}_i$,我们同样可以消掉代表个人效果的 α_i,即

$$y_{it} - \bar{y}_i = \lambda_t - \bar{\lambda} + \beta(D_{it} - \bar{D}_i) + (X_{it} - \bar{X}_i)\delta + \varepsilon_{it} - \bar{\varepsilon}_i$$

实际上,对于大多数的因果推断问题而言,固定效应模型是一个很好的选择。如果研究者有理由认为,随时间变动的混淆变量很少,而大部分的混淆变量来自不随时间变动的那些变量时尤为如此。社会科学研究者通常还会纠结于究竟是选择固定效应还是选择随机效应。这方面也有一些计量经济学的检验方法。但是从因果推论的角度看,固定效应和随机效应有不同的模型表达方式,因此随机效应有可能无法起到控制混淆因素的作用。例如,在传统的随机效应模型中,我们有

$$y_{it} = \lambda_t + \beta D_{it} + X_{it}\delta + u_{it}$$

$$u_{it} = \alpha_i + \varepsilon_{it}$$

这里的 u_{it} 代表随机扰动项,在随机效应模型中,这一随机扰动项被分解为两部分,一部分是个体之间的变异水平 α_i,一部分是个体内部不同时间点的变异水平 ε_{it}。从这个角度来看,随机效应模型和固定效应模型的区别就显现出来了,其区分的关键在于我们如何定义 α_i。

在固定效应模型中,α_i 代表的是每一个个体的 ID,张三的 ID 是 1,李四的 ID 是 2,等等。这个 ID 是一个固定了的数字,是一个有实际意义的具体值,不被看作一个变量。正因为 α_i 是一个定死的数,不随时间变化而变化,我们才能够采用计算差值或者中心化的手段将其去掉,这是固定效应的逻辑。但是随机效应下,每个人是被看作一个总体的样本中的一个代表。个体所带来的,是方差的差异。此时,ID 就不是一个定死的

固定值,而是一个变量,它有自己的分布和方差。之所以有自己的方差,是因为下一次抽样的时候,ID 信息可能就变了。因此,如果是看随机效应的话,相当于做了一个方差分解的工作,一部分方差来源于个体之间的差异,一部分方差是来源于个体内部的差异。这就类似于,我们看一个数据集中 Y 的总的变化,一部分的变化原因来自人和人不一样所带来的 Y 的变异,还有一部分原因来自平均而言,特定的对象随着时间变化所体现出的 Y 的变异,这是两种来源的方差。将其区别开实际上就是一个方差分解:组间的方差就是人和人之间的方差,组内的方差,就是特定的人随着时间变动的方差,这是随机效应的基本思路。由于随机效应不是把每个个体的 ID 当成固定的值,而是看作一个更大的总体中抽样得来的观测点,所以在作随机效应的时候,作的本质上是方差分解。但是,由于我们不再把 α_i 看成一个可以代表所有不随时间变化的混淆变量的代表,随机效应模型很难帮助我们控制潜在的混淆因素的影响,自然也不太能够帮我们进行因果推断。从这个角度而言,至少就因果推断而言,固定效应要优于随机效应。

当然,这里也加一句,固定效应虽好,但也不是无懈可击。例如,固定效应由于消掉了 α_i,因此无法提供针对不随时间变动的变量的系数估计。此外,固定效应会放大测量误差的影响,这些都是我们应当注意的地方。

在 R 里面,固定效应的分析可以用以下代码实现。这里我们采用世界价值观的调查,控制的固定对象是国家 ID,即控制了国与国之间潜在的和观测到的混淆因素。相关的经验发现的解释和传统的线性回归一样,这里不再赘述。需要注意的是,下面的代码前半部分是直接控制了国家 ID,将其作为哑变量放进模型。后半部分的代码使用的是特定的固定效应估计程序。两个分析步骤的结果是一样的。但是,如果 ID 变量太多,将其作为哑变量放入模型会带来自由度的极大损耗。在样本有限的情况下,还是建议读者慎用。

```
library(foreign)
wvs=na.omit(read.dta("C:\\Users\\admin\\Desktop\\wvs12toy.dta"))
head(wvs)
```

```
fixed.dum <- lm(incomescale ~ edu + age + female + fulltime +
factor(Country), data=wvs)
summary(fixed.dum)

library(plm)
fixed <- plm(incomescale ~ edu + age + female + fulltime,
data=wvs, index=c("Country"), model="within")
summary(fixed)
```

```
Call:
lm(formula = incomescale ~ edu + age + female + fulltime + factor(Country),
    data = wvs)

Residuals:
    Min      1Q  Median      3Q     Max
-6.2278 -1.3171  0.0195  1.2487  7.3398

Coefficients:
                Estimate Std. Error t value Pr(>|t|)
(Intercept)    3.7396820  0.0622673  60.059  < 2e-16 ***
edu            0.2232062  0.0035052  63.678  < 2e-16 ***
age           -0.0034769  0.0004854  -7.163 7.98e-13 ***
female        -0.0195409  0.0146636  -1.333 0.182665
fulltime       0.3113449  0.0163827  19.005  < 2e-16 ***
```

```
Call:
plm(formula = incomescale ~ edu + age + female + fulltime, data = wvs,
    model = "within", index = c("Country"))

Unbalanced Panel: n = 52, T = 744-2415, N = 70778

Residuals:
     Min.   1st Qu.    Median   3rd Qu.      Max.
-6.227783 -1.317058  0.019461  1.248667  7.339827

Coefficients:
           Estimate  Std. Error t-value  Pr(>|t|)
edu       0.22320617 0.00350525 63.6777  < 2.2e-16 ***
age      -0.00347692 0.00048541 -7.1628 7.981e-13 ***
female   -0.01954087 0.01466364 -1.3326    0.1827
fulltime  0.31134492 0.01638269 19.0045  < 2.2e-16 ***
---
Signif. codes:  0 '***' 0.001 '**' 0.01 '*' 0.05 '.' 0.1 ' ' 1

Total Sum of Squares:    278670
Residual Sum of Squares: 257160
R-Squared:      0.077196
Adj. R-Squared: 0.076478
F-statistic: 1479.04 on 4 and 70722 DF, p-value: < 2.22e-16
```

在 STATA 中,我们也可以进行固定效应分析,代码如下。经验结果和上面的一致,这里不再赘述。

```
use C:\Users\admin\Desktop\wvs12toy.dta
xtset Country
xtreg incomescale edu age female fulltime, fe
```

```
Fixed-effects (within) regression               Number of obs      =      70778
Group variable: Country                         Number of groups   =         52

R-sq:  within  = 0.0772                         Obs per group: min =        744
       between = 0.1161                                        avg =     1361.1
       overall = 0.0747                                        max =       2415

                                                F(4,70722)         =    1479.04
corr(u_i, Xb)  = -0.0539                        Prob > F           =     0.0000

------------------------------------------------------------------------------
 incomescale |      Coef.   Std. Err.      t    P>|t|     [95% Conf. Interval]
-------------+----------------------------------------------------------------
         edu |   .2232062   .0035052    63.68   0.000     .2163359    .2300765
         age |  -.0034769   .0004854    -7.16   0.000    -.0044283   -.0025255
      female |  -.0195409   .0146636    -1.33   0.183    -.0482816    .0091998
    fulltime |   .3113449   .0163827    19.00   0.000     .2792349    .3434549
       _cons |   3.664132   .0349678   104.79   0.000     3.595596    3.732669
-------------+----------------------------------------------------------------
     sigma_u |  .60519213
     sigma_e |  1.9068807
         rho |  .0915083   (fraction of variance due to u_i)
------------------------------------------------------------------------------
F test that all u_i=0:     F(51, 70722) =    142.39             Prob > F = 0.0000
```

双重差分方法

下面要介绍的一个历时性的分析方法叫做双重差分法。双重差分的方法直观上非常容易理解。为了解释其基本的分析过程,我们不妨以提出这种方法的经典经济学研究为例来展开。

双重差分方法最为经典的使用来自 Card 和 Krueger(1994)。具体而言,他们希望了解最低工资水平如何影响就业率。在美国,新泽西州和宾夕法尼亚州挨得很近,在 1992 年 2 月份,两个州有各自的工人就业率情况,但有一样的最低工资标准。但是到了 4 月份,新泽西提升了最低工资标准,从 4.25 美元提升到了 5.05 美元。但宾夕法尼亚州依旧坚持原有的最低工资标准。这样的话,我们看到,随着时间的推移,到了 10 月份,我们再去看这两个州的就业率,各自都和 2 月份的情况发生了变化,但是变化的趋势不尽相同。具体的数据资料如表 8-1 所示。

表 8-1 双重差分数据信息

	新泽西	宾夕法尼亚	地区差值
2 月	20.44	23.33	−2.89
11 月	21.03	21.17	−0.14
时间差值	0.59	−2.16	2.75

数据来源:Card and Krueger(1994)原文的表 3(第 780 页)。

如果我们把表格中的数据进行图示展示,可以得到图 8-3。

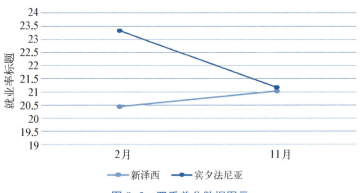

图 8-3 双重差分数据图示

如图 8-3 所示,新泽西提高了最低工资待遇,就业率有了一定的提升。与之相比,宾夕法尼亚州的就业率随着时间的推移有一定的下降。基于这种数据,我们可以估计出最低工资标准变化带来的就业率变化的因果效果。具体而言,双重差分的思路是进行两次差分。首先,我们把新泽西和宾夕法尼亚州前后两次就业率的变化情况分别作一个差分。这个差分表示随着时间的推移这两个州各自的就业率如何变化。在此基础上,我们作第二次差分,把第一次差分得到的值进行两个地区之间的差分,即州和州之间再减一次。这时候得到的信息就是最低工资变化的因果效果。

基于表中的数据,第一次差分分别得到 0.59 和 −2.16。然后进行第二次差分,我们得到最后的系数估计 2.75。当然,我们也可以先对地区进行差分,之后再对时间进行差分,得到同样的系数估计。

如果把这些信息表达成模型的形式,我们会发现,双重差分方法实际上是两个固定效应的结合。例如,个体的就业情况取决于哪个州(下标为 s),何时观测(下标为 t),是否改变最低工资标准 D,和随机扰动项四个因素,表述如下:

$$y_{st} = \alpha_s + \lambda_t + \beta D_{st} + \varepsilon_i$$

此时,如果没有改变最低工资标准($D_{st}=0$),则我们对于就业情况的预计就是

$$E(y_0) = \alpha_s + \lambda_t$$

当然,如果最低工资标准改变了的话($D_{st}=1$),我们得到就业信息为

$$E(y_1) = \alpha_s + \lambda_t + \beta$$

二者相减,我们得到系数 β 的估计值。回到上面的例子,在第一次差分的时候,宾夕法尼亚州就业率的前后变化的计算如下:

$$y_{\text{宾夕法尼亚2月}} = \alpha_{\text{宾夕法尼亚}} + \lambda_{\text{2月}} + \varepsilon_i$$

$$y_{\text{宾夕法尼亚11月}} = \alpha_{\text{宾夕法尼亚}} + \lambda_{\text{11月}} + \varepsilon_i$$

$$y_{\text{宾夕法尼亚11月}} - y_{\text{宾夕法尼亚2月}} = \lambda_{\text{11月}} - \lambda_{\text{2月}}$$

对于新泽西州而言,我们也可以有类似计算:

$$y_{\text{新泽西2月}} = \alpha_{\text{新泽西}} + \lambda_{\text{2月}} + \varepsilon_i$$

$$y_{\text{新泽西11月}} = \alpha_{\text{新泽西}} + \lambda_{\text{11月}} + \beta + \varepsilon_i$$

$$y_{\text{新泽西11月}} - y_{\text{新泽西2月}} = \lambda_{\text{11月}} - \lambda_{\text{2月}} + \beta$$

然后是进行第二次差分操作,得到:

$$(y_{\text{新泽西11月}} - y_{\text{新泽西2月}}) - (y_{\text{宾夕法尼亚11月}} - y_{\text{宾夕法尼亚2月}}) = \beta$$

这样一个估计系数 β 的思路是很精巧的。但是,这个方法的一个隐含前提是,宾夕法尼亚州就业率的变化过程,代表了"如果 11 月份新泽西州没有调整最低工资标准的话,新泽西州的就业率所具有的变化趋势"。换句话说,宾夕法尼亚州的情况相当于新泽西州的反事实状态。由于研

究者不知道新泽西州如果当年没有改变最低工资标准的话，就业率会有什么变化，一个选择便是选取一开始跟新泽西州政策非常接近的宾夕法尼亚州作为它的一个反事实状态。但是，我们如何保证这种反事实的假设成立呢？换句话说，我们如何保证宾夕法尼亚州观测到的变化趋势代表了新泽西州的反事实状态呢？

在实际操作中，我们通过检查平行性假设来看这种反事实的设定是否成立。所谓平行性假设，是指新泽西州"如果当年"没有改变最低工资水平的话，它的就业率的历史发展趋势应当和宾夕法尼亚州的是平行的。由于我们看不到这个反事实状态，可以倒回去，看新泽西州改变最低工资水平之前的一段历史时期，这两个州的就业率是否是平行的。最理想的情况是，在 11 月新泽西州提升最低工资水平之前，二者彼此平行，但是当一个州改变了最低工资水平，另一个州什么都不做的话，它们的就业率就不平行了。这个状态能不能成立是需要进行经验检验的。比如就 Card 和 Krueger 研究的这个案例而言，虽然它是一个很经典的双重差分的研究范本，但后面也会有论文去批评它（Neumark、Wascher，2000）。按照 Neumark 和 Wascher 后来的讨论，当我们把时间线拉长，看新泽西州提高最低工资标准之前的很长一段时间的话，会发现宾夕法尼亚州和新泽西州的就业率根本不是平行的。相反，它们的就业率状态一直在波动。此时，我们利用双重差分法算出来的处理效应有可能只是一个更大历史区段下一小段波动而已。换句话说，因为这两个州的就业率那么多年一直在波动，二者很难平行，所以我们看到的可能只是波动中的一小段而已。或许，新泽西州改变最低工资水平根本对就业率没有产生任何效果，之所以显得有效果，只不过是研究者正好抓住了一段特殊的历史阶段。鉴于此，平行性假设没有成立。

在具体操作过程中，有几种办法来检验平行性假设。一种就是图示法。一个理想的情况如图 8-4 所示。

假设在 t_{11} 时间点上，观测对象 A 接受了某个处理变量的影响，而观测对象 B 无影响。可以看到，在 t_{11} 之前，两个观测对象在响应变量上的取值保持平行，但是在 t_{11} 之后，趋势还是有了变化。由此便可以说明，B 可以作为 A 的一个反事实状态。以上便是利用图示法来说明平行性假设。

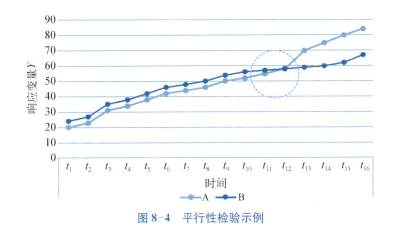

图 8-4 平行性检验示例

除了图示法之外,我们也可以用模型去检验平行性假设是否成立。比如,我们可以把实际处理变量 D 发生之前的时间点的哑变量放进模型。如果平行性假设成立,那么在实际 D 发生之前的任何一个时间点应该观察不到处理效果,那么相对应的时间点的哑变量的系数就应该是不显著的。例如,在下面的模型中,η_1 到 η_{10} 的这些系数不应该统计显著(t_1 到 t_{10} 对应上图的时间编码)。

$$y_i = \gamma_i + \lambda_t + \beta D_{st} + \eta_1 t1 + \eta_2 t2 + \cdots + \eta_{10} t10 + \varepsilon_i$$

需要指出的是,双重差分方法还要求不存在人员结构的变化。这个意思是说,我们在分析两个州的情况的时候,假设面对的是同一批人。一个典型的违背这一假设的情况就是人员的流动。例如,随着时间的推移(2月份到11月份),某个州的人跑到另一个州去了。新泽西州因为修改了最低工资水平,有可能宾夕法尼亚州的人被吸引过来了。还有一种可能,新泽西州的老板们都跑到宾夕法尼亚州去了。如果出现了类似这种情况的人员流动,之前谈到的整个分析就非常容易被质疑。最极端的情况就是,在修改最低工资标准之前研究者分析的是一拨人,而修改了最低工资标准之后分析的有可能完全是另外一拨人,前后完全不一样了。这样的话,我们的分析结论就站不住脚了。

最后需要说明的是,Card 和 Krueger 的经典研究使用的是双重差分,一共相减了两次,时间减一次,空间减一次。但如果一个研究的分析维度很多,我们可以将分析过程拓展到三重差分、四重差分。比如,时间、空间之外再加上一个行业,也可以做一次差分。无论采用了几次差分,分析的思路是不变的。

在 R 里面,双重差分可以通过传统的回归模型进行分析。我们关心的是交互项的系数大小。

library(foreign)

cgss <- na.omit(read.dta("C:\\Users\\admin\\Desktop\\CGSS10toy12.dta"))

head(cgss)

cgss$time = ifelse(cgss$age >= 55, 1, 0)

cgss$did = cgss$time*cgss$edu2

didreg = lm(lgindiannualincome ~ edu2 + time + did, data = cgss)

summary(didreg)

```
Call:
lm(formula = lgindiannualincome ~ edu2 + time + did, data = cgss)

Residuals:
    Min      1Q  Median      3Q     Max
-8.1754 -0.5502  0.0541  0.5758  5.6644

Coefficients:
            Estimate Std. Error t value Pr(>|t|)
(Intercept)  9.94290    0.02025 491.016   <2e-16 ***
edu2        -0.48928    0.03758 -13.020   <2e-16 ***
time        -0.45233    0.03591 -12.597   <2e-16 ***
did          0.56045    0.06613   8.474   <2e-16 ***
---
Signif. codes:  0 '***' 0.001 '**' 0.01 '*' 0.05 '.' 0.1 ' ' 1

Residual standard error: 0.9955 on 5005 degrees of freedom
Multiple R-squared:  0.04996,   Adjusted R-squared:  0.04939
F-statistic: 87.72 on 3 and 5005 DF,  p-value: < 2.2e-16
```

类似的分析过程也可以通过 STATA 实现,结果与上面的一致。

use "C:\Users\admin\Desktop\CGSS10toy12.dta", clear

gen time=0

```
replace time=1 if age>=55
gen did=time*edu2
reg lgindiannualincome edu2 time did
```

Source	SS	df	MS
Model	276.715405	3	92.2384683
Residual	5226.86927	5298	.986574041
Total	5503.58467	5301	1.03821631

Number of obs = 5302
F(3, 5298) = 93.49
Prob > F = 0.0000
R-squared = 0.0503
Adj R-squared = 0.0497
Root MSE = .99326

lgindiannu~e	Coef.	Std. Err.	t	P>|t|	[95% Conf. Interval]	
edu2	-.4876985	.0368032	-13.25	0.000	-.5598479	-.4155491
time	-.4638892	.0344657	-13.46	0.000	-.5314562	-.3963222
did	.5964599	.0634999	9.39	0.000	.471974	.7209458
_cons	9.941632	.0198217	501.55	0.000	9.902773	9.98049

综合控制个案方法

本章介绍的最后一个方法叫综合控制个案法。从某种意义上说，这个方法可以说是对双重差分法的一个扩展。为什么说它是一个扩展呢？上文也谈到过，双重差分方法一定要满足平行性假设。从本质上看，平行性假设要求找到和接受处理变量影响的对象相似的对象作为其反事实状态。比如，我们研究新泽西州，就需要找一个州和它很像，只是那个州没有改变最低工资标准。与之相比，综合控制个案方法思路有了拓展。很多时候，我们想要一个和新泽西州很像，但又没有改变最低工资标准的州并不容易。有些州在某些方面 A 和新泽西很像，但是在其他方面 B 不像。而对于这些其他方面 B，可能第三个州和新泽西很像，但是在 A 方面，第三个州又和新泽西不同了。在此情况下，如果能够用某种手段，将两个备选州合二为一，只保留与新泽西州相似的特质则再好不过了。综合控制个案方法就是采用这种思路。既然找不到完美的反事实州，我们就根据其他很多州的情况，人为做出一个州出来。换句话说，我们给每一个州安排一个权重，和新泽西非常相似的州给的权重大，如果和新泽西州只是在有限方面接近，我们就给一个小一些的权重。当然，权重的安排可以有很多种,但我们的目标很简单,在被研究对象接受处理变量影响之前,我们基于权重计算出的"虚拟"州在响应变量上的表现应当是和被研究的那个州一样的。在被研究对象接受处理变量影响之后,我们仍旧让虚拟做出的州随时间变化,那么虚拟州和被研究对象州之间在响应变量上的差异就是处理效用了。

这个方法的更为严格的表示可以从经济学家阿巴迪(Abadie)及其同事们的相关研究(Abadie、Diamond 和 Hainmueller,2010)中找到。具体而言,个体 i 在时间点 t 的响应变量的取值可以表示为 Y_{it}。在没有接受某种处理变量影响的时候,Y_{it} 表示为 Y_{it}^N,而如果接受了某种处理之后,则表示为 Y_{it}^I。很显然,个体 i 在时间 t 的因果效果可以表述为 $T_{it} = Y_{it}^I - Y_{it}^N$。如果用 D_{it} 来指代个体 i 在时间 t 时是否接受某种处理(1=接受处理;0=没有接受处理)。那么个体 i 在时间 t 的观测值就能够表述为 $Y_{it} = Y_{it}^N + T_{it} \times D_{it}$。在这个表达式中,$Y_{it}^N$ 可以进一步写成以下表达式 $Y_{it}^N = \delta_t + \theta_t Z_i + \lambda_t \mu_t + \varepsilon_{it}$。在这个表达式中,$\delta_t$ 是一个时间的固定效应,Z_i 是一系列的可观测到的个案特征。θ_t 是 Z_i 的系数向量。λ_t 是一系列未知的因子,而 μ_t 就是其因子负载。最后,ε_{it} 代表了随机扰动项。如果时间 t 的观测范围是从 T_0 开始的,那么,Abadie 等人证明,如果 $\sum_{t=T_0}^{T_t} \lambda_t' \lambda_t$ 不是一个奇异矩阵,则其他很多没有受到过处理变量影响的 J 个个案可以加权起来形成一个新的控制个案,如果其权重表述为 w_j,则 $\sum_{j=1}^{J} w_j Y_{jt} - Y_{it}^N$ 趋向于 0。也就是说,我们可以用 $\sum_{j=1}^{J} w_j Y_{jt}$ 来近似代表我们所关心的分析对象在没有受到处理变量影响时的反事实状态。这里权重 w_j 的建构过程比较复杂,详细信息可以参阅 Abadie、Diamond 和 Hainmueller(2010)。

需要说明的是,在计算权重 w 的时候,研究者通常需要给衡量不同候选对象的各个变量也分配某个权重 v。举一个简单的例子,假设在不同地区之间,响应变量 Y 可以用人均 GDP,人口数,市场化水平和人均受教育水平四个变量来预测。此时,我们进一步假设我们感兴趣的地区 a 在 2000 年的时候通过了某项政策。在考察其政策对于 Y 的效果的时候,我们希望给候选地区 b、c 和 d 一些权重的分配 w，以保证按照 b、c 和 d 构建出的"虚拟 a"可以在响应变量 Y 上的发展趋势和 a 的 2000 年前的发展趋势一致。那么，为了确定 w，我们也需要给人均 GDP、人口数、市场化水平和人均受教育水平这四个决定 Y 的变量一些权重 v，以保证虚拟 a 和真实的 a 的发展趋势一致。显然，在这四个变量中，能够对 Y 起到显著的预测作用的变量会获得更大的权重，而对 Y 预测能力较小的变量的权重也就更小。由于这是典型的预测问题，我们可以用交互验证的方法来找到这四个变量的最佳的权重组合，这个权重就是 v。与 v 对应的是，如果在特定 v 的权重组合下对 Y 的预测能力很强，则基于它们所预测的 Y 和真实的 Y 的差异就会比较小，反之就会比较大，这种差异可以用来衡量 v 的质量（见图 8-5）。

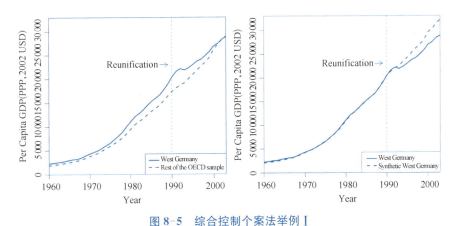

图 8-5　综合控制个案法举例 I

图片来源：Abadie、Diamond 和 Hainmueller（2015）的图 1 和图 2（第 503 页）。

这里，我们可以举一个 Abadie 等人研究的例子（Abadie、Diamond 和 Hainmueller，2015）。在这个研究中，Abadie 等人关心的是民主德国、联邦德国合并以后是否影响联邦德国的经济状况。基于历史数据，我们知道联邦德国的经济发展曲线。可以发现，随着时间的推移，联邦德国的经济在 1990 年有了一个下滑，虽然整体趋势也是上升的，但它有一个下降的点存在。与其他 OECD 国家相比，这个点显得很明显，因为虚线是其他 OECD 国家的经济走势，其并无在 1990 的下滑。采用综合控制个案方法，我们可以将 1990 年各个 OECD 国家作为备选对象，然后给他们赋值权重，从而产生一个新的能够和联邦德国形成对比的综合个案，这个个案是作为控制组来发挥作用的。从图 8-5 右边的图示可以看出，1990 年以前，基于某个权重组合，我们完全可以生成一个虚拟的联邦德国，这个虚拟联邦德国与实际的联邦德国的经济走势完全重合。但是，1990 年以后，真实的联邦德国与民主德国合并，实线所体现出的联邦德国经济走势开始下滑，但是按照之前的加权方案产生的虚拟联邦德国的经济走势依旧向上。

如果我们计算一下虚拟联邦德国与实际联邦德国之间的经济发展水平差异，可以得到图 8-6 的左边图示。可以发现，1990 年之前，这种差异基本上围绕 0 点变动，但是 1990 年以后，二者开始出现差异了，这种差异就是我们感兴趣的因果效果，即联邦德国与民主德国的合并对于联邦德国经济的影响。

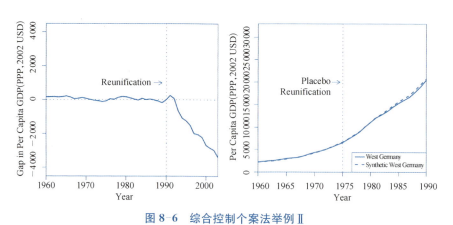

图 8-6　综合控制个案法举例 Ⅱ

图片来源：Abadie、Diamond、Hainmueller(2015)的图 3 和图 4(第 504 页)。

需要说明的是，对于综合控制个案方法，我们还可以作安慰剂(placebo)检验。所谓安慰剂检验，类似于回归断点设计中的思路，即假设东联邦德国的合并不是发生在 1990 年，而是发生在其他年份，那么是否还会看出东联邦德国合并对于联邦德国经济的影响。显然，如果之前基于 1990 年东联邦德国合并资料分析的结论具有稳健性，那么安慰剂效应应该不显著，即基于 1990 年东联邦德国合并的历史事实作的分析不是一个历时性的偶然。在这里，Abadie 等人也进行了安慰剂检验，他们将联邦德国、民主德国合并的时间人为设定在 1975 年。基于图 8-6 右边的图示可以发现,在 1975 年后,没有显著的处理效应存在。因此,有理由相信,基于 1990 年联邦德国、民主德国合并资料所做的分析具有稳健性。

在 R 和 STATA 里面都可以进行综合控制个案法的分析。这里的例子是阿巴迪等人对加利福尼亚州的禁烟政策效果的分析(Abadie, Diamond and Hainmueller, 2010)。这个禁烟政策主要通过提升香烟税来实现,其开始实施的时间是 1988 年。此时,除了加州之外,其他州尚未有类似政策,因此其他州可以作为加州的备选。在 Abadie 等人的研究中,去除不合适的州以后,剩下 38 个备选州。针对加州在内的各个州,他们有从 1970 年开始的各个州历时性的香烟销售情况。通过加权,加州之外各个州在 1988 年以前的香烟销售情况被汇总成为一个"虚拟的"加州。

在这个例子中,研究者用一系列变量来预测香烟的销售量,包括 1988 年之前历年啤酒销售量的平均值(beer)、1980 年和 1985 年各州的人均 GDP(lnincome)、1988 年之前香烟零售价的均值(retprice)以及 1975、1980 和 1988 年的香烟销售量。在数据中,加州的 ID 是 3 号,故指定为受处理变量影响的分析对象。从 1989 年开始,加州后续受到干预变量的影响(即实施了禁烟政策)。具体变量的信息如表 8-2。

表 8-2 Abadie, Diamond, & Hainmueller(2010)数据信息

Name	Label
state	state no
year	year
cigsale	cigarette sale per capita (in packs)
lnincome	log state per capita gdp
beer	beer consumption per capita
age15to24	percent of state population aged 15-24 years
retprice	retail price of cigarettes

在 R 里面,我们可以用以下代码进行分析:

library(Synth)

library(foreign)

smoking <- read.dta("C:\\Users\\admin\\Desktop\\

smoking12.dta")

  colnames(smoking) = c("state", "year", "cigsale", "lnincome", "beer", "age15to24", "retprice", "statenum")

  #对数据类型进行定义#

  smoking$state=as.character(smoking$state)

  smoking$statenum=as.numeric(smoking$statenum)

  smoking$year=as.numeric(smoking$year)

  smoking$cigsale=as.numeric(smoking$cigsale)

  smoking$lnincome=as.numeric(smoking$lnincome)

  smoking$beer=as.numeric(smoking$beer)

  smoking$age15to24=as.numeric(smoking$age15to24)

  smoking$retprice=as.numeric(smoking$retprice)

  #准备数据,foo指定数据集#

  dataprep.out<— dataprep(foo = smoking,

  predictors = c("lnincome", "beer", "age15to24", "retprice"),

  predictors.op = "mean",

  dependent = "cigsale",

  unit.variable = "statenum",

  time.variable = "year",

  special.predictors = list(list("cigsale", 1975, "mean"), list("cigsale", 1980, "mean"), list("cigsale", 1988, "mean")),

  treatment.identifier = 3,

  controls.identifier = c(1:39)[−3],

  time.predictors.prior = c(1970:1988),

  time.optimize.ssr = c(1970:1988),

  unit.names.variable="state",

  time.plot = c(1970:2000)

  #分析并展示结果#

  result=synth(dataprep.out)

  table=synth.tab(synth.res = result, dataprep.res = dataprep.out,

round.digit = 3)
   path.plot(synth.res = result, dataprep.res = dataprep.out)
   gaps.plot(synth.res = result, dataprep.res = dataprep.out)

基于上面的代码，我们获得针对每个变量的加权系数 v 和每个加州之外的州的加权系数 w。

```
$tab.v
                      v.weights
lnincome              0.001
beer                  0.011
age15to24             0.001
retprice              0.01
special.cigsale.1975  0.581
special.cigsale.1980  0.324
special.cigsale.1988  0.072
```

```
   w.weights    unit.names  unit.numbers
1    0.000         Alabama           1
2    0.000        Arkansas           2
4    0.094        Colorado           4
5    0.111     Connecticut           5
6    0.000        Delaware           6
7    0.000         Georgia           7
8    0.000           Idaho           8
9    0.000        Illinois           9
10   0.000         Indiana          10
11   0.000            Iowa          11
12   0.000          Kansas          12
13   0.000        Kentucky          13
14   0.000       Louisiana          14
15   0.000           Maine          15
16   0.000       Minnesota          16
17   0.000     Mississippi          17
18   0.000        Missouri          18
19   0.205         Montana          19
20   0.000        Nebraska          20
21   0.249          Nevada          21
22   0.000   New Hampshire          22
23   0.001      New Mexico          23
24   0.000  North Carolina          24
25   0.000    North Dakota          25
26   0.000            Ohio          26
27   0.000        Oklahoma          27
28   0.000    Pennsylvania          28
29   0.000    Rhode Island          29
30   0.000  South Carolina          30
31   0.000    South Dakota          31
32   0.000       Tennessee          32
33   0.000           Texas          33
34   0.341            Utah          34
35   0.000         Vermont          35
36   0.000        Virginia          36
37   0.000   West Virginia          37
38   0.000       Wisconsin          38
39   0.000         Wyoming          39
```

那么，基于上面的加权方案，我们可以看人为构建的虚拟加州和实际加州在香烟销售量上的历时性变化。

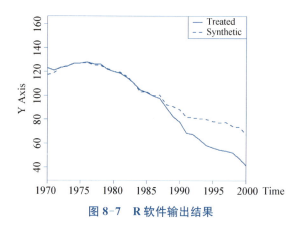

图 8-7　R 软件输出结果

由图 8-7 可见,虚拟加州和实际加州在加州推行禁烟政策之前是几乎重叠的,而在推行禁烟政策后,二者的差异就是因果效果。为了更好地表示这种差异,我们可以计算以下两个轨迹之间的差值,结果如图 8-8。

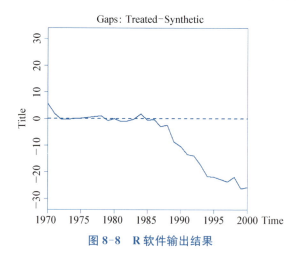

图 8-8　R 软件输出结果

上面的分析也可以通过 STATA 实现,相比而言,STATA 的分析过程命令更加简单。

#Stata15#

sysuse synth_smoking

tsset state year

synth cigsale beer lnincome(1980&1985) retprice cigsale(1988) cigsale(1980) cigsale(1975), trunit(3) trperiod(1989) fig

上述代码产生以下结果。首先是对数据基本信息的描述。

```
Data Setup successful
            Treated Unit: California
           Control Units: Alabama, Arkansas, Colorado, Connecticut, Delaware, Georgia, Idaho, Illinois, Indiana, Iowa, Kansas, Kentucky,
                          Louisiana, Maine, Minnesota, Mississippi, Missouri, Montana, Nebraska, Nevada, New Hampshire, New Mexico, North
                          Carolina, North Dakota, Ohio, Oklahoma, Pennsylvania, Rhode Island, South Carolina, South Dakota, Tennessee,
                          Texas, Utah, Vermont, Virginia, West Virginia, Wisconsin, Wyoming
      Dependent Variable: cigsale
 MSPE minimized for periods: 1970 1971 1972 1973 1974 1975 1976 1977 1978 1979 1980 1981 1982 1983 1984 1985 1986 1987 1988
    Results obtained for periods: 1970 1971 1972 1973 1974 1975 1976 1977 1978 1979 1980 1981 1982 1983 1984 1985 1986 1987 1988 1989 1990 1991
                          1992 1993 1994 1995 1996 1997 1998 1999 2000

              Predictors: beer(1984(1)1988) lnincome retprice age15to24 cigsale(1988) cigsale(1980) cigsale(1975)
Unless period is specified
predictors are averaged over: 1970 1971 1972 1973 1974 1975 1976 1977 1978 1979 1980 1981 1982 1983 1984 1985 1986 1987 1988
```

之后，我们看到具体的加权方案，即每个候选州所分配的权重。

Co_No	Unit_Weight
Alabama	0
Arkansas	0
Colorado	.292
Connecticut	.102
Delaware	0
Georgia	0
Idaho	0
Illinois	0
Indiana	0
Iowa	0
Kansas	0
Kentucky	0
Louisiana	0
Maine	0
Minnesota	0
Mississippi	0
Missouri	0
Montana	0
Nebraska	0
Nevada	.241
New Hampshire	0
New Mexico	0
North Carolina	0
North Dakota	0
Ohio	0
Oklahoma	0
Pennsylvania	0
Rhode Island	0
South Carolina	0
South Dakota	0
Tennessee	0
Texas	0
Utah	.365
Vermont	0
Virginia	0
West Virginia	0
Wisconsin	0
Wyoming	0

在各个自变量上，我们可以看到实际的加州和虚拟的加州的取值差距，如下。可见，整体而言，加权过程还是比较成功的。在各个变量上，真实的加州和虚拟的加州差别不大。

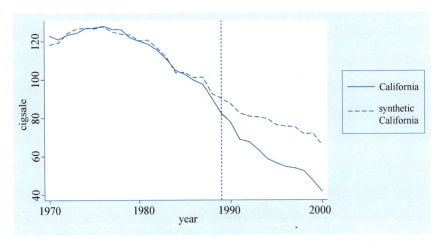

图 8-9　STATA 软件输出结果

基于这一加权方案，我们可以进一步计算禁烟政策的因果效果。用图示法，如上图所示，如果没有禁烟政策，加州的香烟消费如虚线所示，但是实际上经历了禁烟政策的加州的香烟消费情况如实线所示，二者在 1989 年后的差异就是禁烟政策的效果了。

参考文献

1. Allison，Paul D. *Fixed Effects Regression Models*[M]. CA：SAGE Publications，2009.

2. Card, David and Alan Krueger. Minimum Wages and Employment: A Case Study of the Fast-Food Industry in New Jersey and Pennsylvania. *American Economic Review*, 1994, 84(4): 772-793.
3. Neumark, David, and William Wascher. Minimum wages and employment: A case study of the fast-food industry in New Jersey and Pennsylvania: Comment[J]. *American Economic Review*. 2000, 90(5): 1362-1396.
4. Abadie, Alberto, Alexis Diamond, and Jens Hainmueller. Comparative Politics and the Synthetic Control Method[J]. *American Journal of Political Science*. 2015, 59(2): 495-510.
5. Abadie, Alberto, Alexis Diamond, and Jens Hainmueller. Synthetic Control Methods for Comparative Case Studies: Estimating the Effect of California's Tobacco Control Program[J]. *Journal of the American Statistical Association*. 2010, 105(490): 493-505.

第三部分 高级方法

本部分介绍的是高级方法,有四章。第九章是广义倾向值方法;第十章是敏感性检验;第十一章是因果中介分析;第十二章是随时间变化的处理效应简介。正如本书一开始所谈到的,这里使用高级方法这个称谓,更多的是指这些方法的操作过程比较复杂,相应的研究者需要考虑的额外因素有很多。此外,相比于前面介绍的那些常规的因果推论技术,高级方法在实务层面上还不是那么成熟,有很多具体操作的手段和途径还是有一定争议的,而且这些方法在使用的时候通常对数据的质量有很高的要求。最后需要说明的是,这些统计分析技术因为设定的比较具体,往往和特定的研究问题紧密相关。因此,经验研究者在使用的时候需要尤其关注统计方法和分析问题之间的匹配度。

第九章

广义倾向值方法

本章介绍的方法是广义倾向值。对于这一方法,本章内容分为三个部分,第一部分主要介绍广义倾向值方法的基本概念和实施时需要满足的前提假设。读者们需要注意在基本的假设上,广义倾向值和前面介绍的传统倾向值方法之间的区别与联系。第二个部分针对处理变量为多分类变量时广义倾向值的使用。第三个部分针对处理变量为连续型变量时广义倾向值的使用。

广义倾向值方法的概念和前提假设

到目前为止,一般的倾向值都是针对二分处理变量而言的。如果我们用 D 来表示是否进入实验组(相对于进入控制组而言),那么传统倾向值就是进入实验组的概率,即 $p(D=1)$,这就是我们目前为止都很熟悉的通常意义上的倾向值(Feng et al., 2012)。而广义倾向值,则是针对处理变量超过二分型的情形下的倾向值。当然,这里有两种更为具体的情况。第一种情况是多分类的处理变量。比如,传统上可以用上大学与否来衡量一个人的教育水平,这是二分变量。但也可以将个体的教育程度分成不同的类型或者水平(比如小学、初中、高中和大学等,或者同样是上大学,上的什么类型的大学)。这就是多类别处理变量了。第二种情况是连续型的处理变量。比如,我们通常将个体的收入情况(年收入)看作一个连续型的处理变量。那么,如果我们要研究收入对于个体的精神健康状况的影响,处变量就是连续型的。当然,从数学上来讲,区分连续型变量和离散型变量,看的是我们能否将变量的取值无限细分。离散型变量无法无限细分,但是连续型变量却可以。只是在社会科学研究中,我们不必如此坚持这一数学标准。只要某个变量的取值有很多种情况,且情况与情况之间的状态也有实际差异,那么无论我们是否可以进行无限细分,都可以将其视为连续型变量。通过上面的讨论,可以给广义倾向值一个定义。如果一项研究中的自变量 D 有很多的层级(可以多到近似于连续型变量的情况),那么个体取特定值的概率就是广义倾向值。可以用以下函数来表示:

$$广义倾向值 = p(D=t), t > 2,乃至是连续型变量$$

我们知道,为了进行因果推断,需要满足一系列的假设条件。例如,一个假设为正值假设。针对二分变量时,正值假设是说,一个人进入实验组还是进入控制组均有可能,其进入实验组或者控制组的概率是在 0~1 的一个值,但是不能取值为 0 或者 1。这个假设如果把它扩展到广义倾向值的情景下,就意味着每个人接受处理变量每个水平的概率都要在 0~1。换句话说,如果我们分析的是小学、初中、高中、大学这四个教育等级的某种影响的话,那么正值假设就要求每个被研究对象进入到每一个特定教育等级的概率都是 0~1 的一个数。也就是说,每个人都有可能是小学毕业,也有可能是初中毕业,也有可能是高中毕业,也可能是大学毕业。可见,在广义倾向值的分析问题中,正值假设要比之前的正值假设要复杂。如果我们只是看是不是上大学,那么我们只要求每个人都有"可能"上大学,因为不上大学是上大学的一个很直接的反面状态,如果每个人都有可能上大学,就相当于说每个人都有可能不上大学。但是如果我们的处理变量有很多类别的话,那么针对每一种情况,我们要求每个人都有可能处于此种状态,自然是一个更严苛的标准了。

除了正值假设之外,我们在做因果推断的时候,还需要满足的是可忽略性假设,即在控制了一系列控制变量 $\boldsymbol{X}$ 或者由其生成的倾向值得分之后,处理变量和响应变量各个潜在取值之间保持独立。在广义倾向值中,可忽略性假设有两种类型。一种是非常强的可忽略性假设,指当我们控制了很多控制变量 $\boldsymbol{X}$ 之后,或者控制了一系列的广义倾向值得分 $p(D=$

1),$p(D=2),\cdots,p(D=t-1)$ 以后,处理变量 D 和各种各样的潜在的 $Y(t)$ 都是独立的,如下所示:

$$\begin{matrix} D=1 \\ D=2 \\ \vdots \\ D=t \end{matrix} \perp (Y(1),Y(2),\cdots,Y(t)) \mid \boldsymbol{X}$$

$$\begin{matrix} D=1 \\ D=2 \\ \vdots \\ D=t \end{matrix} \perp (Y(1),Y(2),\cdots,Y(t)) \mid p(D=1),p(D=2),\cdots,p(D=t-1)$$

为了理解这一假设的独特性,将其与传统的可忽略性假设进行对比。对于二分型处理变量而言,要求 D 的取值(0或者1)与$Y(1)$和$Y(0)$彼此之间是独立的。但是在强可忽略性假设下,要求 D 和多个潜在响应变量 $Y(1)$, $Y(2)$, $\cdots$, $Y(t)$ 彼此独立。举了例子来讲,一个人是不是高中毕业和他如果是小学毕业的情况下的收入是独立的,一个人是不是大学毕业和他如果初中毕业的话的收入情况彼此之间是独立的。这构成了一个独立性矩阵如表 9-1。

表 9-1 强可忽略性假设

	$Y(1)$	$Y(2)$	$\cdots$	$Y(t)$
$D=1$	$\perp$	$\perp$	$\perp$	$\perp$
$D=2$	$\perp$	$\perp$	$\perp$	$\perp$
$\cdots$	$\perp$	$\perp$	$\perp$	$\perp$
$D=t$	$\perp$	$\perp$	$\perp$	$\perp$

与强可忽略性假设相对应,一个弱的可忽略性假设不再坚持这样一个矩阵式的独立性要求,而只是要求当处理变量处于特定取值水平下,处理变量的取值和响应变量在那一特定取值水平上的潜在结果彼此独立。例如,基于特定的参照组(小学教育水平),我们想看初中教育相比于小学教育对收入的影响,只需要保证在控制了个体(相比于小学阶段的教育)

进入初中教育阶段教育的概率的前提下，个体是否取得初中教育文凭与个体在小学教育水平或者初中教育水平下的潜在收入情况彼此独立，即

$$D = t \perp Y(t), Y(非\ t) \mid p(t)$$

如果我们用矩阵的形式来表示弱可忽略性假设，如表 9-2 所示。

表 9-2　弱可忽略性假设

	Y(1)	Y(2)	…	Y(t)
D = 1	参照组			
D = 2		⊥		
…			⊥	
D = t				⊥

通过对比强可忽略性假设与弱可忽略性假设的这两个矩阵，我们不难理解为什么后者称为弱假设。这里只要求在对角线上满足可忽略性假设，而非对角线则不在考虑之列。也就是说，弱可忽略性假设是针对特定的处理变量水平而言，而强可忽略性假设则不限于特定的处理变量水平，属于一种普遍意义上的可忽略性。

在介绍完广义倾向值的基本前提假设之后，下面的分析将基于处理变量的特征（多分类还是连续型处理变量）分别进行讨论。

针对多分类处理变量的广义倾向值方法

针对多分类的处理变量，广义倾向值分析可以采用四种方法进行，其分别对应于不同的统计假设前提，具体如表 9-3 所示。

表 9-3　广义倾向值方法总结（多分类处理变量）

统 计 假 设	具 体 方 法
基于弱可忽略性假设	广义倾向值加权
	广义倾向值匹配
	广义倾向值细分

（续表）

统 计 假 设	具 体 方 法
基于强可忽略性假设	广义倾向值的广义细分
	广义倾向值的向量匹配

如果我们的统计假设前提是弱可忽略性假设，那么我们可以采用传统的匹配、加权或者细分法进行分析。这是因为，在弱可忽略性前提下，我们关注的是特定处理变量水平的效果，这实际上又回到了传统的倾向值分析。例如，假设我们关心不同的教育水平下的收入回报。在分析初中教育的收入回报的时候，在弱可忽略性假设下，看的就是"是否"上初中的收入回报，处理变量又变成了一个二分变量。自然，我们之前使用的各种分析技术也就能用上了。同理，看高中教育的收入回报，处理变量就是"是否"上高中，以此类推。在操作层面上，这将基于对数据的重新编码。还是假设个体有四个教育阶段，那么不同的问题可以有不同的编码方案。

表 9-4 编码方案 I

	分析初中教育的效果时的处理变量	分析高中教育的效果时的处理变量	分析大学教育的效果时的处理变量
小学	0	0	0
初中	1	0	0
高中	0	1	0
大学	0	0	1

当然，这里看的是特定教育阶段本身的作用，如果看的是特定教育阶段"及以上"的效果的话，编码方式可以是如表 9-5。

表 9-5 编码方案 II

	分析初中教育及以上的效果时的处理变量	分析高中教育及以上的效果时的处理变量	分析大学教育的效果时的处理变量
小学	0	0	0
初中	1	0	0
高中	1	1	0
大学	1	1	1

无论采取什么编码方式,我们的处理变量都是一个二分变量。只是对于每一个教育阶段,每个个体有多个处理变量,从而分析出不同教育阶段的因果效果。由于这里的分析过程和前面类似,可以采用前面章节的 R 代码完成分析。唯一的区别在于处理变量的编码不同。比如,如果我们希望分析初中及以上相对于小学教育水平的因果效果,可以用以下代码完成分析:

```r
library(foreign)
library("cobalt")
library("survey")
library(MatchIt)
library(WeightIt)
library(Zelig)
#读入数据#
cgss <- na.omit(read.dta("C:\\Users\\admin\\Desktop\\CGSS10toy12.dta"))
head(cgss)
#广义倾向值加权#
w.out2 <- weightit(eduabove1 ~ age + han + female + fedu + medu + age2 + fhkagr + mhkagr, data = cgss, estimand = "ATE", method = "ps")
bal.tab(w.out2, m.threshold = .1, disp.v.ratio = TRUE)
d.w <- svydesign(ids = ~1, weights = get.w(w.out2), data = cgss)
fit <- svyglm(lgindiannualincome ~ eduabove1, design = d.w)
coef(fit)
#广义倾向值细分#
m.sbc <- matchit(eduabove1 ~ age + han + female + fedu + medu + age2 + fhkagr + mhkagr, data = cgss, method = "subclass", subclass = 2)
m.data.sbc <- match.data(m.sbc)
```

lm(lgindiannualincome ~ eduabove1 + age + han + female + fedu + medu + age2 + fhkagr + mhkagr + distance, data = subset(m.data.sbc,subclass==1))

lm(lgindiannualincome ~ eduabove1 + age + han + female + fedu + medu + age2 + fhkagr + mhkagr + distance, data = subset(m.data.sbc,subclass==2))

ols.sc <- zelig(lgindiannualincome ~ eduabove1 + age + han + female + fedu + medu + age2 + fhkagr + mhkagr + distance, data = m.data.sbc, model = "ls", by = "subclass")
summary(ols.sc)

#广义倾向值匹配#

m.ner <- matchit(eduabove1 ~ age + han + female + fedu + medu + age2 + fhkagr + mhkagr, data = cgss, method = "nearest")
m.data.ner<- match.data(m.ner)
ols.match=lm(lgindiannualincome ~ eduabove1 + age + han + female + fedu + medu + age2 + fhkagr + mhkagr, data = m.data.ner)
summary(ols.match)

加权、细分和匹配的结果分别展示如下：

```
Call:
svyglm(formula = lgindiannualincome ~ eduabove1, design = d.w)

Survey design:
svydesign(ids = ~1, weights = get.w(w.out2), data = cgss)

Coefficients:
            Estimate Std. Error t value Pr(>|t|)
(Intercept)  9.14821    0.05049  181.19   <2e-16 ***
eduabove1    0.71366    0.05267   13.55   <2e-16 ***
---
Signif. codes:  0 '***' 0.001 '**' 0.01 '*' 0.05 '.' 0.1 ' ' 1

(Dispersion parameter for gaussian family taken to be 0.9492112)

Number of Fisher Scoring iterations: 2
```

```
Call:
z5$zelig(formula = lgindiannualincome ~ eduabovel + age + han +
    female + fedu + medu + age2 + fhkagr + mhkagr + distance,
    data = m.data.sbc, by = "subclass")

Residuals:
    Min      1Q  Median      3Q     Max
-5.9997 -0.5590 -0.0118  0.5118  5.5097

Coefficients:
              Estimate Std. Error t value Pr(>|t|)
(Intercept)  8.4732803  1.3506406   6.274 4.26e-10
eduabovel    0.5588480  0.0819187   6.822 1.16e-11
age          0.0687409  0.0111037   6.191 7.15e-10
han          0.1996888  0.0993527   2.010   0.0446
female       0.3250543  0.0553935   5.868 5.09e-09
fedu         0.1807274  0.1124938   1.607   0.1083
medu         0.4049895  0.0739202   5.479 4.78e-08
age2        -0.0008466  0.0001403  -6.035 1.87e-09
fhkagr      -0.0726264  0.2526499  -0.287   0.7738
mhkagr      -0.2070719  0.1352253  -1.531   0.1258
distance    -0.8746536  1.4990936  -0.583   0.5596

Residual standard error: 0.9157 on 2150 degrees of freedom
Multiple R-squared:  0.09442,    Adjusted R-squared:  0.09021
F-statistic: 22.42 on 10 and 2150 DF,  p-value: < 2.2e-16
```

```
Call:
lm(formula = lgindiannualincome ~ eduabovel + age + han + female +
    fedu + medu + age2 + fhkagr + mhkagr, data = m.data.ner)

Residuals:
    Min      1Q  Median      3Q     Max
-6.2587 -0.5677  0.0912  0.6075  3.5986

Coefficients:
              Estimate Std. Error t value Pr(>|t|)
(Intercept)  8.558e+00  2.134e-01  40.109  < 2e-16 ***
eduabovel    4.669e-01  9.746e-02   4.791 1.79e-06 ***
age          7.662e-03  8.022e-03   0.955   0.3397
han          2.174e-01  8.785e-02   2.474   0.0134 *
female       4.060e-01  4.476e-02   9.072  < 2e-16 ***
fedu         3.490e-01  7.765e-02   4.494 7.39e-06 ***
medu         4.716e-01  6.123e-02   7.701 2.14e-14 ***
age2        -9.395e-05  7.762e-05  -1.210   0.2263
fhkagr      -1.946e-01  2.105e-01  -0.925   0.3552
mhkagr      -1.208e-01  1.973e-01  -0.613   0.5403
---
Signif. codes:  0 '***' 0.001 '**' 0.01 '*' 0.05 '.' 0.1 ' ' 1

Residual standard error: 0.9651 on 1942 degrees of freedom
Multiple R-squared:   0.29,    Adjusted R-squared:  0.2867
F-statistic: 88.14 on 9 and 1942 DF,  p-value: < 2.2e-16
```

至此，我们知道，基于弱可忽略性假设，研究者可以进行针对两个处理变量水平的比较分析，从而采用传统的倾向值方法进行因果关系的估计。但是，这种分析有自身的局限，即因果效果是不能够"传递"的。所谓不能传递的意思是说，我们可以估计出初中教育相比于小学教育的收入高出 a 元，高中教育相比于小学教育的收入高出 b 元，但我们不能够基于 a 和 b 的取值进一步推算高中教育相比于初中教育的人的收入高出多少。原因是什么呢？原因就在于，我们基于弱可忽略性假设，每次分析的对象都是对应于整体中的不同部分。

比如在图 9-1 中，A＋B 是上过小学和上过初中的人构成的匹配对象，A＋C 是上过小学和上过高中的人构成匹配对象，但如果我们想分析上过高中和上过初中的人之间的收入差异，有可能就要比较 B＋C 构成的群体。既然对于特定的处理变量的水平下，我们所要考察的对象各不相同，当然在下结论的时候就不能通过初中比小学、高中比小学来进一步推断出高中比初中的情况。这就是所谓的缺乏传递性。为了满足传递性，我们需要强可忽略性假设。

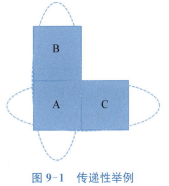

图 9-1　传递性举例

需要说明的是，这种传递性的缺乏不会因为基于共同参照对象匹配而完成。也就是说，基于共同参照对象的匹配不一定满足强可忽略性假设。所谓的共同参照对象匹配，是指这样一种思路：假设有三组人，分别设定为 T1、T2 和 T3。我从 T1 里面选了一个人，然后让他和 T2 里面的一个人去匹配，同时让他或者她和 T3 里面的一个人匹配，这时候我就有了一个三人组，通过 T1 这个人的连接，T2 和 T3 组的人也产生了联系。这有些类似于社会网络分析中的"朋友的朋友还是朋友"这种传递性。但是，即使如此，我们也不能够保证强可忽略性假设。这是因为，虽然我们最后把不同组的对象都放到了一起，我们最多只能够保证三个人中 T1 和 T2 的人相像，T1 和 T3 的人相像，而无法保证 T2 和 T3 的人相像。换句话说，我们无法保证三个人彼此之间两两相像，因此也就不能够满足强可忽略性假设。这实际上很好理解。假设如下表所示，三个人各有两种颜色作为混淆变量，T1 的是红绿，T2 的是红黑，T3 的是白绿。T1 和 T2 在红色上接近，T1 和 T3 在绿色上接近，但是比较 T2 和 T3，他们之间没有任何颜色相似之处。之所以如此，一个很重要的原因是，我们进行的匹配不可能是精确匹配，因此一些个体之间无法匹配起来的不相似的特征有可能产生这种不传递性。

表 9-6　不可传递性举例

T2	T1	T3
红	红	白
黑	绿	绿

那么，如何保证强可忽略性假设成立呢？一个办法是对各个广义倾向值得分进行所谓的广义细分。这里的细分之所以说是广义的，是相对于传统的倾向值细分而言的。由于在二分处理变量的情况下，倾向值 p 是一个一维变量，因此以前讲的细分可以看成在一条线上进行切割，保证落在某块区域中的个体的倾向值近似。而我们这里说的广义切割，是指在多维情况下的切割，以保证在共同组中的个体在各个倾向值方向上都是近似的。如果处理变量有三个取值水平，那么选取一个作为参照组，另外两个处理水平的广义倾向值构成了一个二维平面，从而可以对平面上的点进行分组，以保证组内的成员在两个广义倾向值维度上都是近似的。同理，如果有四个处理变量取值水平，则三个广义倾向值构成了一个三维空间，我们就可以对处于空间内的点进行聚类，从而保证同类点的广义倾向值近似。具体而言，广义倾向值的广义细分可以用以下代码实现：

```
library(foreign)
library("cobalt")
library("survey")
library(MatchIt)
library(WeightIt)
#读入数据#
cgss <- na.omit(read.dta("C:\\Users\\admin\\Desktop\\
```

CGSS10toy12.dta"))

head(cgss)

library(nnet)

估计广义倾向值

mn=multinom(edu ~ age + han + female + fedu + medu + age2 + fhkagr + mhkagr, data = cgss)

gps=fitted(mn)

colnames(gps)= c("gpsedu1"," gpsedu2", "gpsedu3","gpsedu4")

logitgps=log(gps/(1−gps))

colnames (logitgps) = c ("logitgpsedu1", "logitgpsedu2", "logitgpsedu3", "logitgpsedu4")

计算共同取值区间,每一列最小值中的最大值 L,最大值中的最小值 U

L=max(apply(logitgps,2,min))

U=min(apply(logitgps,2,max))

#产生指示变量,样本限定在广义 common support 中 #

ind= apply(logitgps,1,min)>L& apply(logitgps,1,max)<U

cgss2=cbind(cgss, gps, logitgps,ind)

cgss3=subset(cgss2,ind==1)

基于 logit 广义倾向值进行聚类

subclass <− kmeans(cgss3[,c(25,26, 27,28)], 6)$cluster

cgss4=cbind(cgss3,subclass)

每个 subclass 下,看教育和收入的关系

sc1=summary(lm(lgindiannualincome~edu, data=subset(cgss4, subclass==1)))$coefficient[2]

sc2=summary(lm(lgindiannualincome~edu, data=subset(cgss4, subclass==2)))$coefficient[2]

sc3=summary(lm(lgindiannualincome~edu, data=subset(cgss4, subclass==3)))$coefficient[2] sc4=summary(lm(lgindiannualincome~edu，data=subset(cgss4，subclass==4)))$coefficient[2]

sc5=summary(lm(lgindiannualincome~edu，data=subset(cgss4，subclass==5)))$coefficient[2]

sc6=summary(lm(lgindiannualincome~edu，data=subset(cgss4，subclass==6)))$coefficient[2]

#每个class的效果#
plot(c(sc1,sc2,sc3,sc4,sc5,sc6),type="l")
#加权平均#
sc=c(sc1,sc2,sc3,sc4,sc5,sc6)
wt=tabulate(cgss4$subclass)/sum(tabulate(cgss4$subclass))
sum(sc*wt)

不同类别中估计出的因果效果具有比较大的异质性，如图9-2所示。

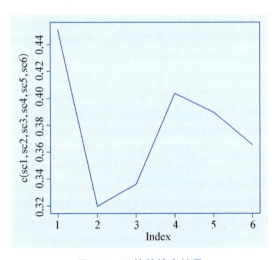

图9-2 R软件输出结果

将这些结果综合起来，我们得到平均因果效果0.397。

在广义细分的基础上，我们还可以进行向量(vector)匹配(Lopez和Gutman,2017)。这个方法可以看作对共同参照对象匹配的一种优化。通过上面对于共同参照对象匹配的描述，我们可以发现，之所以这种匹配过程无法满足强可忽略性假设，是因为两两之间的相像无法保证在其他处理变量水平上的概率（倾向值）相似。比如，我们用一个初中教育阶段的人匹配一个高中教育阶段的人，保证两者进入高中教育（或者初中教育）的概率近似，但是二者有可能在进入大学教育的概率上有很大差异。此时，强可忽略性假设就不能够满足了。因此，为了能够满足强可忽略性假设，需要在进行共同对象匹配时，保证我们关心的两个处理变量水平之外的其他处理变量水平变量上的广义倾向值接近。这就是向量匹配的主要思想。这部分的内容相对而言比较复杂，读者只需了解即可。

具体而言，向量匹配有以下步骤，假设我们的处理变量有四个水平，那么有以下 7 步。

① 利用多分类 logistic 回归估计广义倾向值，分别表示为 $p(t=1)$，$p(t=2)$，$p(t=3)$ 和 $p(t=4)$。

② 设所有分析对象中 $p(t=1)$ 的最小值为 $\min(p(t=1))$，最大值为 $\max(p(t=1))$。同理，计算 $\min(p(t=2))$、$\min(p(t=3))$、$\min(p(t=4))$、$\max(p(t=2))$、$\max(p(t=3))$、$\max(p(t=4))$。设置共同取值区间的下限为 L，上限为 U。则 $L = \max[\min(p(t=1)), \min(p(t=2)), \min(p(t=3)), \min(p(t=4))]$，$U = \min[\max(p(t=1)), \max(p(t=2)), \max(p(t=3)), \max(p(t=4))]$。删除不在共同取值区间内的观测值。

③ 基于 $p(t=3)$，$p(t=4)$ 进行 K-means 聚类（为了扩大取值区间，可以对 $p(t=3)$，$p(t=4)$ 进行 logistic 变换），在每个类别内部对 T1 组的人和 T2 组的人进行匹配。

④ 基于 $p(t=2)$，$p(t=4)$ 进行 K-means 聚类（为了扩大取值区间，可以对 $p(t=2)$，$p(t=4)$ 进行 logistic 变换），在每个类别内部对 T1 组的人和 T3 组的人进行匹配。

⑤ 基于 $p(t=2)$，$p(t=3)$ 进行 K-means 聚类（为了扩大取值区间，可以对 $p(t=2)$，$p(t=3)$ 进行 logistic 变换），在每个类别内部对 T1 组的人和 T4 组的人进行匹配。

⑥ 将与 T1 组的人匹配起来的 T2、T3 和 T4 组的人合并起来，构成最后的匹配样本。

⑦ 基于匹配样本，进行因果分析。

我们可以用下面的代码来实现上述分析过程：

```
library(foreign)
library("cobalt")
library("survey")
library(MatchIt)
library(WeightIt)
library(nnet)

cgss <- na.omit(read.dta("C:\\Users\\admin\\Desktop\\CGSS10toy12.dta"))
head(cgss)
# 估计广义倾向值
mn=multinom(edu ~ age + han + female + fedu + medu + age2 + fhkagr + mhkagr, data = cgss)
gps=fitted(mn)
colnames(gps)= c("gpsedu1"," gpsedu2", "gpsedu3","gpsedu4")
logitgps=log(gps/(1-gps))
colnames(logitgps) = c("logitgpsedu1", "logitgpsedu2", "logitgpsedu3", "logitgpsedu4")
# 计算共同取值区间 #
L=max(apply(logitgps,2,min))
U=min(apply(logitgps,2,max))
ind= apply(logitgps,1,min)>L& apply(logitgps,1,max)<U
cgss2=cbind(cgss, gps, logitgps,ind)
cgss3=subset(cgss2,ind==1)
dim(cgss3)
# K-means 聚类,因为是 edu1 为底,因此在进行 edu1-2 匹配时,使用 edu3-4 的 gps 进行聚类,以此类推#
cluster_edu34 <- kmeans(cbind(cgss3$logitgpsedu3, cgss3$logitgpsedu4), 2)$cluster
cluster_edu24 <- kmeans(cbind(cgss3$logitgpsedu2, cgss3$
```

logitgpsedu4),2)$cluster

cluster_edu23 <- kmeans(cbind(cgss3$logitgpsedu2, cgss3$logitgpsedu3),2)$cluster

par(mfrow=c(1,3))
library(fpc)
plotcluster (cgss3, cluster_edu34)
plotcluster (cgss3, cluster_edu24)
plotcluster (cgss3, cluster_edu23)

#数据合并#
cgss4=cbind(cgss3, cluster_edu34, cluster_edu24, cluster_edu23)

#产生新的id#
cgss5=cgss4[,-1]
cgss5=cbind(id=seq(1,length(cgss5$age),1), cgss5)

#cluster 内部进行 match,近似于 exact match 设定为 cluster#
#在基于 edu3、edu4 的 gps 的 clustering 内部那些能够和 edu2 匹配#
m34 <- matchit(edu2 ~ age + han + female + fedu + medu + age2 + fhkagr + mhkagr, data =cgss5, method = "nearest", exact = "cluster_edu34")
m34.data<- match.data(m34)

#在基于 edu2、edu4 的 gps 的 clustering 内部那些能够和 edu3 匹配#
m24 <- matchit(edu3 ~ age + han + female + fedu + medu + age2 + fhkagr + mhkagr, data =cgss5, method = "nearest", exact = "cluster_edu24")
m24.data<- match.data(m24)

#在基于edu2、edu3的gps的clustering内部那些能够和edu4匹配#
m23 <- matchit(edu4 ~ age + han + female + fedu + medu + age2 + fhkagr + mhkagr, data =cgss5, method = "nearest", exact = "cluster_edu23")

m23.data<- match.data(m23)

#edu1的那些人的id#

#同时能够和edu2、edu3、edu4匹配起来的edu1中的id#
commonid= intersect(intersect(m24.data$id, m34.data$id), m23.data$id)

#估算一下四组彼此的收入差异#
cgss6=cgss5[commonid,]
summary(lm(lgindiannualincome~edu,data=cgss6))

经验结果如下：

```
Call:
lm(formula = lgindiannualincome ~ edu, data = cgss6)

Residuals:
    Min      1Q  Median      3Q     Max
-2.6254 -0.5574 -0.0069  0.4635  4.3354

Coefficients:
            Estimate Std. Error t value Pr(>|t|)
(Intercept)  9.07133    0.16458  55.119  < 2e-16 ***
edu          0.27547    0.05245   5.252 2.66e-07 ***
---
Signif. codes:  0 '***' 0.001 '**' 0.01 '*' 0.05 '.' 0.1 ' ' 1

Residual standard error: 0.844 on 340 degrees of freedom
Multiple R-squared:  0.07504,	Adjusted R-squared:  0.07232
F-statistic: 27.58 on 1 and 340 DF,  p-value: 2.659e-07
```

在进入到连续型的处理变量之前，我们有必要介绍一种一般意义上的多类别情境下的匹配。传统的二分类处理变量下的匹配可以称为双边（bipartite）匹配，即从实验组中选取一个或者多个对象和控制组中的一个或者多个对象进行匹配。在多分类处理变量下的匹配则可以称为非双边匹配(non-bipartite matching)。就像上面谈到的,针对每个处理变量的水平,每个人都有一个估计出的倾向值得分。那么,每个人有一个倾向值向量。假设处理变量有四类水平,那么基于特定的参照组,每个人就有三个广义倾向值得分。在非双边匹配下,把每个人和其他所有人的倾向值得分计算距离,比如,我们有三个人的话,就可以两两之间算出三对距离;如果有十个人,十个人里面两两配对,然后算一下倾向值距离。基于这些距离的值,我们进行匹配,当然,匹配的过程有不同的方法,可以用倾向值去匹配,也可以用马哈拉诺比斯距离去匹配。最后我们能够算出一个总体的非双边匹配的距离。既然总体的距离可以表示出来,最后要做的就是最优化的工作。

具体而言,可能一种匹配的方案下得到整体的距离为 D_1,换一种匹配的方案,又得到 D_2,换第三种方案又得到 D_3。很显然,谁和谁配在一起,我们可以不断地调整,直到最后选取整体距离 D 最小的匹配方案。可以说,非双边匹配是一个非常一般意义上的匹配过程,它的应用范围甚至要比倾向值匹配要广。这里只是举一个很简单的例子,展示一下在 R 中的操作,这个例子本身也来自 R 中的 nbpMatching 程序包。

```
library(nbpMatching)
df <- data.frame(id=LETTERS[1:25], val1=rnorm(25), val2=rnorm(25))
plot(val1~val2, data=df)
with(df, text(val1~val2, labels = df$id, pos = 4))
df.dist <- gendistance(df, idcol=1)
df.mdm <- distancematrix(df.dist)
df.match <- nonbimatch(df.mdm)
df.match
```

具体来说,我们模拟两个标准正态分布的变量,分别产生 25 个观测值。由于只有两个变量,可以用图示的方法展示其分布情况。

采用非双边匹配的话,要求将图中的点进行两两匹配,最后得到下面的结果:

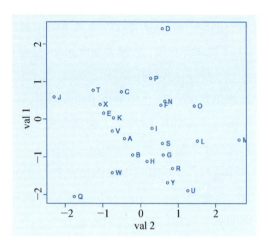

图 9-3 R 软件输出结果

```
$`matches`
   Group1.ID Group1.Row Group2.ID Group2.Row   Distance
1         A          1         J         10 1.38905980
2         B          2         C          3 0.24663461
3         C          3         B          2 0.24663461
4         D          4         M         13 0.42126452
5         E          5         Q         17 0.45683314
6         F          6         N         14 0.52401642
7         G          7         R         18 0.26899682
8         H          8         S         19 0.78282787
9         I          9         U         21 0.05123717
10        J         10         A          1 1.38905980
11        K         11         L         12 0.19112927
12        L         12         K         11 0.19112927
13        M         13         D          4 0.42126452
14        N         14         F          6 0.52401642
15        O         15         P         16 1.58765444
16        P         16         O         15 1.58765444
17        Q         17         E          5 0.45683314
18        R         18         G          7 0.26899682
19        S         19         H          8 0.78282787
20        T         20         V         22 0.34128215
21        U         21         I          9 0.05123717
22        V         22         T         20 0.34128215
23        W         23         X         24 0.14638493
24        X         24         W         23 0.14638493
25        Y         25  phantom26         26 0.00000000
26 phantom26         26         Y         25 0.00000000
```

最左边一列可以先不看。后面这一列是第一组（第一个变量）的 ID，就是 A、B、C、D、E、F、G 等。下面一列是行（row）编码。第二组的 ID 则是 Group2.ID 这一列。同理，其对应的行数放在了 Group2.Row 这一列。最后一列是距离。换句话说，如果用 A 和 J 匹配的话，那彼此之间的距离是 1.38，B 和 C 去匹配的话，彼此之间的距离是 0.25，以此类推。但是这里的匹配会有一个问题。即因为最后产生了 25 个数，是一个奇数，作匹配的话，肯定有一个会落单。此时，电脑会自动产生了一个数，即第 26 个数,可以称为幻影(phantom)26号。由于是电脑自己补足的一个数字,它自己跟自己匹配,彼此的距离就是0。这就是最后形成的匹配方案。

在 STATA 中,我们也可以通过加权(例如双重稳健估计)或者回归调整的方法来分析广义倾向值。需要说明的是,所谓的调整,是指在估算出广义倾向值以后,直接将其作为新的控制变量进行处理,其代码如下:

use "C:\Users\admin\Desktop\CGSS10toy12.dta", clear

teffects aipw (lgindiannualincome age han female fedu medu age2 fhkagr mhkagr) (edu age han female fedu medu age2 fhkagr mhkagr)

teffects ra (lgindiannualincome age han female fedu medu age2 fhkagr mhkagr) (edu)

以第一组为参照组,双重稳健估计和回归调整的结果如下:

```
Treatment-effects estimation              Number of obs     =      5,013
Estimator      : augmented IPW
Outcome model  : linear by ML
Treatment model: (multinomial) logit

                           Robust
lgindiannu~e |    Coef.   Std. Err.      z    P>|z|     [95% Conf. Interval]

ATE          |
         edu |
   (2 vs 1)  |  .342646   .0486008     7.05   0.000     .2473902    .4379019
   (3 vs 1)  |  .6296494  .0491922    12.80   0.000     .5332344    .7260644
   (4 vs 1)  | 1.239966   .0545535    22.73   0.000     1.133043    1.346889

POmean       |
         edu |
           1 | 9.167917   .0429201   213.60   0.000     9.083795    9.252039
```

```
Treatment-effects estimation              Number of obs     =      5,013
Estimator      : regression adjustment
Outcome model  : linear
Treatment model: none

                           Robust
lgindiannu~e |    Coef.   Std. Err.      z    P>|z|     [95% Conf. Interval]

ATE          |
         edu |
   (2 vs 1)  |  .3260427  .0498876     6.54   0.000     .2282648    .4238206
   (3 vs 1)  |  .617936   .0503872    12.26   0.000     .5191789    .716693
   (4 vs 1)  | 1.196437   .0517783    23.11   0.000     1.094953    1.29792

POmean       |
         edu |
           1 | 9.179873   .0446336   205.67   0.000     9.092393    9.267353
```

在介绍完多类别处理变量之后,我们下面要讨论的是连续型的处理变量。由于连续型处理变量的类别可以为无穷大,通常难以满足强可忽略性假设。因此,具体的统计分析过程往往关注于连续型的自变量增加或者减少一个单位的情况下,带来的响应变量的取值变化,这近似于在连续型分布上取两点进行比较。鉴于此,我们认为在分析连续型处理变量的因果效果的时候,所基于的假设是弱可忽略性假设。在此假设的基础上,我们可以有两个具体的分析方法(Kluve et al.,2012)。

针对连续型处理变量的广义倾向值方法

在连续型处理变量的情况下,基于弱可忽略性假设,我们可以采用广义倾向值调整或者加权的方法来估算因果关系。

表9-7 广义倾向值方法总结(连续型处理变量)

统 计 假 设	具 体 方 法
基于弱可忽略性假设	广义倾向值调整
	广义倾向值加权

第一个方法可以成为广义倾向值调整。如前所述,所谓调整,就是在估算出广义倾向值之后,将其作为控制变量纳入模型。当然,具体放置的变量形式可以多种多样,例如一次方项、二次方项等。另外一个方法则是广义倾向值加权的方法,即对模型分析的对象进行基于广义倾向值的加权。无论是采用广义倾向值调整,还是广义倾向值加权的方法,我们分析的立足点都在于需要估算出连续型处理变量的广义倾向值。这可以通过以下过程完成:

第一步,基于多个混淆变量,构建模型。在这个模型中,自变量为一系列的混淆变量,响应变量则是连续型的处理变量。最常见的方法是假定连续型处理变量服从正态分布,这样就能够用OLS模型进行估计。

第二步,利用第一步的模型,估算广义倾向值的均值和方差。如果第一步的OLS模型形式为 $T=C\beta+e$(其中 T 是连续型处理变量,C 是一系列的混淆变量,β 是其回归系数,e 是随机扰动项,且服从均值为0,方差为 γ 的正态分布),那么,广义倾向值的均值等于 $C\beta$,方差等于 γ。

第三步,针对每个被研究对象的连续型处理变量取值,计算其概率。如果是正态分布的话,在连续型处理变量上取值为 t 的概率 $p(T=t)$ 等于

$$\frac{1}{\sqrt{2\pi\gamma}}e^{-\frac{(t-C\beta)2}{2\gamma}}$$

在此广义倾向值的基础上,可以进一步进行回归调整或者加权。在 R 中,我们可以通过以下代码实现上述分析。假设我们感兴趣的是收入对幸福感的影响。其中收入是一个连续型的处理变量。

cgss <— na.omit(read.dta("C:\\Users\\admin\\Desktop\\CGSS10toy12.dta"))

head(cgss)

♯拟合 OLS 模型,计算广义倾向值得分♯

gps.model.ols=lm(lgindiannualincome ~ age + han + female + fedu + medu + age2 + fhkagr + mhkagr + edu2 + edu3 +edu4, data=cgss)

♯计算正态分布下观测值出现的概率,这一步是为了防止出现过大或者过小的权重,稳定广义倾向值,增加分子♯

gps.ols = dnorm(cgss$lgindiannualincome, mean = gps.model.ols$fitted, sd=summary(gps.model.ols)$sigma)

ps.num = dnorm((cgss$lgindiannualincome-mean(cgss$lgindiannualincome))/sd(cgss$lgindiannualincome),0,1)

gps.wt.ols = ps.num/gps.ols

♯去掉极端广义倾向值♯

gps.wt.ols.truncate = ifelse(gps.wt.ols > quantile(gps.wt.ols, probs=0.99), quantile(gps.wt.ols,probs=0.99), gps.wt.ols)

gps.wt.ols.truncate2= gps.wt.ols.truncate*gps.wt.ols.truncate

cgss=cbind(cgss, gps.ols, gps.wt.ols, gps.wt.ols.truncate, gps.wt.ols.truncate2)

♯调整♯

gps.adj = lm(happiness ~ lgindiannualincome + age + han +

female + fedu + medu + age2 + fhkagr + mhkagr + edu2 + edu3 + edu4 + gps.wt.ols.truncate + gps.wt.ols.truncate2，data=cgss)

summary(gps.adj)

＃加权＃

gps.wt = lm (happiness ~ lgindiannualincome + age + han + female + fedu + medu + age2 + fhkagr + mhkagr + edu2 + edu3 + edu4，data=cgss，weights=gps.wt.ols.truncate)

summary(gps.wt)

相关结果如下所示：

```
Call:
lm(formula = happiness ~ lgindiannualincome + age + han + female +
    fedu + medu + age2 + fhkagr + mhkagr + edu2 + edu3 + edu4 +
    gps.wt.ols.truncate + gps.wt.ols.truncate2, data = cgss)

Residuals:
    Min      1Q  Median      3Q     Max
-3.1535 -0.2613  0.1272  0.3379  1.6995

Coefficients:
                       Estimate Std. Error t value Pr(>|t|)
(Intercept)           3.214e+00  1.680e-01  19.126  < 2e-16 ***
lgindiannualincome    1.316e-01  1.328e-02   9.914  < 2e-16 ***
age                  -2.686e-02  4.624e-03  -5.810 6.64e-09 ***
han                  -1.694e-01  4.711e-02  -3.596 0.000327 ***
female               -9.992e-02  2.382e-02  -4.196 2.77e-05 ***
fedu                  7.796e-03  3.667e-02   0.213 0.831623
medu                 -1.205e-02  4.620e-02  -0.261 0.794297
age2                  3.058e-04  4.568e-05   6.696 2.38e-11 ***
fhkagr               -1.374e-02  8.928e-02  -0.154 0.877659
mhkagr               -1.094e-02  8.499e-02  -0.129 0.897582
edu2                  4.149e-02  3.596e-02   1.154 0.248648
edu3                  5.281e-02  3.796e-02   1.391 0.164248
edu4                  1.086e-01  4.342e-02   2.501 0.012409 *
gps.wt.ols.truncate   2.044e-02  5.778e-02   0.354 0.723594
gps.wt.ols.truncate2 -9.706e-04  1.243e-02  -0.078 0.937786
---
Signif. codes:  0 '***' 0.001 '**' 0.01 '*' 0.05 '.' 0.1 ' ' 1

Residual standard error: 0.8165 on 4994 degrees of freedom
Multiple R-squared:  0.04579,   Adjusted R-squared:  0.04311
F-statistic: 17.12 on 14 and 4994 DF,  p-value: < 2.2e-16
```

```
Call:
lm(formula = happiness ~ lgindiannualincome + age + han + female +
    fedu + medu + age2 + fhkagr + mhkagr + edu2 + edu3 + edu4,
    data = cgss, weights = gps.wt.ols.truncate)

Weighted Residuals:
    Min      1Q  Median      3Q     Max
-5.2547 -0.2963  0.1191  0.3079  3.6404

Coefficients:
                     Estimate Std. Error t value Pr(>|t|)
(Intercept)         3.440e+00  1.504e-01  22.878  < 2e-16 ***
lgindiannualincome  1.338e-01  1.058e-02  12.648  < 2e-16 ***
age                -3.578e-02  4.435e-03  -8.068 8.84e-16 ***
han                -1.699e-01  4.542e-02  -3.740 0.000186 ***
female             -1.152e-01  2.330e-02  -4.943 7.94e-07 ***
fedu                2.698e-02  3.688e-02   0.731 0.464544
medu                2.736e-02  4.661e-02   0.587 0.557188
age2                3.925e-04  4.406e-05   8.908 < 2e-16 ***
fhkagr              2.620e-02  9.080e-02   0.289 0.772938
mhkagr             -2.097e-02  8.635e-02  -0.243 0.808127
edu2                2.735e-02  3.475e-02   0.787 0.431156
edu3                2.565e-02  3.598e-02   0.713 0.475916
edu4                8.334e-02  4.001e-02   2.083 0.037307 *
---
Signif. codes:  0 '***' 0.001 '**' 0.01 '*' 0.05 '.' 0.1 ' ' 1

Residual standard error: 0.8038 on 4996 degrees of freedom
Multiple R-squared:  0.0566,    Adjusted R-squared:  0.05434
F-statistic: 24.98 on 12 and 4996 DF,  p-value: < 2.2e-16
```

在结束本章之前，我们希望提及的是，如果处理变量是一个连续型变量，那么我们也可以进行广义倾向值的细分（Imai、Van Dyk，2004）。如果处理变量呈现正态分布，甚至都不用估计广义倾向值，这个方法也叫做倾向方程。所谓倾向方程，实际上把这样一个连续性处理变量的分布进一步简化。比如，如果给定 X 的情况下，处理变量 D 的条件分布表示为 $e_\varphi(\cdot \mid X)$，其中 φ 为条件分布的参数。进一步，假设给定 X，有一个有限维的参数 θ，让 $e_\varphi(\cdot \mid X)$ 仅通过 θ 和 X 产生联系，那么 $e_\varphi(\cdot \mid X) = e_\varphi(\cdot \mid \theta(X))$。此时，我们考虑 X 对 D 的影响就能够通过直接考虑 $\theta(X)$ 实现。例如，假设在给定 X 的情况下，D 的分布是一个正态分布，它的均值是 $X\beta$，假设它的方差已知，是 σ^2，这是一个非常常见的假设。这时候的话，D 的正态的分布的参数是什么呢？有两个参数，一个是 β，一个是 σ。这里我们假定 σ 是给定的，那么参数里面未知的就只是 β。这时候的话，β 是通过什么样的表达式，能够进入到 D 的正态分布里面去呢？是 $X\beta$，因为这个正态分布均值是 $X\beta$。至此，我们知道，上面所说的 $\theta(X)$ 就等于 $X\beta$。所有这些分析最后的结论是什么呢？既然给定了 X 以后，D 的分布只能通过 $X\beta$ 这么一个表达式来展示（即均值）并和一个未知参数产生联系，那我们直接去看这个表达式就行了，因为这个表达式 $X\beta$ 和 $e_\varphi(\cdot\mid X)$ 之间是一一对应了。在特定的情境下，这个分析过程就把问题简化了。知道 D 的分布，知道其分布的某个参数，通过表达式 $\theta(X)$ 和可观测到的混淆变量 X 结合起来。这样的话，就不用去看 D 的分布的具体情况，只需要把关注点放到 $\theta(X)$ 上就可以了。最后做的工作，就变成了：只需要知道这样一个 $\theta(X)$ 和响应变量之间是什么关系，就能估算出来所希望得到的因果效果了。比如，这里 $\theta(X)$ 就是 $X\beta$，就可以把 $X\beta$ 切成了三段进行细分，每一段估算一下因果效果，然后汇总。

最后我们得到的效果可能如图 9-4 所示，在 $\theta(X)$ 比较小的时候，它的处理效应比较小，但随着 $X\beta$ 增加，它的因果效果也在提升。换句话说，处理变量取值变大，处理效应也会大，反之亦然。也就是说，当 D 从很小的值变到一个很大值的时候，处理效应是在逐渐提升的。

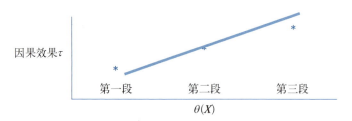

图 9-4　倾向方程细分举例

参考文献

1. Lopez, Michael J., and Roee Gutman. Estimation of Causal Effects with Multiple Treatments: a Review and New Ideas[J]. *Statistical Science*. 2017, 32(3): 432-454.
2. Imai, Kosuke, and David A. Van Dyk. Causal inference with general treatment regimes: Generalizing the propensity score[J]. *Journal of the American Statistical Association*. 2004, 99 (467): 854-866.

3. Kluve, Jochen, Hilmar Schneider, Arne Uhlendorff, and Zhong Zhao. Evaluating continuous training programmes by using the generalized propensity score[J]. *Journal of the Royal Statistical Society: Series A (Statistics in Society)*. 2012, 175(2): 587-617.
4. Feng, Ping, Xiao Hua Zhou, Qing Ming Zou, Ming Yu Fan, and Xiao Song Li. Generalized Propensity Score for Estimating the Average Treatment Effect of Multiple Treatments[J]. *Statistics in Medicine*. 2012, 31(7): 681-697.

第十章

敏感性检验

这一章的主题是敏感性检验。所谓敏感性检验,是指在估计出一个因果关系之后,通过某些统计手段,来判断这一因果关系对于其他潜在的没有观测到的混淆变量的稳健性。正如前面几章所谈到的,我们的因果推论技术的基础总是那些能够直接观察到的混淆变量。但是,社会科学研究很多时候无法穷尽这些混淆变量,此时,即使我们能够估计出某些因果关系,我们仍然"不放心",担心我们会遗漏一些重要的混淆变量。敏感性检验就是为了应对此种问题而开发出来的一系列统计技术。

在本章中,我们介绍两种敏感性检验的方法,一种是单参数方法,另一种是双参数方法。无论是哪种方法,它们的共性在于,模拟未观察到的混淆变量的特点,然后观察估计出的因果关系对于这些特点的敏感性。如果对模拟的混淆变量缺乏敏感性,则说明我们的结论比较稳健,不太容易受到未观测混淆变量的影响。但是如果估计出的因果关系对于模拟出的混淆变量的状态反映太敏锐,这也就说明,我们一开始估计出的因果关系不够稳健。

单参数方法

单参数方法的逻辑是这样的。针对一个数据集,每个人进入实验组的概率为 P。自然,每个人的 p 值不同。在前面几章中我们介绍过,用一系列的混淆因素去预测每个人的 p 值,这就是倾向值。假设这里有两个个体 i 和 j,对于他们,我们有可观测到的混淆变量 x_i 和 x_j 去预测倾向值,但同时,我们怀疑有一些没有观测到的混淆变量 u_i 和 u_j 存在。那么,拟合 logistic 回归模型,如下所示:

$$\log\left(\frac{P_i}{1-P_i}\right) = \beta x_i + \gamma u_i$$

$$\log\left(\frac{P_j}{1-P_j}\right) = \beta x_j + \gamma u_j$$

此时,如果我们对比一下个体 i 和个体 j 进入实验组的发生比,我们会得到

$$\frac{\frac{P_i}{1-P_i}}{\frac{P_j}{1-P_j}} = \frac{\exp(\beta x_i + \gamma u_i)}{\exp(\beta x_j + \gamma u_j)} = \exp[\beta(x_i - x_j) + \gamma(u_i - u_j)]$$

可见,即使我们能够保证这两个个体在可观测到的混淆因素 x_i 和 x_j 上取值完全相等,其倾向值也会因为 u 上的取值差异而不同。由于传统的倾向值分析方法只是针对 x 这些可观测变量来计算,我们就可以根据这个未观测到的变量 u 的取值不同而考察研究结果的敏感性。例如,通过变动 u ,能得到 $\dfrac{\frac{P_i}{1-P_i}}{\frac{P_j}{1-P_j}}$ 的一个可能的变动区间。如果在这个区间内我们一开始的研究结论变化不大,就说明结论具有稳健性,否则就说明有可能受到潜在混淆变量的影响。如果假设 u 是一个二分变量的话,则我们可以得到 $\dfrac{1}{e^\gamma} \leqslant \dfrac{\frac{P_i}{1-P_i}}{\frac{P_j}{1-P_j}} \leqslant e^\gamma$。进一步,在单参数方法上,如果响应变量 Y 是一个二分变量的话,可以用 McNemar 检验。如果响应变量 Y 是一个连续型变量的话,可以用 Wilcoxon Signed Rank Test。

McNemar 检验是常用的针对二分变量的检验。例如,处理变量是是

否上大学,响应变量为是否为高收入群体。在分析之前,通常会进行匹配,将一些各种背景特征都很相像的两个人进行配对,其中一个没有上大学,一个上了大学。这些配对样本可以放置到一个 2×2 表格中,假设具体的人数分布如表 10-1 所示。

表 10-1 McNemar 检验举例

	上大学且为 高收入群体	上大学且为 低收入群体	加总
不上大学且为高收入群体	A,70 人	B,10 人	80
不上大学且为低收入群体	C,280 人	D,140 人	420
加总	350	150	500

在这些配对对象中,A 组上大学和没上大学的人的收入(高收入)一样,D 组也是如此,只是都是低收入群体。但是 B 组和 C 组不同,在 B 中,上大学的人为低收入,而不上大学的为高收入。相反,C 组的情况正好对调。因为我们关注的是上大学与否对收入的影响,尤其关心上大学是或否能够让人们更有可能进入高收入一组(那么,不上大学的是否更有可能进入低收入一组,即 C 的情况)。可以说,真正对检验这一因果效果起作用的是 B 组和 C 组的人。在零假设下,我们认为上不上大学和收入无关。也就是说,在零假设下,上大学高收入和不上大学低收入,与上大学低收入和不上大学高收入的概率应该都是 0.5。换句话说,B 组和 C 组的这 290 个人,他们进入任何一种情况的可能性都是一样的。此时,可以假设 B 组和 C 组联合起来的 290 个人,每一个人在零假设下服从一个概率为 0.5 的伯努利分布。那么,290 人加起来就是一个二项分布。那么,求 p 值就是看在这种情况下,出现 280 个 C 组人,或者更加极端的情况的概率。所谓更加极端,就是出现 281,282,…,直到 290 个的概率。P 的表达式就是

$$\sum_{k=280}^{290} \binom{290}{k} 0.5^k \, 0.5^{290-k}$$

当然,出现观测值或者比观测值更加极端的概率,也可以从 B 组来进行分析。既然 B 组的人很少,我们就看达到 10 人甚至比 10 人还少的概

率,这可以表示为

$$\sum_{k=0}^{10} \binom{290}{k} 0.5^k \, 0.5^{290-k}$$

这里,在零假设下,我们认为一个人进入 B 或者进入 C 的可能性是一样的,全部都是 0.5。但是假设有一些未观测到的混淆因素,会影响大学教育和收入群体的关系。这会影响上面的计算过程。假设我们用 q 来表示一个人是进入 B 组还是 C 组的概率。如上文所述,潜在的混淆因素会影响 q,假设混淆因素的影响通过 γ 来表现出来,如下:

$$\frac{1}{e^\gamma} \leqslant \frac{\dfrac{q_i}{1-q_i}}{\dfrac{q_j}{1-q_j}} \leqslant e^\gamma$$

那么,给定一个 γ 值,一个人究竟属于 B 或者 C 的概率可以有一个变动区间,为 $\left[\dfrac{1}{1+\gamma}, \dfrac{\gamma}{1+\gamma}\right]$。那么,在 McNemar 检验中进行零假设检验的时候,表达式就会有两个端点,分别为

$$\sum_{k=280}^{290} \binom{290}{k} \left(\frac{1}{1+\gamma}\right)^k \left(\frac{1}{1+\gamma}\right)^{290-k}$$

$$\sum_{k=280}^{290} \binom{290}{k} \left(\frac{\gamma}{1+\gamma}\right)^k \left(\frac{\gamma}{1+\gamma}\right)^{290-k}$$

由于我们的计算过程是看出现 280 个或者更多人进入 C 组的概率,那么前面一个公式表示当潜在的混淆因素"拉低"进入 C 组的概率的时候(上大学的人是高收入,不上大学的人是低收入),求得的 p 值;后者是当潜在的混淆变量"提升"进入 C 组的概率的时候,求得的 p 值。从某种意义上说,前面的一个 p 值是在低估出现我们关心的情形时的 p 值,而后者是高估出现我们关心的情形的时候的 p 值。

针对观测到的数据,可以作 McNemar 检验,如下:

M=matrix(c(70,10,280,140),nrow=2)
mcnemar.test(M, correct=F)

可见，上不上大学和收入的确相关：

```
        McNemar's Chi-squared test

data: M
McNemar's chi-squared = 251.38, df = 1, p-value < 2.2e-16
```

基于这个数据，我们可以进一步通过下面的代码实现敏感性检验：

♯零假设下进入 B 或者 C 组的概率值♯

po＝0.5

♯计算拒绝 H0 的 p 值♯

Original＝dbinom（280，size＝290，prob＝po）＋dbinom（281，size＝290，prob＝po）＋dbinom（282，size＝290，prob＝po）＋dbinom（283，size＝290，prob＝po）＋dbinom（284，size＝290，prob＝po）＋dbinom（285，size＝290，prob＝po）＋dbinom（286，size＝290，prob＝po）＋dbinom（287，size＝290，prob＝po）＋dbinom（288，size＝290，prob＝po）＋dbinom（289，size＝290，prob＝po）＋dbinom（290，size＝290，prob＝po）

♯gamma 的变动区间及对进入 B 组或者 C 组的概率♯

gamma＝seq(1,10,0.1)

pminus＝1/（1＋gamma）

pplus＝gamma/（1＋gamma）

♯计算拒绝 H0 的 p 值区间♯

Lower＝dbinom（280，size＝290，prob＝pminus）＋dbinom（281，size＝290，prob＝pminus）＋dbinom（282，size＝290，prob＝pminus）＋dbinom（283，size＝290，prob＝pminus）＋dbinom（284，size＝290，prob＝pminus）＋dbinom（285，size＝290，prob＝pminus）＋dbinom（286，size＝290，prob＝pminus）＋dbinom（287，size＝290，prob＝pminus）＋dbinom（288，size＝290，prob＝pminus）＋dbinom（289，size＝290，prob＝pminus）＋dbinom（290，size＝290，prob＝pminus）

Upper=dbinom(280, size=290, prob=pplus)+dbinom(281, size=290, prob=pplus)+dbinom(282, size=290, prob=pplus)+dbinom(283, size=290, prob=pplus)+dbinom(284, size=290, prob=pplus)+dbinom(285, size=290, prob=pplus)+dbinom(286, size=290, prob=pplus)+dbinom(287, size=290, prob=pplus)+dbinom(288, size=290, prob=pplus)+dbinom(289, size=290, prob=pplus)+dbinom(290, size=290, prob=pplus)

par(mfrow=c(1,2))
plot(gamma, Lower, type="l")
plot(gamma, Upper, type="l")

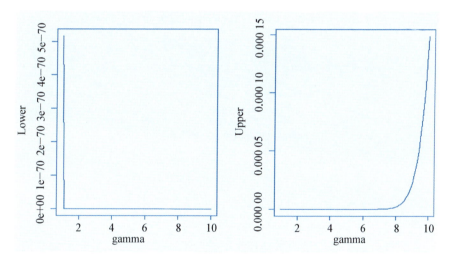

图 10-1　R 软件输出结果

随着 gamma 的变化，我们拒绝 H0 的 p 值一直在 0.001 以下，说明我们的结论比较稳健。

对于响应变量为连续型变量的情形，我们可以采用 Wilcoxon Signed Rank Test。假设我们同样有一个配对的样本，每一个配对中一个来自实验组，一个来自控制组。Wilcoxon Signed Rank Test 检验的思路是，每一个配对中，用实验组个案的 Y 值减去控制组个案的 Y 值，将差值的绝对值排序，之后对于实验组 Y 值大于控制组 Y 值的那些匹配对的顺序号加总起来,得到统计量 T。可以证明,在零假设下,这一加总起来的统计量近似服从正态分布,这个正态分布的均值为 $w \times \dfrac{N(N+1)}{2}$,方差为 $w \times (1-w) \times \dfrac{N(N+1)(2N+1)}{6}$,其中,$w$ 值为在每一个匹配对下,实验组的个体的 Y 值大于控制组的个体的 Y 值的概率。显然,如果处理变量对于响应变量没有影响,w 值就是 0.5,那么加总起来的顺序号在零假设下服从均值为 $\dfrac{N(N+1)}{2}$,方差为 $\dfrac{N(N+1)(2N+1)}{24}$ 的正态分布,因此,我们可以计算统计量的 Z 值,来进行假设检验。

但是,假设有混淆因素影响处理变量和响应变量的关系,这种影响就会干扰 w 的取值,和上文一样,w 在为观测混淆变量的影响下可以有一个区间,$\left[\dfrac{1}{1+\gamma}, \dfrac{\gamma}{1+\gamma}\right]$,那么,我们相应的零假设分布就有两种情况,分别为

正态分布,均值 $\dfrac{1}{1+\gamma} \times \dfrac{N(N+1)}{2}$,

方差 $\dfrac{1}{1+\gamma} \times \left(1 - \dfrac{1}{1+\gamma}\right) \times \dfrac{N(N+1)(2N+1)}{6}$

正态分布,均值 $\dfrac{\gamma}{1+\gamma} \times \dfrac{N(N+1)}{2}$,

方差 $\dfrac{\gamma}{1+\gamma} \times \left(1 - \dfrac{\gamma}{1+\gamma}\right) \times \dfrac{N(N+1)(2N+1)}{6}$

假设我们关心的是情形是相比于控制组,实验组可以提升 Y 的取值,那么前面一种情况就是在"拉低"实验效果的情况下的零假设分布,后者就是在"提升"处理效应的情况下的零假设分布。上面的分析可以用以下 R 代码实现:

```
gamma=seq(1,10,0.1)
pminus=1/(1+gamma)
pplus=gamma/(1+gamma)

#假设有10对配对样本,最后经验数据的统计量取值为66#
```

N=10
T=66

Mminus=pminus*N*(N+1)/2
Vminus=pminus*(1−pminus)*N*(N+1)*(2*N+1)/6
Zminus=(T−Mminus)/sqrt(Vminus)
pminus=2*pnorm(−abs(Zminus))

Mplus=pplus*N*(N+1)/2
Vplus=pplus*(1−pplus)*N*(N+1)*(2*N+1)/6
Zplus=(T−Mplus)/sqrt(Vplus)
pplus=2*pnorm(−abs(Zplus))
plot(pminus,pplus,type="l")

由于 p 值在所有的 gamma 取值下都是小于 0.01 的,我们可以认为研究结论比较稳健。

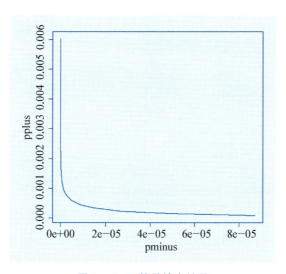

图 10-2　R 软件输出结果

我们也可以分析一下经典的 Lalonde 数据中倾向值匹配的敏感性。具体的代码如下:

```
library(rbounds)
data(lalonde)
attach(lalonde)
Y <- lalonde$re78
Tr <- lalonde$treat
X <- cbind(age, educ, black, hisp, married, nodegr, re74, re75, u74, u75)
gen1 <- GenMatch(Tr=Tr, X=X, BalanceMat=cbind(age, I(age^2), educ, black, hisp, married, nodegr, re74, re75), pop.size=50, data.type.int=FALSE, print=0, replace=FALSE)
mgen1 <- Match(Y=Y, Tr=Tr, X=X, Weight.matrix=gen1, replace=FALSE)
summary(mgen1)
psens(mgen1, Gamma=2, GammaInc=.1)
```

```
Rosenbaum Sensitivity Test for Wilcoxon Signed Rank P-Value

Unconfounded estimate ....  0.0083

Gamma  Lower bound  Upper bound
 1.0      0.0083       0.0083
 1.1      0.0016       0.0316
 1.2      0.0003       0.0853
 1.3      0.0000       0.1778
 1.4      0.0000       0.3042
 1.5      0.0000       0.4484
 1.6      0.0000       0.5902
 1.7      0.0000       0.7137
 1.8      0.0000       0.8110
 1.9      0.0000       0.8815
 2.0      0.0000       0.9291

Note: Gamma is Odds of Differential Assignment To
Treatment Due to Unobserved Factors
```

很遗憾,gamma 取值只是在 1.2 的时候,upper bound 下的 p 值就已经大于 0.05 了。说明结论对于潜在的混淆变量具有比较强的敏感性。在 STATA 中,我们可以用类似的分析过程,代码和经验结果如下。由于实施结论一致,这里不再赘述。

psmatch2 treat age educ married black hisp nodegr re74 re75, logit out(re78) noreplacement

gen delta = re78 - _re78 if _treat==1 & _support==1

rbounds delta, gamma(1 (0.1) 3)

```
Gamma         sig+        sig-      t-hat+      t-hat-        CI+         CI-
------------------------------------------------------------------------------
    1      .003752     .003752     1404.21     1404.21     323.602     2626.35
  1.1      .017016     .000611     1059.34     1775.58     22.2498     2932.87
  1.2       .05281     .000088      787.21      2110.2      -161.5     3173.94
  1.3     .123106     .000011     524.215     2377.75    -411.885     3455.16
  1.4      .23066      1.4e-06     323.602     2628.41    -632.285     3749.73
  1.5     .365475      1.6e-07     148.418     2849.39     -864.13      4049.6
  1.6     .509258      1.7e-08     -4.7e-07    3006.32       -1074     4253.27
  1.7     .643576      1.8e-09    -176.408     3191.75     -1324.2     4489.47
  1.8     .755985      1.8e-10     -356.15     3402.49    -1530.73     4746.55
  1.9     .841775      1.7e-11     -540.69      3606.4    -1709.45     4985.34
    2     .902334      1.6e-12    -656.265     3788.25    -1866.89      5153.9
  2.1     .942329      1.5e-13    -788.045     3964.44    -2020.16     5338.63
  2.2     .967274      1.4e-14    -921.858     4111.86       -2153     5488.25
  2.3     .982079      1.2e-15     -1082.2     4264.88    -2329.66     5658.59
  2.4     .990495      1.1e-16     -1231.7     4413.64    -2435.15     5812.13
  2.5     .995101           0     -1403.41     4587.38    -2546.22     6011.73
  2.6     .997539           0     -1527.14     4736.34    -2677.56     6152.27
  2.7     .998792           0     -1635.07     4878.51    -2818.37      6314.6
  2.8     .999419           0     -1757.96     5008.24     -2925.11    6451.97
  2.9     .999726           0     -1857.53     5130.83    -3038.94     6618.17
    3     .999873           0     -1937.82     5238.37    -3128.62     6777.02

*  gamma  - log odds of differential assignment due to unobserved factors
   sig+   - upper bound significance level
   sig-   - lower bound significance level
   t-hat+ - upper bound Hodges-Lehmann point estimate
   t-hat- - lower bound Hodges-Lehmann point estimate
   CI+    - upper bound confidence interval (a=   .95)
   CI-    - lower bound confidence interval (a=   .95)
```

双参数方法

与单参数方法类似,双参数方法也是考察潜在的未观测到的混淆变量对于研究结论的影响。但是,在这个方法中,我们不再将这种影响用一个参数表示,而是用两个参数。仍旧采用上文的表达式,潜在未观测变量 u 对于个体接受处理变量影响的效果为 γ,其他已经观测到的已知混淆变量的影响系数为 β,其方程为

$$\log\left(\frac{P(D=1)_i}{1-P(D=1)_i}\right)=\beta x_i + \gamma u_i$$

除此之外,我们假设响应变量为 Y。Y 可以是连续型分布,也可以是

离散型分布。以连续型分布为例,假设其呈现正态分布,那么我们可以进一步估算自变量 D,观测到的混淆变量 X 和没有观测到的混淆变量 u 的影响,假设模型的形式为

$$E(Y) = \tau D + X\rho + \delta u$$

其中 u 服从均值为 0、方差为 σ^2 的正态分布。在这个表达式中,在控制了一系列混淆变量 X 和潜在的混淆变量 u 以后,D 对于 Y 的效果是 τ。基于 u 对自变量 D 和响应变量 Y 的影响,我们可以发现,u 的作用是通过 γ 和 δ 体现出来的,而敏感性分析所要回答的问题是,γ 和 δ 需要如何变化才能使得 τ 变得统计上不显著(或者达到某个预定的取值)。为了检验这一点,建立似然函数的对数值。具体而言,基于上述的分布假设,似然函数的对数值可以表达为

$$\sum_{i=1}^{N} \ln \left[\frac{1}{2} \left(\frac{1}{\sqrt{2\pi\sigma^2}} \right) \times \exp\left(-\frac{1}{2\sigma^2}(Y_i - \tau D_i + X_i\rho)^2\right) \right.$$
$$\times \frac{\exp(\beta X_i)^{D_i}}{1 + \exp(\beta X_i)} + \frac{1}{2}\left(\frac{1}{\sqrt{2\pi\sigma^2}}\right)$$
$$\times \exp\left(-\frac{1}{2\sigma^2}(Y_i - \tau D_i + X_i\rho - \delta)^2\right)$$
$$\left. \times \frac{\exp(\beta X_i + \gamma)^{D_i}}{1 + \exp(\beta X_i + \gamma)} \right]$$

将似然函数的对数值最大化,可以将 τ 表述成 γ 和 δ 的函数。然后看 γ 和 δ 如何变化来影响对 τ 的估计。

目前,双参数方法在 STATA 中的命令比较简单,使用命令 isa 自带的数据集,看工会会员对于收入的影响。

♯STATA♯

reg wage union grade mnfctr south black age other married c_city

♯union 的效果是 0.628,敏感性检验看如果效果减到一半(0.314)时,混淆变量的 γ 和 δ 的组合♯

isa wage union grade mnfctr south black age other married c_city, tau(0.314)

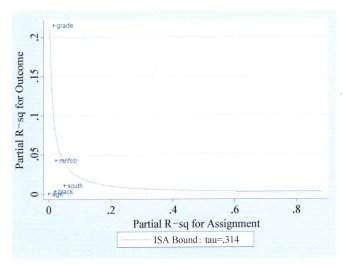

图 10-3　STATA 软件输出结果

在图 10-3 中，不同的加号的点表示的是测量到的混淆因素对于处理变量与响应变量的联合效果，即每一个的 γ 和 δ 的组合。而曲线则是遗漏掉的混淆变量使得一开始估计的因果效果减半的 γ 和 δ 的组合。可见，这个混淆变量的 γ 和 δ 的组合要比可观测到的混淆变量的 γ 和 δ 的组合更加"极端"一些（曲线偏向于右上方）。因此，从这个角度来看，研究结论具有一定的稳健性。

第十一章

因果中介分析

到目前为止,我们所谈论到的因果分析手段都是集中于处理变量和响应变量二者之间的直接关系。但是,一个因果关系之所以存在,往往有一些变量在其中充当中介的角色。这一思路在社会科学研究中俯拾皆是。例如,当我们发现个体的教育水平与健康状况存在正向关系的时候,其中起到中介作用的有可能是个体的社会经济地位,也有可能是个体的自控能力。当我们发现身处于一个收入差距很大的社会环境中的时候,个体可能会倾向于不信任他人。这其中起中介效果的可能是个体的相对剥夺感。因此,对于因果关系而言,我们有必要超越传统的两点式的因果分析框架,转向因果中介分析。

在介绍具体的因果中介分析方法之前,本章将讨论基于结构模型的常规中介分析及其问题。之后,我们进入到因果中介分析的基本假设和因果中介效果的几种类型。在此基础上,我们将讨论两种因果中介分析的方法,一种是模型法,另一种是加权法。这两种方法都能够满足常规因果中介分析的需求。后面,我们将简要讨论控制直接效果的含义及其估计。

常规中介分析及其问题

常规的中介分析涉及拟合多个模型,如下所示:

(1) $Y = i_1 + cX + e_1$

(2) $Y = i_2 + c'X + bM + e_2$

$$(3)\ M = i_3 + aX + e_3$$

在这些模型中,模型 1 只放入自变量 X 来预测 Y,模型 2 在模型 1 的基础上增加了中介变量 M,模型 3 则是关注自变量 X 和中介变量 M 之间的关系。三个模型的随机扰动项分别定义为 e_1、e_2 和 e_3。在拟合三个模型之后,传统的中介分析要求满足以下 4 个条件:

(1) 系数 a 统计显著;

(2) 系数 c 统计显著;

(3) 系数 c' 统计显著;

(4) 系数 c 的取值大于 c'。

这几个条件很容易理解。条件(1)说明自变量对中介变量有效果,条件(2)说明自变量对响应变量有效果。条件(3)说明在控制了中介因素以后,自变量和响应变量的关系 c' 要统计显著。最后,第(4)条说明,在控制了中介因素以后,自变量对响应变量的影响 c' 应该比不控制中介因素的时候 c 要小。这是因为,一部分自变量对响应变量的影响被中介因素中介掉了。那么当控制了中介因素以后,自变量和响应变量的联系强度应该有所减弱。

在这几个条件中,对于社会科学研究而言,条件(3)似乎可以不满足。比如,我们通常认为,如果放进了中介因素以后,自变量和响应变量的关系 c' 不再统计显著,这说明它们之间的关系被 M 完全中介掉了。这样说有一定的道理。但是之所以通常要求 c' 也显著,目的是为了后续计算中介效果大小考虑。如果 c' 不统计显著,则 c 和 c' 的比较就是对比一个统计显著不为 0 的数值和一个统计上无法显著不为 0 的数值了。

在满足上述条件后,中介效果可以表示为 ab 或者 $c - c'$。这两个表述是等价的。乘积 ab 中 a 代表了自变量对中介变量的影响,b 代表了中介变量对响应变量的影响,因此一个链式的中介关系就是 ab。系数 c 代表了自变量对响应变量的总效果,c' 代表了没有中介路径的情况下自变量对响应变量的效果,二者的差值自然就是中介效果。

基于这些中介效果的表述,我们可以进一步采用索博尔检验来了解其统计显著性。索博尔检验的统计量是 $Z_{\text{sobel}} = \dfrac{\widehat{a} \times \widehat{b}}{s_{ab}}$,其中 $s_{ab} =$

$\sqrt{\hat{a}^2 s_b^2 + \hat{b}^2 s_a^2}$。这个表达式很容易理解,其中分子是 a 和 b 估计值的乘积,也就是我们所说的中介效果。s_{ab} 代表的是这个中介效果的标准差。由于我们的零假设是没有中介效果,因此零假设下 $\hat{a} \times \hat{b}$ 的期望值为 0,$\dfrac{\hat{a} \times \hat{b} - 0}{s_{ab}}$ 即为标准正态分布。在 R 里面,索博尔检验可以用以下代码实现:

```
library(foreign)
library(multilevel)
cgss <- na.omit(read.dta("C:\\Users\\admin\\Desktop\\CGSS10toy12.dta"))
sobel(cgss$edu, cgss$lgindiannualincome, cgss$happiness)
```

这里感兴趣的是收入水平如何中介了个体教育水平和幸福感。其分析结果如下。由于 Z 值达到了 9.227,我们可以认为这种中介关系成立。

```
$`Mod1: Y~X`
              Estimate Std. Error   t value   Pr(>|t|)
(Intercept) 3.65613472 0.03064267 119.315155 0.000000e+00
pred        0.07021226 0.01101750   6.372795 2.022652e-10

$`Mod2: Y~X+M`
              Estimate Std. Error   t value   Pr(>|t|)
(Intercept) 2.60405433 0.11468248  22.706645 1.011292e-108
pred        0.01451633 0.01239061   1.171559 2.414299e-01
med         0.12310607 0.01294007   9.513559 2.785031e-21

$`Mod3: M~X`
              Estimate Std. Error   t value   Pr(>|t|)
(Intercept) 8.5461292  0.03317063 257.64142  0.000000e+00
pred        0.4524223  0.01192642  37.93445  5.103721e-277

$Indirect.Effect
[1] 0.05569593

$SE
[1] 0.006035674

$z.value
[1] 9.227791

$N
[1] 5009
```

虽然上述的索博尔中介分析的应用范围比较广泛,但是也存在一些需要改进的地方。第一个问题是,上述的分析进路基于线性假设。换句话说,我们无法在模型中放入中介因素的二次方或者中介因素和自变量的乘积。如果这样做的话,模型会产生多个相关的系数,我们没有办法进行简单的系数加减或者相乘。另一方面,传统的中介分析缺乏对反事实因果推论框架的关照。正是在这个意义上,传统的类似于索博尔中介分析的分析进路也被称为线性结构方程模型(linear structural equation modeling)。在此基础上,我们进入基于反事实分析框架的中介分析,亦即所谓的因果中介分析。

因果中介分析的基本假设和类型

如果基于反事实的因果推论框架去考察中介效果,首先要做的是明确进行分析前的基本假设。这些假设可以通过以下的图示方法来讨论。

自变量为 X,响应变量为 Y,中介变量为 M,潜在的发生于自变量之前的混淆因素为 C,发生于自变量之后的潜在混淆因素为 U。基于这个图示,因果中介分析有四条假设。

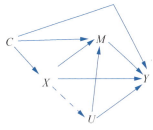

图 11-1　因果中介关系图示

① 在控制了诸多混淆因素 C 之后,Y 的潜在反事实取值与 X 独立。这一条件类似于前面章节中谈到的可忽略性假设。由于 Y 的取值取决于 X 和 M,因此其反事实取值可以表示为 $Y(X,M)$。那么,这条假设可以表示为 $X \perp Y(X,M) \mid C$。此条假设成立,X 的取值分配近似于随机实验,因此就可以估计出 X 对 Y 的因果关系。

② 在控制了诸多混淆因素 C 之后,M 的潜在反事实取值与 X 独立。由于 M 的取值也取决于 X,因此 M 的反事实状态可以表示为 $M(X)$。那么这一条假设表示为 $X \perp M(X) \mid C$。和第一条假设类似,这一条假设可以保证我们能够估计出 X 对 M 的因果效果。

③ 在控制了诸多混淆因素 C 和 X 之后,Y 的潜在反事实取值与 M 独立。此条假设可以表示为 $M \perp Y(X,M) \mid C,X$。假设②和假设③结合起来也被称为级序可忽略性假设(sequential ignorablility)。基于级序可忽略性假设,我们可以估算出间接因果中介关系,即 X 如何影响 M 进而影响 Y。

④ 可能混淆 M 和 Y 关系的潜在混淆变量 U 不能和 X 有关系。这一条假设的功能在于确保基于上述三条假设估计出的因果中介关系不被发生在自变量之后的潜在混淆变量影响。表示在图中,U 和 X 应当相互独

立,即 $U \perp X$。

在满足了上述假设之后,我们便能够进行具体的因果中介效应的估计了。这里,我们有一些术语需要熟悉。如上文所述,响应变量 Y 的取值取决于自变量和中介变量,而中介变量 M 的取值取决于自变量。为了表述方便,我们这里依旧假定自变量有两个取值范围,分别标注为 0 和 1。

$$\text{总效应 total effect(TE)} = Y(1,M(1)) - Y(0,M(0))$$

所谓总效应,顾名思义,就是指自变量变化带来的 Y 的变化,其中 M 因为是自变量 X 的函数,随 X 变化而变化。因此当 $X=1$ 时,M 取值为 $M(X=1)$,简写成 $M(1)$。同理,对于控制组而言,M 的取值是当 $X=0$ 时的取值,记为 $M(0)$。

$$\text{自然直接效应 natural direct effect (NDE)} = Y(1,M(0)) - Y(0,M(0))$$

自然直接效应,是指中介变量取值固定为 $M(0)$ 时,自变量 X 变化带来的 Y 的变化。$M(0)$ 的意思是当自变量为 0 的时候,M 的取值。这里,可以发现,$Y(1,M(0))$ 是一个"矛盾"的表述,这个表述的意思是,Y 的取值是自变量取值为 1,但是中介变量取值为 $M(0)$ 时的取值,因此是一种不能直接观察到的统计量。某个个体的自变量为 1 时,中介变量应当是 $M(1)$,而 $Y(1,M(0))$ 则要求将中介变量的取值为 $M(0)$,故而,这是不能够直接观察到的。

$$\text{自然间接效应 natural indirect effect (NIE)} = Y(1,M(1)) - Y(1,M(0))$$

与自然直接效应相对应,自然间接效应将自变量 X 的取值固定在 1,而看中介变量因为自变量从 $0 \sim 1$ 的变化而变化所带来的 Y 的变化。很显然,对于经验数据而言,我们能够直接看出 $Y(1,M(1))$ 的取值,但是没有办法直接观测到 $Y(1,M(0))$,即后者也是一种矛盾的状态。

$$\text{控制直接效应 controlled direct effect (CDE)} = Y(1,M(a)) - Y(0,M(a))$$

控制直接效应和自然直接效应相比,仍旧是将中介因素的取值固定在某个特定的值上,只是这个值对应于自变量 X 为 a 时的取值,而自然直接效应则要求 M 的取值为 X 为 0 的时候的"自然状态"下的取值。控制直接效应的作用在于体现出自变量 X 和响应变量 Y 的关系因为中介因素的取值而有所改变的情形。换句话说,在解释 Y 的时候,如果 X 和 M 有交互效应,那么控制直接效应就有用武之地。在此情境下,X 对 Y 的影响取决于 M 的值。M 有几个取值,就有几个 X 对 Y 的结果。这实际上是一种直接效应的异质性。当然,如果没有这种交互效应,控制直接效应就等于自然直接效应。除了此种功能之外,控制直接效应还多用于政策研究,即考察当人为干预,设定 M 为特定取值时,X 对 Y 的效果会如何表现,故而政策分析或者公共卫生领域内较多使用 CDE。

纯粹间接效应 pure indirect effect (PIE) $= Y(0,M(1)) - Y(0,M(0))$

纯粹间接效应和自然间接效应相比,只是将自变量的取值固定在控制组,而中介变量的取值变化不变,仍旧表示为当 D 从 0 到 1 变化的情况下,M 取值的变化。

自然交互效应 natural treatment-by-mediator interaction (NTMI)
$= [Y(1,M(1)) - Y(1,M(0))] - [Y(0,M(1)) - Y(0,M(0))]$
$= Y(1,M(1)) + Y(0,M(0)) - Y(1,M(0)) - Y(0,M(1))$

自然交互效应是指中介效果(间接效应)在实验组与控制组之间有所不同。换句话说,中介效应的大小和自变量的取值之间存在交互关系。在实验组中,中介效应为自然间接效应,在控制组中,中介效应为纯粹间接效应,因此二者的差异代表了自然交互效应。

上述讨论罗列了一系列的统计量以衡量直接效应和间接中介效应。基于这些统计量,我们可以有一系列的总效应分解。

$$总效应 = 自然直接效应 + 自然间接效应$$

由于自然间接效应可以进一步表示为纯粹间接效应+自然交互效应,因此,我们有

$$自然间接效应 = 纯粹间接效应 + 自然交互效应$$

将其带入总效应分解公式中,得到:

$$总效应 = 自然直接效应 + 纯粹间接效应 + 自然交互效应$$

还可以将自然直接效应与自然交互效应的和定义为总直接效应,即

$$总直接效应 = 自然直接效应 + 自然交互效应$$

那么,我们对总效应的分解变成了

总效应
=纯粹间接效应+总直接效应
=纯粹间接效应+自然直接效应+自然交互效应

表 11-1 数据可观测性总结

	$M(X=1)$	$M(X=0)$
$X=1$	$Y(1,M(1))$	$Y(1,M(0))$
$X=0$	$Y(0,M(1))$	$Y(0,M(0))$

在拿到一个具体的数据后,我们可以按照上面的界定,一一计算出各个统计量的值,以进行相应的效应分解和中介分析。但是问题的关键在于,$Y(1,M(0))$ 和 $Y(0,M(1))$ 并不是直接可测的。我们不得不采用一些统计手段对其取值进行估计。基于自变量和中介变量的取值,我们可以写出不同的组合,如上表所示。对于特定的经验资料,我们可观测到的是对角线上的两个统计量,但是反对角线上的统计量的取值需要想办法间接获得。下面介绍两种方法。

因果中介分析:模型法

模型法的基本思路非常直接,既然我们没有办法直接观测到 $Y(1,M(0))$ 和 $Y(0,M(1))$,那么只要我们知道决定 Y 的取值的模型和决定 M 取值的模型,我们就能够用模型的预测值去估计这两个无法直接观测到的统计量(Imai $et\ al.$,2011)。具体而言,假设 M 是自变量 X 和一系列控制变量 C 的模型,而 Y 是自变量 X、中介变量 M 和一系列控制变量 C 的模型,我们就能够写出两个模型的表达式,分别表示如下:

$$M = f_M(X,C) + e_1$$
$$Y = f_Y(X,C,M) + e_2$$

其中,f_M 是变量 X 和 C 的函数,通过 X 和 C,决定 M 的取值。f_Y 是变量 X,C 和 M 的函数,通过三个变量,决定 Y 的取值。除此之外,e_1 和 e_2

代表随机扰动项。很显然，按照上面的模型设定，M 的预测值为 $f_M(X, C)$，此时，$\widehat{M(1)} = f_M(X=1, C), \widehat{M(0)} = f_M(X=0, C)$。例如，假设 M 是一个连续型变量，那么我们就可以拟合 OLS 模型。假设模型形式为 $M = \beta_0 + \beta_1 X + \beta_2 XC + \beta_3 C + e_1$，那么，当 C 取值为 c 时，$\widehat{M(1)} = \beta_0 + \beta_1 + \beta_2 c + \beta_3 c$，$\widehat{M(0)} = \beta_0 + \beta_3 c$。同理，不失一般性，假设 Y 是一个服从正态分布的连续变量，此时针对 Y 拟合 OLS 模型，如果该模型的形式为 $Y = \alpha_0 + \alpha_1 X + \alpha_2 XC + \alpha_3 C + \alpha_4 M + \alpha_5 MC + e_2$。那么，我们把第一步估计出的 $\widehat{M(1)}$ 和 $\widehat{M(0)}$ 代入，但同时限定 X 的取值，就能够得到 $Y(1, M(0))$ 和 $Y(0, M(1))$。具体而言，在这个例子中，我们有 $Y(\widehat{X=1, M(0)}) = \alpha_0 + \alpha_1 + \alpha_2 C + \alpha_3 C + \alpha_4 \widehat{M(0)} + \alpha_5 \widehat{M(0)}C$，$Y(\widehat{X=0, M(1)}) = \alpha_0 + \alpha_3 C + \alpha_4 \widehat{M(1)} + \alpha_5 \widehat{M(1)}C$。由于 $Y(1, M(1))$ 和 $Y(0, M(0))$ 可以直接从数据中获得，因此上面表格中的四个统计量都已经能够计算出来了。相应地，就可以进行各种因果中介分析。在 R 里面，上述计算过程通过以下代码实现：

library(foreign)

cgss <- na.omit(read.dta("C:\\Users\\admin\\Desktop\\CGSS10toy12.dta"))

library("mediation")

med.fit <- lm(lgindiannualincome ~ edu + age + han + female + fedu + medu, data = cgss)

out.fit <- lm(happiness ~ lgindiannualincome + edu + age + han + female + fedu + medu, data = cgss)

med.out <- mediate(med.fit, out.fit, treat = "edu", mediator = "lgindiannualincome", robustSE = TRUE, sims = 100)

summary(med.out)

plot(med.out)

med.s=medsens(med.out)

plot.medsens(med.s)

输出结果如图 11-2 所示。其中 ACME 是平均因果中介效用（average causal mediation effect），ADE 是平均直接效应（average direct effect），

二者加起来构成总效应。可见,教育无论是通过收入,还是直接的方式,都能够显著影响个体的幸福感。

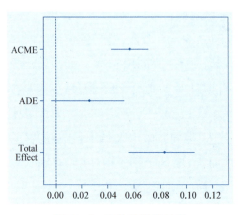

图 11-2　R 软件输出结果

对于这里的分析结果,我们可以进行敏感性分析。具体而言,Imai 和同事们提出的分析思路是这样的,如果存在一个我们没有观测到的混淆变量来干扰中介分析,那么这个混淆变量可以通过影响估计 M 的模型和影响估计 Y 的模型来产生混淆效应。此时,这两个模型的随机扰动项 e_1 和 e_2 就会因为这个被忽略的混淆因素而产生联系。联系越强,混淆性越大。因此,敏感性检验可以看我们的研究结论与两个随机扰动项之间联系强度(通过 ρ 来表示)的关系来实现。针对上面的分析结果,我们的敏感性检验如图 11-3 所示。

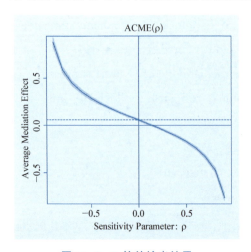

图 11-3　R 软件输出结果

可以发现，ρ只需要很小的变化，中介效果就会变为 0，由此可见，上面的分析结果不是特别的稳健，具有相当的敏感性。

上面的分析过程也可以通过 STATA 完成，代码如下：

use C:\Users\admin\Desktop\CGSS10toy12.dta

medeff (regress lgindiannualincome edu age han female fedu medu) (regress happiness edu lgindiannualincome age han female fedu medu), mediate(lgindiannualincome) treat(edu) sims(1000) seed(1)

medsens (regress lgindiannualincome edu age han female fedu medu) (regress happiness edu lgindiannualincome age han female fedu medu), mediate(lgindiannualincome) treat(edu) sims(1000) eps(.01)

```
      Source |       SS           df       MS      Number of obs   =     5,009
-------------+----------------------------------   F(6, 5002)      =    297.82
       Model |  1374.27387         6  229.045645   Prob > F        =    0.0000
    Residual |  3846.94872     5,002  .769082111   R-squared       =    0.2632
-------------+----------------------------------   Adj R-squared   =    0.2623
       Total |  5221.22259     5,008   1.0425764   Root MSE        =    .87697

-------------------------------------------------------------------------------
lgindiannu~e |      Coef.   Std. Err.      t    P>|t|     [95% Conf. Interval]
-------------+-----------------------------------------------------------------
         edu |   .4256977   .0131165    32.46   0.000     .3999836    .4514119
         age |   .0017113   .0008733     1.96   0.050    -7.31e-07    .0034233
         han |   .2234184   .0504272     4.43   0.000      .124559    .3222777
      female |    .371546   .0249385    14.90   0.000     .3226556    .4204364
        fedu |   .0529703   .0391504     1.35   0.176    -.0237815    .1297222
        medu |   .1907399   .0490112     3.89   0.000     .0946564    .2868234
       _cons |    8.10232   .0756094   107.16   0.000     7.954092    8.250547
-------------------------------------------------------------------------------

      Source |       SS           df       MS      Number of obs   =     5,009
-------------+----------------------------------   F(7, 5001)      =     25.83
       Model |  121.73091         7   17.39013     Prob > F        =    0.0000
    Residual |  3367.35793     5,001  .673336919   R-squared       =    0.0349
-------------+----------------------------------   Adj R-squared   =    0.0335
       Total |  3489.08884     5,008  .696703043   Root MSE        =    .82057

-------------------------------------------------------------------------------
    happiness |      Coef.   Std. Err.      t    P>|t|     [95% Conf. Interval]
--------------+----------------------------------------------------------------
          edu |   .0272844   .0135035     2.02   0.043     .0008117    .0537571
lgindiannua~e |   .1352717   .0132299    10.22   0.000     .1093352    .1612082
          age |   .0036316   .0008174     4.44   0.000     .0020291    .0052341
          han |  -.1711876   .0472765    -3.62   0.000    -.2638702   -.0785051
       female |  -.0975221   .0238467    -4.09   0.000    -.1442721   -.0507721
         fedu |   .0244479   .0366391     0.67   0.505    -.0473809    .0962766
         medu |    .014065   .0459285     0.31   0.759     -.075975    .1041049
        _cons |   2.487276   .1284347    19.37   0.000     2.235487    2.739064
-------------------------------------------------------------------------------

(4,009 missing values generated)
(4,009 missing values generated)
(4,009 missing values generated)

Effect                Mean           [95% Conf. Interval]

ACME                  .0575542       .0462694       .0690998
Direct Effect         .028119        .0013882       .05343
Total Effect          .0856731       .0628876       .1091668
% of Tot Eff mediated .6728983       .5272135       .9151931
```

可以发现,直接效应和中介效应都是显著的。

最后,敏感性检验的结果如下。可以发现,ρ 到了 0.143 的时候,中介效果就不成立了。除了 ρ 之外,研究结果还报告了另外两种衡量敏感性的指标。为了理解这些指标,有必要进行说明。如上文所述,ρ 代表了被忽略掉的混淆因素对于解释 M 的模型以及解释 Y 的模型的共同的解释力度。自然,我们为了衡量研究结论的敏感性,也可以分别对解释 M 的模型与解释 Y 的模型进行考察,看一下这个被忽视的混淆因素究竟各自有多大的解释力度。例如,假设被忽视的混淆变量对于解释 M 的模型的残差 e_1 的变异的解释度为 $R^2\_M^*$,被忽视的混淆变量对于解释 Y 的模型的残差 e_2 的变异的解释度为 $R^2\_Y^*$,则被忽视的混淆因素对两个模型的联合影响力就是 $R^2\_M^* \times R^2\_Y^*$。除了残差的变异,我们也可以直接看被忽略的混淆因素对于 M 的变异以及 Y 的变异的各自解释力度的乘积。如果前者表示为 $R^2\_M\sim$,后者表示为 $R^2\_Y\sim$,则被忽略的混淆因素对两个模型的联合影响力也可以用 $R^2\_M\sim \times R^2\_Y\sim$ 来衡量。基于下面的发现,$R^2_{M^*} \times R^2_{Y^*} = 0.02$ 或者 $R^2_{M\sim} \times R^2_{Y\sim} = 0.0145$ 的时候,中介效果也不存在了。可见,中介效果不是非常的稳健。

```
Sensitivity results

        Rho at which ACME = 0               .143
        R^2_M*R^2_Y* at which ACME = 0:     .0204
        R^2_M~R^2_Y~ at which ACME = 0:     .0145
```

因果中介分析:加权法

除了上面介绍的模型法之外,我们也可以用加权的手段去估计 $Y(1, M(0))$ 和 $Y(0, M(1))$。这就是 Hong 等人提出的 ratio-of-mediator-probability weighting (RMPW)方法(Hong、Deutsch、Hill,2015)。这个方法的基本思路如下,假设自变量 X 和中介变量 M 都是二分型变量,那么它们的取值组合起来有四种情况,如下所示:

表 11-2　RMPW 方法示意图

	$M=1$	$M=0$
$X=1$	$Y(1,1)$	$Y(1,0)$
$X=0$	$Y(0,1)$	$Y(0,0)$

对应于这四种情况,我们可以观测到 Y 的不同取值。这里一定要注意,$Y(1,0)$ 是指 $Y(X=1,M=0)$。这个统计量和前面的不同,是可以直接观测到的。比如,自变量可以是教育水平(1=教育水平高;0=教育水平低),中介变量可以是收入(1=高收入;0=低收入),结果变量可以是幸福感得分,那么 $Y(D=1,M=0)$ 就是指那些教育水平高但是收入水平低的人群的幸福感得分。只要样本中存在这种类型的个体,我们就能直接观测到并基于他们计算 Y 的平均值。

观察这个表格可以发现,$X=1$ 的时候分为两种情况,一种是 $X=1$ 的时候 $M=1$,即 $M(1)=1$,另外一种情况是 $X=1$ 的时候 $M=0$,即 $M(1)=0$。这样的话,我们观测到的 $Y(1,M(1))$ 就有两种可能性,一种是 $Y(1,M(1)=1)$,另一种是 $Y(1,M(1)=0)$。如果我们知道 $M(1)=1$ 的概率和 $M(1)=0$ 的概率,就能够将 $Y(1,M(1))$ 写成 $Y(1,M(1)=1)$ 和 $Y(1,M(1)=0)$ 的加权平均值,即

$$E[Y(1,M(1))]=E[Y(1,M(1)=1)]\times p[M(1)=1]\\+E[Y(1,M(1)=0)]\times p[M(1)=0]$$

这个表达式中右边的每一个统计量都是能够观测出来的,其中 $M(1)=1$ 的概率实际上就是这类人占整个群体中的比重(在一个样本中,教育水平高同时收入高的人的比例),同理 $M(1)=0$ 也是如此(在一个样本中,教育水平高同时收入低的人的比例)。$Y(1,1)$ 是教育水平高同时收入高的人的幸福感得分,$Y(1,0)$ 是教育水平高同时收入低的人的幸福感得分。

按照同样的逻辑,我们有

$$E[Y(0,M(0))]=E[Y(0,M(0)=1)]\times p[M(0)=1]\\+E[Y(0,M(0)=0)]\times p[M(0)=0]$$

这个公式可以解释为，那些教育水平低的人的幸福感得分是两部分人的幸福感得分的加权平均，$Y(0,1)$ 是教育水平低但是收入水平高的人的幸福感得分，这类人占样本的比例是 $p(M(0)=1)$。$Y(0,0)$ 是教育水平低同时收入水平低的人的幸福感得分，这类人占样本的比例是 $p(M(0)=0)$。和上面一样，这些统计量都是直接可以从数据中算出来的。

那么，问题就来了，我们如果照葫芦画瓢，可以写出下面的公式：

$$E[Y(1,M(0))] = E[Y(1,M(0)=1)] \times p[M(0)=1]$$
$$+ E[Y(1,M(0)=0)] \times p[M(0)=0]$$

公式的左边是我们希望估计出来的所谓的"矛盾的"统计量，即自变量取值为 1，而响应变量 M 的取值是在自变量取值为 0 的时候的取值，当然，可以是 1，也可以是 0。按照加权平均的原则，从单纯数学表达的角度，这个统计量表示为 $Y(1,M(0)=1)$ 和 $Y(1,M(0)=0)$ 的加权平均，其权重分别为 $p(M(0)=1)$ 和 $p(M(0)=0)$。单纯看公式右边的这四个统计量，在数据中我们可以直接算出 $p(M(0)=1)$ 和 $p(M(0)=0)$，其分别为各自样本数占整个样本的比例。但是，我们无法直接算出 $Y(1, M(0)=1)$ 和 $Y(1,M(0)=0)$，因为这两个统计量是矛盾的。在一个数据中，对于那些自变量为 1 的人，我们看到的它们的响应变量就会是 $M(1)$，而不是 $M(0)$。

那么，为了能够计算 $E(Y(1,M(0)))$，需要进行一些简单的数学变换。虽然我们看不到 $Y(1,M(0))$，但是能够直接观察到 $Y(1,M(1))$，这两个统计量之间有什么联系呢？可不可以通过 $Y(1,M(1))$ 来间接估计一下 $Y(1,M(0))$ 的取值呢？答案是肯定的。

具体而言，针对特定的数据集，我们能够算出来的是 $Y(1,M(1)=1)$ 的期望值，其估计值是样本均值 $\dfrac{\sum y(1,M(1)=1)}{n}$。但是我们看不到 $Y(1,M(0)=1)$。不过，我们可以借助加权的思想，来间接估计 $Y(1,M(0)=1)$。比如，将 M 取值为 1 的个体看成一个特定的群体，这个群体中的人有两部分组成，一部分是 $M(1)=1$，另一部分是 $M(0)=1$。此时，如果这两部分的人是从这个 $M=1$ 的群体中随机抽取出来的，那么，我们

就能够用 $M(1)=1$ 的那部分人的 Y 的观测值来估计 $M(0)=1$ 的 Y 的取值。这就好比是从同一个总体中抽取两个样本,只要是随机抽样,样本也足够大,那么一个样本的某个变量的期望值应该和第二个样本的变量的期望值一样,二者都等于总体的均值,这就是大数定理。但是,$M(1)=1$ 和 $M(0)=1$ 这两类人从 $M=1$ 这个群体中的抽取的概率不一样。前者被抽取出来的概率是 $p(M(1)=1\mid T=1)$,后者被抽取出来的概率是 $p(M(0)=1\mid T=0)$。那么,我们需要对二者被抽中的概率进行调整。由于抽中概率的倒数是权重,也就相当于作了权重调整,如图 11-4 所示。

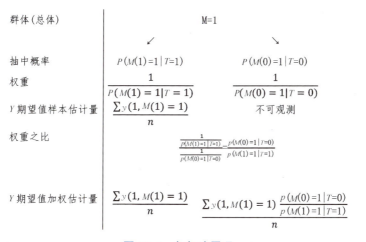

图 11-4　加权法原理

对于 $M=1$ 的这群人,我们按照反事实的逻辑区分出两类人,这两类人有不同的抽中概率,那么他们的权重也就不一样。对于 $y(1,M(1)=1)$ 而言,我们可以直接观测到,因此无须加权。但是对于另外一种 $M(0)=1$ 的对象而言,我们是无法直接看到的。虽然如此,我们能够计算权重之比,这样的话,只需要利用权重对比,就能够间接的计算出 $M(0)=1$ 的情况下,对于 $y(1,M(0)=1)$ 期望值的估计值,即

$$\frac{\sum y(1,M(1)=1)\dfrac{p(M(0)=1\mid T=0)}{p(M(1)=1\mid T=1)}}{n}。$$

实际上,这个分析逻辑是很好理解的。在 $M(1)=1$ 这组人中,每

个人有一个被抽中的概率 $p(M(1)=1\mid T=1)$,那么按照概率的倒数加权,就得到了整体的状况 $\sum y(1,M(1)=1)\dfrac{1}{p(M(1)=1\mid T=1)}$。之后,再设想,如果这些人不是被抽样进入 $M(1)=1$,而是 $M(0)=1$ 这一组的话,那么可能的观测值会是如何呢?由于被抽中进入这一组的概率是 $p(M(0)=1\mid T=0)$,那么假想情况下的样本观测值是 $y(1,M(1)=1)\dfrac{p(M(0)=1\mid T=0)}{p(M(1)=1\mid T=1)}$,其样本均值就能用来估计 $Y(1,M(0)=1)$ 的数学期望值了。

总结一下,对于 $M=1$ 这种情形,我们可以对 $Y(1,M(1)=1)$ 进行加权,总而估算出矛盾的统计量 $Y(1,M(0)=1)$ 的期望值,这里的权重是 $\dfrac{p[M(0)=1]}{p[M(1)=1]}$。以此类比,对于 $Y(1,M(0)=0)$,权重就是 $\dfrac{p[M(0)=0]}{p[M(1)=0]}$。那么,整体的 $Y(1,M(0))$ 的数学期望可以表示为

$$E[Y(1,M(0))]=E\left[\dfrac{p[M(0)=1]}{p[M(1)=1]}\times Y(1,M(1)=1)\right]\times p[M(1)=1]$$
$$+E\left[\dfrac{p[M(0)=0]}{p[M(1)=0]}\times Y(1,M(1)=0)\right]\times p[M(1)=0]$$

重复上述分析过程,整体的 $Y(0,M(1))$ 这一矛盾统计量的数学期望,可以表示为

$$E[Y(0,M(1))]=E\left[\dfrac{p[M(1)=1]}{p[M(0)=1]}\times Y(0,M(0)=1)\right]\times p[M(0)=1]$$
$$+E\left[\dfrac{p[M(1)=0]}{p[M(0)=0]}\times Y(0,M(0)=0)\right]\times p[M(0)=0]$$

至此,所有的统计量都是可以通过数据计算出来,我们也就能够估计出矛盾的统计量,有了矛盾的统计量的估计值,后续的中介分析就可以直接进行了。在 R 里,上述的分析可以通过以下代码实现:

library(foreign)
cgss <- na.omit(read.dta("C:\\Users\\admin\\Desktop\\CGSS10toy12.dta"))

#自变量和中介变量必须是二分变量,因此以中位数为界,进行处理#

cgss$incomebi=cgss$lgindiannualincome>=9.798

library(rmpw)

#总效应分解方法1#

rmpw(data = cgss, treatment = "edu3", mediator = "incomebi", outcome = "happiness", propensity_x = c("age", "han", "female", "fedu", "medu"), outcome_x= c("age", "han", "female", "fedu", "medu"), decomposition = 0)

#总效应分解方法2#

rmpw(data = cgss, treatment = "edu3", mediator = "incomebi", outcome = "happiness", propensity_x = c("age", "han", "female", "fedu", "medu"), outcome_x= c("age", "han", "female", "fedu", "medu"), decomposition = 1)

#总效应分解方法3#

rmpw(data = cgss, treatment = "edu3", mediator = "incomebi", outcome = "happiness", propensity_x = c("age", "han", "female", "fedu", "medu"), outcome_x= c("age", "han", "female", "fedu", "medu"), decomposition = 2)

```
                         Estimate Std.Error t value Pr(>|t|)
Natural Direct Effect     -0.0219    0.0271 -0.8061   0.4202
Natural Indirect Effect    0.0202     0.008  2.5213   0.0117 .

                         Estimate Std.Error t value Pr(>|t|)
Gamma.0                    3.8274    0.0619 61.7855   <0.001 **
Natural Direct Effect     -0.0152    0.0273 -0.5592    0.576
Natural Indirect Effect    0.0189     0.008  2.3616   0.0182 .
Pure Indirect Effect       0.0316    0.0065  4.8574   <0.001 **
T-by-M Interaction Effect -0.0128     0.008 -1.6042   0.1087
age                        0.0027      8e-04 3.5374   <0.001 **
han                       -0.1328    0.0506 -2.6263   0.0086 *
female                    -0.0351    0.0237 -1.4802   0.1388
fedu                       0.0723    0.0362  2.0004   0.0455 .
medu                       0.0887    0.0451  1.9676   0.0491 .
```

```
                             Estimate Std.Error  t value Pr(>|t|)
Gamma.0                        3.8274    0.0619  61.7855   <0.001 **
Natural Direct Effect         -0.0152    0.0273  -0.5592    0.576
Natural Indirect Effect        0.0189    0.008    2.3616    0.0182 .
Pure Indirect Effect           0.0316    0.0065   4.8574   <0.001 **
T-by-M Interaction Effect     -0.0128    0.008   -1.6042    0.1087
age                            0.0027    8e-04    3.5374   <0.001 **
han                           -0.1328    0.0506  -2.6263    0.0086 *
female                        -0.0351    0.0237  -1.4802    0.1388
fedu                           0.0723    0.0362   2.0004    0.0455 .
medu                           0.0887    0.0451   1.9676    0.0491 .
```

通过上述的结果可以发现，收入水平的确能够起到显著的中介效用。

控制直接效应简介

在这一部分，我们介绍一下控制直接效应。如上文所述，所谓控制直接效应，是指分析自变量到响应变量的关系如何随着中介变量的取值不同而不同。也就是说，虽然控制了中介变量，但是自变量与响应变量的关系仍然随着中介变量的取值不同而产生出异质性特征。和一般的中介分析一样，控制直接效果的估计需要考虑潜在的混淆因素。这里，我们介绍 Zhou 和 Wodtke（2018）提出的残差回归（regression-with-residuals）方法。相比于传统的 g-estimation，这个方法可以很好地处理中介因素与其他中间变量的交互效应。

假设中介关系如图 11-5 所示，除了自变量 X、中介因素 M 和响应变量 Y 之外，可能会有随时间变化的混淆因素 L，不同的时点的 L 的取值定义为 L_1 和 L_2。我们感兴趣的是在控制了 M 之后，X 对 Y 的影响。但是在这里，同时会控制混淆变量 L_1 和 L_2 的取值。L_2 在这里是 X 到 Y 的影响的 M 之外的一条路径，如果不控制 L_2，则即使控制了 M，X 对 Y 的关系也是受到混淆效应影响的。但是，在控制了 L_2 之后，由于 L_2 是一个 collider，L_1 和 A 之间本来因为控制了 L_1 之后被打断的关系得以恢复，结果 T 对 Y 的影响还会因

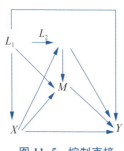

图 11-5 控制直接效应图示

为 $T \leftarrow L_1 \rightarrow Y$ 这条线受到混淆。① 因此，如果处理 L_1 和 L_2 这样的混淆因素是估计控制直接效应的关键。

残差回归的方法能够解决这一问题。具体而言，回归残差方法有两步：

第一步，针对 L_2，用所有影响其取值的因素 L_1 和 X 构建回归模型，得到其残差项。例如，假设 L_2 是连续型的，则假设其服从正态分布，拟合模型 $L_2=\beta_0+\beta_1 X+\beta_2 L_1+\varepsilon$，其中 ε 服从均值为零，方差恒定的正态分布。基于此模型，计算 L_2 的残差，$L_2-\widehat{L_2}$，将其表示为 $L_{2\text{res}}$。

第二步，针对响应变量 Y，拟合回归模型，只是其中的 L_2 替换为 $L_{2\text{res}}$，例如，如果 Y 也是服从正态分布的连续型变量，有

$$Y=\alpha_0+\alpha_1 X+\alpha_2 L1+\alpha_3 L_{2\text{res}}+M(\alpha_4+\alpha_5 L1+\alpha_6 X)+\tau$$

其中，随机扰动项 τ 也服从均值为零，方差恒定的正态分布。基于此模型，在 M 的不同取值之下，X 对 Y 的影响效果可以表示为 $\widehat{\alpha_1}+M\widehat{\alpha_5}$，换句话说，如果我们让 X 从 0 变到 1，得到的控制直接效应就是 $\widehat{\alpha_1}+M\widehat{\alpha_5}$。显然，$M$ 的不同取值，会带来控制直接效果的不同。

直观上讲，回归残差方法是很好理解的。由于 $L_{2\text{res}}$ 是在控制了 L_1 和 T 之后剩余的信息，图 11-3 中 L_1 和 X 对 L_2 的影响就被打断了。因此，只要使用 $L_{2\text{res}}$ 而不是原始的 L_2，我们就能够用传统的估计方法来无偏的估计各个系数，包括我们感兴趣的控制直接效应，如图 11-6 虚线所示。

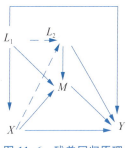

图 11-6　残差回归原理

上面描述的分析过程假设 M 和 L_2 之间不存在交互效应，如果二者存在交互，我们就需要对上述分析过程做一定的修改。例如，仍旧按照上述方法来计算 $L_{2\text{res}}$，但是在分析 Y 的时候，模型变成：

$$Y=\alpha_0+\alpha_1 X+\alpha_2 L_1+\alpha_3 L_{2\text{res}}+M(\alpha_4+\alpha_5 L_1+\alpha_6 X+\alpha_7 L_{2\text{res}})+\tau$$

之后，控制直接效应还是 $\widehat{\alpha_1}+M\widehat{\alpha_5}$。上述的分析过程可以通过下面的代

---

① 所谓 collider，是指两个变量 A 和 B 同时影响第三个变量 C 的时候，在不控制 C 的情况下，A 和 B 是独立的。但是如果控制了 C，则 A 和 B 会因为这种控制而产生联系。

码实现：

自变量：edu

中介变量：lgindiannualincome

响应变量：happiness

L2：fulltime

library(foreign)

cgss <- na.omit(read.dta("C:\\Users\\admin\\Desktop\\CGSS10toy12.dta"))

med.fit <- lm(fulltime ~ edu + age + han + female + fedu + medu, data = cgss)

res=resid(med.fit)

out.fit1 <- lm(happiness ~ lgindiannualincome*(edu + age + han + female + fedu + medu) + edu + age + han + female + fedu + medu + res, data = cgss)

out.fit2 <- lm(happiness ~ lgindiannualincome*(edu + age + han + female + fedu + medu+ res) + edu + age + han + female + fedu + medu + res, data = cgss)

coef(out.fit1)

通过输出结果可以发现，控制直接效应可以表示为 $0.04-0.001\times$ 收入。其中 0.04 为主效应，而 -0.001 来自教育水平和收入的交互效应。

```
              (Intercept)       lgindiannualincome                    edu                     age
              4.023257455              -0.025203869            0.039131638            -0.018243781
                      han                   female                   fedu                    medu
             -0.531935202              -0.602618897            0.180442092             0.596836782
                      res       lgindiannualincome:edu   lgindiannualincome:age  lgindiannualincome:han
              0.046718778              -0.001410329            0.002274926             0.038601077
lgindiannualincome:female   lgindiannualincome:fedu  lgindiannualincome:medu
              0.052313388              -0.015049732           -0.055323298
```

我们可以利用 summary 命令看一下收入的基本信息，得到以下结果。

```
      Min.  1st Qu.  Median    Mean  3rd Qu.    Max.
     1.386    9.210   9.798   9.708   10.309  15.607
```

那么，在个人收入变量取值在最小值、第一个四分位数、中位值、均值、第三四分卫数和最大值的时候，所对应的个体教育水平对幸福感的影响值分别是 0.038 6、0.030 8、0.030 2、0.029 7 和 0.024 4。

参考文献

1. Hong, Guanglei, Jonah Deutsch, and Heather D. Hill. Ratio-of-mediator-probability Weighting for Causal Mediation Analysis in the Presence of Treatment-by-mediator Interaction[J]. *Journal of Educational and Behavioral Statistics*, 2015, 40(3): 307-340.
2. Imai, Kosuke, Luke Keele, Dustin Tingley, and Teppei Yamamoto. Unpacking the Black Box of Causality: Learning about Causal Mechanisms from Experimental and Observational Studies[J]. *American Political Science Review*. 2011, 105(4): 765-789.

第十二章

随时间变化的处理效应简介

在本章中,我们将介绍两种方法来分析随时间变化而变化的处理变量对于响应变量 Y 的因果效果。在前面介绍的各种方法中,我们的处理变量通常是在某个特定时间点测量的。例如,在个体进入到一个研究设计中后,一些人被分配到实验组,一些人被分配到控制组,分配完以后,各自就留在相应的组中间,每个人的处理变量的取值就固定了,或者 1,或者 0。但是,一些现实的社会问题涉及更为复杂的情况。比如,如果我们关心的处理变量是所在居住小区的类型(可以简单划分为好的小区和差的小区,分别取值为 1 和 0)对于个体高考成绩的影响,那么在一个人参加高考之前,可能有一系列的搬迁。此时,处理变量就涉及随时间变化而变化的情形。一个人可能搬迁过两次,那么处理变量就有三个状态。假设这个人出生时居住在一个不是很好的小区,但是随着时间的推移,家庭经济状况逐渐好转,后续小学阶段和中学阶段搬进了好的小区,那么处理变量取值"串"为 0-1-1。同理,如果一个人一开始住在一个好的小区,但是逐渐家道中落,则他或者她的处理变量的取值可能就是 1-1-0,依此类推。

随时间变化而变化的处理效应之所以重要,是因为它衡量了处理变量的潜在变化对于响应变量的影响。例如,在上面谈到的居住小区的问题中,如果我们只是看高中阶段的小区类型,那么小时候一系列生命历程下的居住小区状态就被忽略了。但是形塑一个人学习习惯的关键时期可能恰恰是高中以前的生命历程阶段。因此,我们需要考察个体在早些时候的居住环境,这种居住环境的影响可能是持久的,甚至是比后续的居住环境影响更大。因此,考虑随时间变化的处理变量非常重要。实际上,在公共卫生和医学研究中,此类方法也是有很大的用武之地的。例如,病人的服药剂量有可能随时间变化而变化。一个病人入院10天,每一天的药量会根据其表现不断改变。此时,为了很好地把握药物效果,我们需要考虑这10天处理变量的变化情况,以及这种变化对病人出院前的状态Y的影响。

显然,一旦把时间因素引入进来,因果推论过程中的混淆偏误的作用情况就会非常复杂。时间通常用T来表示,为了避免误解,我们在本章中用A来指代处理变量,L指代潜在的混淆因素,Y指代响应变量。基于这些变量,我们可以假想如图12-1所示情况。

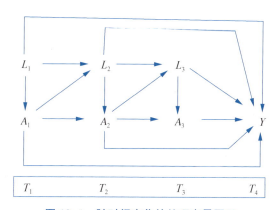

图12-1 随时间变化的处理变量图示

如图12-1所示,假设有四个时间点,T_1是基线状态,在这个点上我们观测到处理变量A_1和混淆变量L_1的取值,其中A_1的取值受到L_1的影响。在T_2这个时间点,L_2受到L_1和A_1的影响,A_2则受到A_1和同时期的L_2的影响。依此类推,在T_3这个时间点,L_3受到之前的L_2和A_2的影响,同时A_3受到之前A_2和同时期L_3的影响。最后在T_4这个时间点,我们测量了响应变量的取值Y。在这个图示中,处理变量涉及一系列取值"串"A_1-A_2-A_3。同时,混淆变量也是随时间变化的,因此同样呈现出一连串的取值L_1-L_2-L_3。和前面谈到中介分析时的情形类似,我们这里不能通过简单的控制L_1、L_2和L_3来分析A_1-A_2-A_3对Y的影响。例如，L_3 代表了 A_3 和 Y 之间的一个混淆因素，因此为了分析 A_3 对于 Y 的影响，需要控制 L_3。但是，L_3 本身又是 A_2 对 Y 影响的中间因素，如果控制了 L_3，A_2 对于 Y 的影响就会被低估。再则，L_3 本身称为碰撞变量(collider)，如果我们控制了 L_3，L_2 和 A_2 本来因为控制 L_2 而被打断的联系又被恢复了。此时，A_2 对 Y 的影响受到了 $A_2 \leftarrow L_2 \rightarrow Y$ 这条线的混淆。

总之，在随时间变化的处理效应分析过程中，我们不可避免地进入到一个两难境地。对于那些随时间变化而变化的混淆变量，我们控制他们也不是，不控制他们也不是。此时，需要采用一些特殊的处理办法。在使用这些方法之前，有一些通用的前提假设需要满足。这些假设可以被看成是传统因果推论假设在随时间变化的因果关系分析中的一个扩展。

假 设 条 件

在随时间变化的因果关系分析中，具体而言，我们有三个前提假设需要满足。

1. 级序可忽略性假设

所谓级序可忽略性(sequential ignorability)假设，是指针对每个时间点，如果我们控制了一系列的混淆因素以及之前的处理变量的取值之后，我们可以在那个时间点上满足可忽略性。即，在 T 时间点的处理变量 A_t 和 Y 的各种潜在取值都是独立的。这里我们有必要解释一下 Y 的各种潜在取值是什么意思。在传统的二分型处理变量情况下，Y 的潜在取值有两个，一个是处理变量为 1 时的 $Y(1)$，一种时处理变量为 0 时的 $Y(0)$。然而，在随时间变化的处理效应中，处理效应 A 是一连串的取值。假设我们有三个时间点，每个时间点上 A 可以取值 0 或者 1，此时，Y 的潜在取值就有 2^3 种，即 $Y(111)$、$Y(000)$、$Y(100)$、$Y(010)$、$Y(001)$、$Y(110)$、$Y(101)$ 以及 $Y(011)$。

对于 A 的这八种组合，如果级序可忽略性假设成立，则时间点 t 时的 A_t 和任何一种历时性组合彼此之间都是独立的。例如，对于第二个时间

点的处理变量 A_2 而言,在控制了两个时间点的混淆变量和第一个时间点的处理变量 A_1 之后,A_2 和一系列的潜在取值都独立。综上,对于 t 时间点而言,我们可以把包含 t 这一时间点在内之前各个时间点的各种混淆因素的取值串写成 L_t,在 t 之前,不包括 t 在内的处理变量的历史取值串写成 A_{t-1},Y 的各种潜在取值表示为 $Y_{\text{potential}}$。此时,级序可忽略性假设表示为

$$Y_{\text{potential}} \perp A_t \mid A_{t-1}, L_t$$

这个假设非常重要,因为如果这个假设不满足,实际上在每个时间点上都存在对因果关系的混淆,我们便没有办法准确估计每个时间点上的因果效果。自然,对于整个一串随时间变化的处理变量而言,也就无法估算出其因果效果了。

2. 一致性假设

和常规的因果推断假设一样,这里的一致性假设要求实际观测到的在特定处理变量取值串下的 Y,就是其潜在状态的取值。还是以上面的居住小区性质为例。假设有三个历史时期,有八种 Y 的潜在取值。假设在收集来的数据中,一个人的 A 的取值历史为 1-1-0,那么其潜在取值 $Y(110)$ 就等于其观测到的 Y 的值。即,如果这个人在三个时间点中前两个时间点住在好的社区,而第三个时间点住在了不好的小区,其对应于 $Y(110)$ 的潜在高考成绩就等于其实际观测到的高考成绩。换句话说,这个人潜在观测值有八种,但是其中一种的取值就是其实际观测值。

3. 正值假设

所谓的正值假设,是指在控制了 t 时间点及其前面的一系列混淆因素 L_t 以及 t 之前各个时间点的处理变量取值串 A_{t-1} 之后,个体在第 t 时间点接受处理变量干预的概率在 0~1 之间,但不能为 0,不能为 1。也就是说,不能够存在这样一种情况,在某个时间点,某个人一定会住进好的小区,或者一定住进不好的小区。对于每个人,在每个时间点上,他或者她住进好的小区还是坏的小区的概率都是一个 0~1 之间的正值数字。

基于上面的三个假设,我们可以做进一步的统计分析。如上文所言,

不同的统计方法对应于不同的研究问题。如果我们希望看一串处理变量 A_1-A_2-A_3… 对于 Y 的影响,而不关注于特定 A_t 对 Y 的影响,可以采用边际结构模型(marginal structural model)。如果我们不是关注一串处理变量的效果,而是看特定 A_t 对于 Y 的影响,可以使用结构嵌套均值模型(structural nested mean model)。所谓的边际,是指我们关心的是 Y 潜在取值的边际均值,并对其建模。所谓结构,是指我们针对潜在取值的期望值进行建模,而不是针对直接观测到的 Y 进行建模。嵌套的意思,只是每个时间点上的 L 和 A 的取值取决于前面时点的取值,即后面嵌套于前面。最后,所谓的均值模型,指的是看 Y 的潜在取值的差值变化。与之相比,一些其他的模型(例如,针对发生比进行分析的模型)看的是不同时间点 Y 的比值变化。

边际结构模型

如上文所述,边际结构模型针对 $Y_{potential}$ 建模。这里,$Y_{potential}$ 指的是 A 的不同取值串下 Y 的潜在取值。需要指出的是,所谓的潜在取值,指的是如果"所有的人"都接受了特定 A 的取值串的情况下在 Y 上的取值,而不是我们看到的那些 A 的取值真的为特定取值串时 Y 的取值。例如,上面提到的三个时间点,A 有八种不同的潜在取值串,那么 $Y_{potential}$ 就有八种情形,分别代表着"如果数据中的所有人"的 A 取八种中的任意一种时 Y 的取值。

前面章节中也遇到过类似的问题。在简单随机实验中,我们手里有的数据是实验组中分析对象的 Y 的取值和控制组中分析对象的 Y 的取值(期望值)。而我们想知道的是,如果所有人都进入实验组的话,Y 的取值(期望值)是什么,以及如果所有人就进入控制组的话,Y 的取值(期望值)是多少。当时,我们采用了加权的方法完成这一工作,即针对实验组中的个体进入实验组的概率,取其倒数来估计如果所有人都是在实验组的话 Y 的期望值。同理,针对控制组也可以利用个体进入控制组的概率的倒数进行加权计算。这里,针对处理变量随时间变化的情况,我们也可以采用同样的分析策略,只是这里我们的加权办法较之以前更为烦琐。由于

A 是一串处理效用取值,因此,在控制混淆变量 L 的取值历史 L_t 的情况下,A 取值为特定处理历史 A_t 的概率可以写成

$$P(A_t \mid L_t) = P(A_1 \mid L_1) \times P(A_2 \mid A_1, L_2, L_1)$$
$$\times P(A_3 \mid A_2, A_1, L_3, L_2, L_1) \times \cdots \times P(A_t \mid A_{t-1}, L_t)$$

自然,我们要加权的话,就可以使用 $P(A_t \mid L_t)$ 的倒数。为了估计出 $P(A_t \mid L_t)$,我们就需要对等式右边的各项进行估计。$P(A_1 \mid L_1)$ 是用 L_1 来预测 A_1 的概率,如果 A_1 是一个二分变量,我们可以拟合 logistic 回归模型获得 $P(A_1 \mid L_1)$ 的估计值 $\widehat{P(A_1 \mid L_1)}$。同理,$P(A_2 \mid A_1, L_2, L_1)$ 可以用 logistic 回归模型来获得其估计值,其中 A_2 为响应变量,A_1、L_2 和 L_1 为自变量。依次类推,后面每一项我们都能够估算出其估计值。那么,针对时间点 t 而言,我们估计出的概率为 $P(A_t \mid \widehat{A_{t-1}}, L_t)$,在这个时间点上的加权权重为 $\dfrac{1}{P(A_t \mid \widehat{A_{t-1}}, L_t)}$,整个针对一串 A 取值 A_t 的总的加权 W 就可以写成

$$W = \dfrac{1}{\prod\limits_{i=1}^{t} P(A_i \mid \widehat{A_{i-1}}, L_i)}$$

在实际的计算过程中,W 有可能出现极值。这是因为分母是一系列概率的乘积,而概率是取值 0~1 之间,因此乘积项越多,最后的取值越小,那么权重就会越大。由于极端权重会将最后的估计结果向大权重对象方向拉,因此我们通常希望尽可能地避免大权重的出现。为此,一个解决办法就是可以在分子上乘以一个数来尽可能平衡 W 的取值。这里,我们可以得到新的稳定权重(stabilized weight,简写为 W_s,其中 s 表示稳定的意思),如下:

$$W_s = \dfrac{\prod\limits_{i=1}^{t} P(A_i \mid A_{i-1})}{\prod\limits_{i=1}^{t} P(A_i \mid A_{i-1}, L_i)}$$

相比于上面的权重表达式,稳定权重在分子部分增添了一个连乘积,这一乘积中的单独的每一项是各个时间点的 A_t 依据前面时间点一系列

A 的取值 A_{i-1} 预测的概率值。之所以这一项可以起到稳定权重的作用，是因为如果分母过小的话，分子也肯定同方向的变小，从而不至于出现过分大的权重值。当然，除了上面表述的 W_s 之外，我们也可以在分子的连乘积内放入基线的混淆因素 L_1，这起到类似的效果：

$$W_s = \frac{\prod_{i=1}^{t} P(A_i \mid A_{i-1}, L_1)}{\prod_{i=1}^{t} P(A_i \mid A_{i-1}, L_i)}$$

上述权重的表达式本质上就是各个时间点上的倾向值估计值的乘积，其中用来估计倾向值的是时间点 t 及其之前的各时间点的混淆变量 L，以及时间点 t 之前的 A 的取值历史。正因为如此，我们需要正值假设，即要求分母相乘的各项不能为 0，否则只要有一项为 0，分母即为 0，后续的分析便无法进行了。

上面介绍了基本的加权方案，下面介绍一下模型的设定问题。在边际结构模型中，模型的形式设定可以比较灵活。例如，我们可以认为各种潜在状态下的 Y 的取值 $Y_{\text{potential}}$ 的期望值为 $\beta_0 + \beta_1 \sum_{i=1}^{t} A_i$。此时，我们实际上看的是一共个体在所有时间点内，$A$ 取值为 1 的总数 $\sum_{i=1}^{t} A_i$。当然，也可以设定模型，认为特定时间点 m 之前的处理效应与 m 之后的处理效应不同，即 $Y_{\text{potential}}$ 的期望值设定为 $\beta_0 + \beta_1 \sum_{i=1}^{m} A_i + \beta_2 \sum_{i=m+1}^{t} A_i$。最后，我们也可以在模型中放入其他不随时间变化的变量，并设定其与各个时间点的 A 产生交互效应，不一而足。

需要说明的是，如果数据结构比较简单，我们实际上可以不采用加权的办法来估计边际结构模型。这里采用的方法是利用 g-估计的手段来估算 $Y_{\text{potential}}$ 的期望值。这一估算过程依据的公式被称为 g-formula（这里的 g 表示广义 generalized 的意思）。这个公式表示起来很简单，其将 Y 的分布函数写成处理变量历史 A 和混淆变量历史 L 的函数。由于我们关心的是 Y 的分布如何随着 A 改变而改变（亦即 A 对 Y 的影响）。此时，g-formula 将给定 A 时 Y 的分布函数写为

$$f(Y_t \mid A_t) = \sum_L f(Y_t \mid A_t, L_t) \times \prod_{i=1}^{t} f(L_t \mid A_{t-1}, L_{t-1})$$

如果我们能够利用数据估算出第 t 个时间点的 Y 值如何受到 t 以及之前一系列 A 的取值和 L 的取值的影响，并同时能够估算出每个时间点混淆变量 L 如何受到之前一系列 A 的取值和 L 的取值的影响，就能够直接用非参数的方法写出 $f(Y_t \mid A_t)$，自然也就能够计算出 $E(Y_t \mid A_t)$，进而估计边际结构模型。例如，如果有两个时间点的话，我们有 $f(Y_2 \mid A_1, A_2) = \sum_{L_1, L_2} f(Y_2 \mid A_1, A_2, L_2, L_2) \times f(L_2 \mid A_1, L_1) \times f(L_1)$。

结构嵌套均值模型

与边际结构模型相比，结构嵌套均值模型则关注某一特定时间点上的处理变量 A_t 的取值对于最后响应变量 Y 的因果效果。由于存在多个时点，因此这种特定时间点上的处理效应也叫条件中间因果效果（conditional intermediate causal effect）。

具体而言，结构嵌套均值模型对于结果变量 Y 进行了分解。以两个时间点为例，Y 的变化取决于 A_1、A_2、L_1 和 L_2 的值，因此，Y 的期望值可以表示为 $E_y[Y(A_1, A_2)] \mid L_1, L_2, A_1, A_2$。显然，参照组可以写成 $E_y[Y(A_1=0, A_2=0)] \mid L_1, L_2, A_1, A_2 = E_y[Y(0,0)] \mid L_1, L_2, A_1, A_2$。进一步，结构嵌套均值模型可以将 $E_y[Y(A_1, A_2)] \mid L_1, L_2, A_1, A_2 - E_y[Y(0,0)] \mid L_1, L_2, A_1, A_2$ 进行了分解，如下所示：

$E_y[Y(A_1, A_2)] \mid L_1, L_2, A_1, A_2 - E_y[Y(0,0)] \mid L_1, L_2, A_1, A_2$

$= E_y[Y(A_1, A_2) + Y(A_1, 0) - Y(A_1, 0) - Y(0,0)] \mid L_1, L_2, A_1, A_2$

$= E_y[Y(A_1, A_2) - Y(A_1, 0)] + E_y[Y(A_1, 0) - Y(0,0)] \mid L_1, L_2, A_1, A_2$

由于 $Y(A_1, A_2)$ 包含了 A_1 和 A_2 的取值，A_1 只受到 L_1 的影响，参照组的情况则既不受 L_1 也不受 L_2 的影响，因此 $E_y[Y(A_1, 0) - Y(0,0)] \mid L_1, L_2, A_1, A_2$ 的可以进一步简化，即

$$E_y[Y(A_1,0)-Y(0,0)] \mid L_1,L_2,A_1,A_2$$
$$=E_y[Y(A_1,0)-Y(0,0)] \mid L_1$$
$$=E_y[Y(A_1,0)] \mid L_1 - E_y[Y(0,0)] \mid L_1$$
$$=E_y[Y(A_1,0)] \mid L_1 - E_y[Y(0,0)] \qquad (12\text{-}1)$$

同理，A_2 受到 L_1、L_2 和 A_1 的影响，因此 $E_y[Y(A_1,A_2)-Y(A_1,0)] \mid L_1,L_2,A_1,A_2$ 也可以进一步简化：

$$E_y[Y(A_1,A_2)-Y(A_1,0)] \mid L_1,L_2,A_1,A_2$$
$$=E_y[Y(A_1,A_2)-Y(A_1,0)] \mid L_1,L_2,A_1$$
$$=E_y[Y(A_1,A_2)] \mid L_1,L_2,A_1 - E_y[Y(A_1,0)] \mid L_1,L_2,A_1$$
$$=E_y[Y(A_1,A_2)] \mid L_1,L_2,A_1 - E_y[Y(A_1,0)] \mid L_1 \qquad (12\text{-}2)$$

对于结构嵌套均值模型而言，我们希望得到的各个时间点上的处理效应，而这些处理效应本身是受到前面各个时间点的处理变量取值 A 以及一系列混淆变量 L 影响的。因此，对于每个时间点，其处理效应本身是一个条件效应，取决于之前的 A 和 L。例如，对于时间点 1，A_1 的效果取决于 L_1，因此，时间点 1 的条件中间因果效果可以表示为

$$E_y[Y(A_1,0)] \mid L_1 - E_y[Y(0,0)] \mid L_1$$

对于时间点 2，条件中间因果效果可以表示为

$$E_y[Y(A_1,A_2)] \mid L_1,L_2,A_1 - E_y[Y(A_1,0)] \mid L_1,L_2,A_1$$

那么，基于简单的数学运算，我们可以在公式（12-1）的基础上同时增加和减少 $E_y[Y(0,0)] \mid L_1$，从而得到

$$E_y[Y(A_1,0)] \mid L_1 - E_y[Y(0,0)] \mid L_1 + E_y[Y(0,0)] \mid L_1 - E_y[Y(0,0)] \qquad (12\text{-}3)$$

同理，对于公式（12-2），同时增加和减少 $E_y[Y(A_1,0)] \mid L_1,L_2,A_1$，得到

$$E_y[Y(A_1,A_2)] \mid L_1,L_2,A_1 - E_y[Y(A_1,0)] \mid L_1,L_2,A_1$$
$$+ E_y[Y(A_1,0)] \mid L_1,L_2,A_1 - E_y[Y(A_1,0)] \mid L_1 \qquad (12\text{-}4)$$

至此，我们可以把 $E_y[Y(A_1,A_2)]$ 如下分解：

$$
\begin{aligned}
E_y[Y(A_1,A_2)] = \quad & E_y[Y(0,0)] & \to \beta_0 \\
+ & E_y[Y(A_1,A_2)] \mid L_1,L_2,A_1 - E_y[Y(A_1,0)] \mid L_1,L_2,A_1 \\
& & \to \mu_2 \\
+ & E_y[Y(A_1,0)] \mid L_1,L_2,A_1 - E_y[Y(A_1,0)] \mid L_1 \\
& & \to \varepsilon_2 \\
+ & E_y[Y(A_1,0)] \mid L_1 - E_y[Y(0,0)] \mid L_1 & \to \mu_1 \\
+ & E_y[Y(0,0)] \mid L_1 - E_y[Y(0,0)] & \to \varepsilon_1
\end{aligned}
$$

其中，最右边的符号指代等式右边的五项内容。β_0 代表了基线情况 $E_y[Y(0,0)]$，即当 A_1 和 A_2 都为 0 的时候的 Y 的取值。μ_2 表示因为 A_2 的变化带来的相比于时间点 1 时 Y 的变化，ε_2 则表示引入 L_2 后带来的相比于时间点 1 时 Y 的变化，μ_1 表示因为 A_1 的变化，相比于基线状态带来的 Y 的变化，ε_1 则表示引入 L_1 后带来的 Y 的变化。同样，参照标准依旧是基线标准。

基于上述的分解，可以用线性表达式来表示 μ_1 和 μ_2。例如，由于 μ_1 是 L_1 的函数，且当 A_1 取值为 0 的时候，μ_1 等于 0，将 μ_1 表示为 $A_1 \times f(L_1)$，其中 $f(L_1)$ 是 L_1 的函数。最简单的函数就是 L_1 本身，则此时 $\mu_1 = A_1 \times L_1$。更为复杂的函数可以是抛物线，例如 $f(L_1) = L_1^2 + L_1$，那么 $\mu_1 = A_1 \times (L_1^2 + L_1)$。同理，$\mu_2$ 是 L_1,A_1 和 L_2 的函数，且 A_2 等于 0 的时候，μ_2 也等于 0。那么，我们可以将 μ_2 表示为 $A_2 \times f(L_1,L_2,A_1)$。至于 ε_1 和 ε_2，我们不一定将其写成一个明确的函数表达式。这是因为我们所关心的是 μ_1 和 μ_2 如何影响 Y 的取值，换句话说，可以将上面的表达式中的 ε_1 和 ε_2 统一写成 γ。此时，模型变成了

$$E_y[Y(A_1,A_2)] = \beta_0 + \beta_1 A_1 \times f(L_1) + \beta_2 A_2 \times f(L_1,L_2,A_1) + \gamma$$

对于特定的数据，拟合的模型就是 $Y(A_1,A_2) = \beta_0 + \beta_1 A_1 \times f(L_1) + \beta_2 A_2 \times f(L_1,L_2,A_1) + \gamma + \psi$。如果 Y 是连续型变量，假定 ψ 服从均值为零，方差恒定的正态分布。此时，通过估计方程来估算 β_1 和 β_2。具体而言，计算 $Y(A_1,A_2) - \beta_1 A_1 \times f(L_1)$，这个表达式将 A_1 在时间点 1 上对于

Y 的影响去除掉了。因此,这个表达式应该和 A_1 彼此独立,即其协方差为 0,得到

$$E\{[A_1-E(A_1\mid L_1)]\times[Y(A_1,A_2)-\beta_1 A_1\times f(L_1)]\}=0$$
(12-5)

同理,可以计算 $Y(A_1,A_2)-\beta_1 A_1\times f(L_1)-\beta_2 A_2\times f(L_1,L_2,A_1)$,这个表达式应该和 A_2 独立,因此,

$$E\{[A_2-E(A_2\mid L_1,L_2,A_1)]\times[Y(A_1,A_2)$$
$$-\beta_1 A_1\times f(L_1)-\beta_2 A_2\times f(L_1,L_2,A_1)]\}=0 \quad (12\text{-}6)$$

至此,β_1 和 β_2 的取值应该同时满足等式(12-5)和等式(12-6),从而可以估计出其取值。

另外一种系数估计方法则要求我们明确地写出 ε_1 和 ε_2 的表达式。具体而言,ε_1 代表 L_1 对于 Y 的取值的影响。因此,最简单的一个表示方法就是 $\varepsilon_1=L_1$。对于 ε_2,它所要表达的意思是在时间点 2 时,因为引入 L_2 所带来的相比于时间点 1 时 Y 的新变化。换句话说,在时间点 2 上引入的 L_2,是要剥离 L_1 和 A_1 的影响之外的新的影响力。此时,一个最直观地对 ε_2 的表示是 L_2 在考虑过 L_1,A_1 之后的残差。具体而言,我们可以用 L_1 和 A_1 去拟合 L_2 的值,然后计算残差 $L_{2\text{res}}$。此时,ε_2 可以设定为 $L_{2\text{res}}$。值得说明的是,在每一个对 μ_1 和 μ_2 以及 ε_1 和 ε_2 的表达式中,都可以引入基线的一些变量,或者中间随时间变化的一些变量。尤其是,将这些变量和相应的 μ_1 和 μ_2 进行交互,就能够得到这些变量对于时间点 1 和时间点 2 的处理效果的调节(moderation)效应了。

附录 1

主观变量解释主观变量：方法论辨析[①]

摘要：社会学经验研究经常会需要处理诸如态度、感受以及偏好这样的主观变量，而对特定主观变量的理解无论从理论上还是方法上往往会涉及另外一个主观变量。尽管如此，在具体的研究实践中，社会学者们往往对"主观解释主观"的分析进路持有相当程度的保留态度，从而尽可能地采用客观变量来解释主观变量，或者探究主观变量对于客观变量的影响。"主观解释主观"的分析进路究竟有什么方法论上的"缺陷"？更为重要的是，采用什么手段可以尽可能避免这些"缺陷"以拓宽研究者的经验解释能力？这些问题目前为止尚缺乏系统的研究。在此背景下，本文考察了"主观解释主观"的分析进路所存在的混淆偏误问题，并从理论论辩、变量测量以及数据分析三个方面讨论了一系列的应对策略。针对每一个应对策略，本文展示了经验实例，并对该策略的优缺点和适用情况进行了剖析和对比。此外，本文也具体分析了诸如因果关系方向、判断混淆偏误的敏感性检验以及测量误差等未尽议题。通过这些讨论，本文希望增强社会学解释路径的多样性，促进社会学与其他学科（例如心理学、政治学等）的交流与互鉴。

关键词：主观变量；心理机制；混淆效应；固定效应

[①] 本文发表于《社会》2019 年第 3 期。

一、引　言

社会学经验研究往往围绕着特定变量之间的关系展开（Blumer，1956）[①]。在这些变量中，有一些直接反映个体的主观特性，故而可称其为主观变量。与之相比，另外一些变量所反映的是个体的客观特征，故而可将其称为客观变量。常见的主观变量包括幸福感、信任水平、公平感、选择偏好等；常见的客观变量包括性别、年龄、教育水平、身高、体重等。从本质上讲，主观变量与个体的心理特质有关，而客观变量则与个体的物理特性有关[②]。在已有的社会学研究中，学者们会利用客观变量来解释主观变量（比如，在探索斯特林悖论时，分析收入水平如何影响幸福感，参见李路路、石磊，2017），或者考察特定主观变量对于客观社会环境的影响（比如，对于社会资源分配方式的偏好会影响社会福利政策的制定与效果，参见郑功成，2009）。除了这些主观变量-客观变量的搭配，一项研究的自变量和响应变量也有可能都是主观变量。但是对于这类"主观解释主观"的研究，社会学经验研究者们往往会对相应的分析结果持有相当程度的保留与怀疑（例如，Dallinger，2010；Janmaat，2013）。一个常见的质疑是，由于二者均为主观变量，它们都有可能和个体的某种潜在的心理特质相关联。这种共同的关联性决定了主观变量之间的关系很有可能是虚假的[③]。采用经济学的术语，两个主观变量的关系是内生（endogenous）的。由于这种质疑，相较于主观-客观的变量组合，社会学的文献中很少见到利用主观变量解释主观变量的研究。这在一些特别注重客观变量的分支方向中更是如此（例如社会分层与流动、人口社会学等）。

在此背景下，一个很重要的方法论问题是，社会学经验研究是否应当

[①] 探索操作化的变量之间的关联多见于量化研究，但质性研究中也会经常考察概念之间的关联，其中不乏主观概念。鉴于此，本文的研究结论对于质性研究中对主观概念之间关系的考察也具有启示价值。例如，在访谈资料中，同一个体所表述的多种主观变量的彼此关联有可能源自个体自身的特异性，从而带来潜在的混淆性误差。

[②] 这里所说的物理特性是一个比较宽泛的概念，其中也包括个体通过与社会环境互动所形成的特性。这些特性并不直接取决于个体的心理倾向。

[③] 这里的混淆因素是由于共同的潜在心理特质产生的，对于这类问题的讨论是本研究的重点。主观解释主观的分析进路的另外一个问题在于主观变量有可能有测量误差（measurement error）。处理测量误差的方法可以和本文介绍的方法结合起来使用，具体参见文末的讨论。

摒弃"主观解释主观"的分析进路呢？对于这一问题,笔者认为答案应当是否定的。具体有两个方面的理由。从宏观社会环境来看,伴随着中国社会过去几十年的快速物质增长,人们日渐注重主观精神层面上的需求。因此,越来越多具有社会学理论价值的变量也逐渐转向主观(例如,对于资源分配的偏好、收入公平感等)。因此,对主观变量的细致考察(包括利用其他主观变量来进行社会学经验分析)应当是当下中国社会学研究很重要的一个研究方向。从学理逻辑上来看,单纯利用客观变量来解释人们的主观感受有其局限性。很多客观变量看似具有解释力,有可能恰恰是因为有其他主观变量在其中发挥作用。比如,客观的社会不平等程度通常被认为是降低个人对他人信任水平的一个重要的客观变量(Bjørnskov,2008;Uslaner,2002)。但是,一个社会的不平等状况之所以能够影响个体对他人的信任水平,很重要的前提条件是,个体建立起对社会不平等状况的某种认知和评价,基于这些认知和评价,人们进而对社会成员是否可信作出判断(Chambers、Swan、Heesacker,2014;Cruces、Perez-Truglia、Tetaz,2013;Norton、Ariely,2011)。在这个例子中,个体对社会不平等状况的主观评价起到了连接客观社会不平等状况和对他人的信任程度的作用。正由于主观变量的"中介",面对同样的"客观"社会不平等状况(例如同样的社会环境)时,人们完全可能产生截然不同的主观感受(例如,有的认为社会不平等水平已经很严重,需要进行干预;有的认为社会不平等水平还不足,以至于难以鼓励人们努力工作),这些主观认知与感受的异质性带来了不同的信任评判(Hu,2017)。从这个例子可以看出,纯粹基于客观变量去解释主观状况而忽视其中潜在的主观-主观关联只是描述了整个因果链条的一部分,因此并不完整。研究者唯有引入个体的主观不公平感,才能够更为全面地理解个体主观信任水平的影响因素。与这个例子类似的社会学研究主题可谓比比皆是。比如,个体的婚姻择偶倾向如何影响个体的婚姻满意度(Hu、Qian,2015)？对于社会资源分配公平的价值评判如何影响个体对于弱势群体(如老年人)的态度(Hu、Chen,2019)？对于传统文化观念的接纳如何影响人们对于政府的信任(Shi,2001)？诸如此类,不胜枚举。从这些例子可以看出,利用主观变量来解释主观变量理应是一个重要的社会学经验分析进路,具有其自身的理论和现实价值,不应贸然放弃。

综上所述,我们有必要系统审视"主观解释主观"思路的基本方法论问题。更为重要的是,进一步辨析如何在实践和操作层面尽可能地应对这些方法论问题,以保证主观变量之间的关联能够代表某种非虚假性的、具有实质意义的关系。这正是本文的目标所在。本文从社会科学方法论的角度,对主观变量的内涵进行解读,以此为基础展示"主观解释主观"的分析进路所可能存在的混淆偏误困境。之后,本文进一步从理论论辩、变量测量和数据分析三个角度讨论了如何在实践层面上应对混淆偏误。最后,本文讨论了因果关系方向、判断混淆偏误的敏感性分析以及测量误差问题三个未尽的研究议题。考虑到采用主观变量解释主观变量在其他社会科学学科(例如心理学、政治学)中颇为常见,笔者也希望通过本文的澄清和讨论,进一步促进社会学和其他学科的交流和互鉴。

二、问题的提出

在分析"主观解释主观"路径的方法论困境之前,有必要讨论什么变量可以称得上主观变量。这里,我们暂时将哲学上对于主客观区分的思辨放下,转从社会科学经验研究的角度,讨论社会学研究中常见的主观变量所具有的共同特征:

第一,主观变量,顾名思义,涉及的通常是被研究对象"自评"或者"自报"的信息。或者说,主观变量考察的是个体自己提供的评判性信息,而不是客观行动或者环境指标。比如,自评健康看的是自己感觉是否健康,而客观健康则是涉及血压、病史等外在物理性指标。第二,主观变量的取值取决于个体价值观念和外在环境的互动。由于人是社会性的动物,完全脱离于社会环境的主观判断是很少见的(Baumeister,2005)。但是,主观变量之所以被称为主观变量,恰恰是因为这些变量的取值具有相当强的主观成分。比如,收入公平感的构建虽然不能完全脱离个体的实际收入,但判断收入公平与否很大程度上取决于个体判断收入合理性的参照对象,后者无疑具有比较强的主观性。第三,主观变量值得研究,在于其具有一定的社会意义。换句话说,主观变量虽然取值上有主观判断的成分,但其变动的模式不是个体化的,而是体现出某种社会性的模式,否则对主观变量的考察会缺乏社会学的学理价值。例如,我们对于择偶偏好感兴趣,是因为不同的历史时期或者不同群组的人们在择偶偏好上具有某种模式化特征(例如,从偏好在政府部门工作的对象转向偏好高学历的对象)(Han,2010;Hu、Qian,2016)。但是,社会学者一般不会去研究个体喜欢苹果还是橘子,因为这个问题的个体异质性非常大,缺乏社会意义上的模式性发现[①]。最后,和客观变量相比,主观变量的测量层次相对较低,以定序或者定距居多。由于缺乏连续型变量那种具有实际意义的零值,主观变量的研究往往重在对比,看的是相对大小,以此展现出特定变量取值的实际意义。例如,某人某天的生活满意度取值为"比较满意",这一发现本身没有太多意义。只有将其和同一个体前一天的满意度取值相比,或者和其他同辈个体的平均满意度对比,我们才能了解所谓"比较满意"背后的实质意义。

基于主观变量的这四个特征,一些学者会认为,如果自变量和响应变量都是主观变量,它们之间的关联有可能因为混淆偏误(confounding bias)而呈现出虚假状态(Dallinger,2010;Janmaat,2013)。这里的混淆偏误不是传统意义上因为遗漏了某些外在变量(例如,在分析大学教育的经济回报时,没有考虑户籍变量)而造成的选择性误差,而是因为自变量和响应变量具有共同的潜在心理特质基础。换句话说,自变量和响应变量都是主观"自报"的。那么,一个合理的怀疑是,该个体的某些独特心理特质有可能同时决定了两个主观变量的取值大小,从而带来混淆偏误。从某种意义上讲,这种怀疑也比较符合我们的常识经验。例如,某些人性格多疑(心理特质),更容易倾向不信任他人(自变量),同时由于这种多疑的性格,该个体也不太容易满足现有的生活状态,因而具有较低的生活满意度(响应变量)。此时,将很多个体聚合在一起,我们会发现,对他人的信任与生活满意度之间会呈现出某种正向的关联(即变动方向一致)。但是这种正向关联缺乏实质性基础,它们之所以"显得"有关联,是由于它们共同被个体的多疑性格这一心理特质所决定,故而信任度和幸福感之间的

[①] 当然,如果能够证明具有特定人口学特征的人群喜欢苹果,而有其他特征的人群偏向橘子,也是具有实际价值的。

图 1 主观解释主观过程中的虚假相关问题

关联有可能是虚假的。这种混淆偏误可以用图 1 表示。

在图 1 中,由于潜在的心理特质共同影响自变量和响应变量这两个主观变量,我们所观测到的自变量对响应变量的影响就有可能是虚假相关。需要再次强调的是,这是一种非常特殊的混淆偏误。其涉及的不是传统意义上变量的遗漏、测量谬误或者被研究个体的主观选择,而是涉及被观测对象本身内在的某种特质。换句话说,这不是变量问题,而是被研究对象和变量之间的互动问题。

虽然混淆偏误的确是"主观解释主观"过程中一个非常现实的方法论困境,但这并不意味着我们应当完全摒弃这一解释社会现象的分析进路。实际上,现有研究已经积累了一些经验分析策略,以尽可能地应对和削弱混淆偏误的影响。在下面的讨论中,笔者基于现有文献,主要讨论三种应对"主观解释主观"选择偏误的策略,分别是理论论辩、变量测量和数据分析。

三、基于理论论辩的策略

基于理论论辩的策略,其核心逻辑在于,通过说理,利用逻辑的力量降低人们对于混淆偏误的怀疑。本质而言,基于理论论辩的策略在于说明,自变量和响应变量这两个主观变量是由不同的心理特质产生的。因此,它们不会受制于同一个心理特质从而产生混淆偏误。如果采用图示的方法,理论论辩方式可以用图 2 表示。

如图 2 所示,理论论辩之所以能够应对混淆偏误,是因为这一策略用理论论辩在更深的心理特质的层面上区分了自变量和响应变量。只要这两个潜在的心理特质彼此独立,那么作为它们外在表现的自变量和响应变量

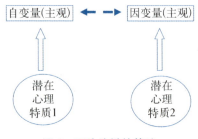

图 2 理论论辩的策略

就不会因为混淆作用而产生虚假关联。在实际操作过程中,直接从理论上论断自变量和响应变量来自不同的心理特质往往有很大的难度。因此,研究者们往往"退而求其次",采用一些妥协的分析策略。比如,如果能够证明两个主观变量之间具有不同的变化难易程度,或者二者反映了不同层次的观念或者价值,那么我们就能够近似认为,两个主观变量不是因为同样的心理机制发展出来的。这种分析思路本质上是一种"反证"的论辩策略。其基本假设是,如果自变量和响应变量都是由同一个心理特质产生,那么它们应当具有相似的基本特性(例如,面对社会环境变化时具有类似的敏感度和变化属性)。那么,如果它们的基本特性不同,我们便倒推回去,认为二者产生于不同的心理特质。

这里可以通过一个具体实例来说明如何通过理论论辩的方式应对"主观解释主观"过程中的混淆偏误。众所周知,与其他国家的居民相比,我国居民对于中央政府具有很高的信任度。针对这一特征,制度性的解释路径往往强调政府的绩效表现、宣传手段等因素的作用。但是政治学家史天健(2001)则从文化的角度来思考这个问题。具体来讲,史天健将这种对中央政府的高信任归因于中国人对传统权威文化的认同与接受。很明显,这里的自变量(对权威文化的接受)和响应变量(对中央政府的信任)都是主观变量,因此从文化的角度来解释政府信任势必面临着上文所说的"主观解释主观"的混淆偏误。史天健本人也意识到了这一点,因此他论述道"当我们用文化作为自变量来解释人们的行为时,各种心理取向之间的概念区分可能并非必要。但是如果我们想探索人们为什么对某些政治对象采取不同态度,概念上的区别就变得至关重要"[史天健,2001:402(作者译)]。那么,史天健是如何进行"概念上的区别"的呢?这里我们可以直接引用史天健的讨论:

"在政治文化研究中,价值观与态度应该在概念上加以区分。首先,他们具有不同的心理倾向,执行不同的功能。价值观和规范是内部标准,规定了行为者的正确行为,但态度指的是对特定对象的评价或确认。其次,这些概念的来源和形成过程是不同的。价值观和规范是通过早期社会化获得的,但态度是由一生中早期获得的价值观和规范与政治和/或社会行为者的行为之间的相互作用形成的。例如,一个人应该尊重他或她的父亲的规范是通过早期社会化获得的。一个人对他或她父亲的态度是由这种规范与父亲的实际行为相互作用而形成的。最重要的是,机会结构对这些概念的影响也不尽相同。由于态度部分受到外部刺激的影响,制度变化带来的机会结构转变很容易改变这种取向。然而,早期社会化形成的价值观和规范在相同的情况下可能保持稳定"[史天健,2001:402(作者译)]。

可见,史天健将对传统文化的遵从定义为某种价值观,而将对政府的信任程度定义为某种态度。基于此种定义,它们之间的关系之所以不是虚假的,是因为价值观和态度代表了不同的心理特质,二者不可混为一谈。具体表现在,价值观是一种更加稳定的心理特质,而态度则是更加易变的心理特质。此外,对传统价值的接纳代表了某种集体性价值,而对中央政府的信任则是更加个体化的倾向。因此,在这项研究中,史天健综合运用了理论论辩的分析策略,试图说明,对传统权威文化的遵从与对政府的信任之间具有某种实质性的关联。

虽然采用理论论辩的方法来处理混淆偏误不需要额外的经验性辅助信息,但这一策略也有自己的局限性。最直接的一点,由于我们并未直接对数据采取任何操作,也不能够直接给读者提供任何"客观"证据,这一应对策略成功与否基本上取决于研究者的理论论辩是否能够"说服"或者"打动"读者。一方面,这要求研究者具有比较高的理论功底,另一方面,这也引入了某种主观性和随意性。正因为如此,除非研究者有充分的理论依据,否则理论论辩的应对策略并不具有广泛的适用性。

还需要指出的一点是,从经验分析的角度来看,上面介绍的间接"反证"法无论是依据不同的变化程度还是依据不同的分析层次,都不能够完全消除潜在心理特质的混淆性影响。

就变量差异性变化速率而言,我们完全可以想象如图3(a)这样的分析情境:自变量相比于响应变量变化更为缓慢,有可能是因为有另外一个心理特质在发挥作用。例如,潜在心理特质2抵消了一部分潜在心理特质1对自变量的影响,从而让自变量和响应变量具有不同的变化速率。但显然,此时来源于潜在心理特质1的混淆偏误依旧存在。之所以潜在心理特质对自变量和响应变量的影响力度有所差异,起作用的无非是某个我们没有考虑到的其他心理特质而已。此时，我们自然不能基于自变量和响应变量具有不同的变化速率来论证不存在混淆偏误。遗憾的是，面对主观自变量和主观响应变量，我们通常难以穷尽所有潜在的相关心理特质。因此，图3(a)所描述的多混淆心理特质的情境是很容易出现的，这无疑会质疑理论论辩的策略。

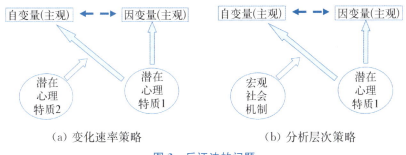

(a) 变化速率策略　　　　　(b) 分析层次策略

图3　反证法的问题

就分析层次差异性而言，虽然我们可以论证自变量和响应变量有可能来源于不同层次的社会因素。但是我们的分析资料都是在个体层次上收集到的。从这个角度来讲，无论原始概念是否来源于不同的分析层次，最终在经验层面上，所有层次的概念还是落实到个人层次上。因此，只要我们分析的对象都是个体层面上体现和测量出来的，潜在的心理特质混淆机制就不可能完全消除①。如果自变量和响应变量在分析层次具有差异，我们只能说，更多受宏观机制影响的主观变量有可能更少受到潜在心理特质的影响。换句话说，与宏观社会环境更加密切的联系有可能"挤压"潜在个体心理特质的作用，但是这种挤压作用不足以说明混淆偏误不复存在。这实际上又回到如图3(a)所描述的情境，只是这里起到"挤压"作用的不是另外一个潜在的心理特质，而是宏观的社会机制，如图3(b)所示。

与理论论辩不同，下面要介绍的两个应对策略强调了对变量和数据的处理，其中一个侧重于对未知潜在心理特质的直接测量，另一个则强调数据收集后的统计处理。

---

① 感谢匿名评审提出的这一观点。

四、基于变量测量的策略

由于"主观解释主观"的分析进路中最主要的方法论局限是存在潜在的心理特质来混淆自变量与响应变量之间的关系,那么从变量测量和统计控制的角度来说,一个最为直观的解决办法便是直接测量出这一心理特质,然后将测量变量进行控制处理(Rosenbaum,2002)。当然,这里处理的方式有很多,例如作为回归模型的控制变量,或者将其作为主轴进行细分(sub-classification)①。然而,心理特质的测量不是一件容易的事情,由于其复杂性和多维度性,研究者有可能需要采用量表或者多次重复测试的手段来多角度衡量潜在的心理因素,然后利用降维技术(例如主成分分析)将其综合为一个可以直接使用的个体层次上的变量(Hu,2018)。这一应对策略可以用图 4 表示。其中,针对潜在的心理特质,我们采用多个测量(测量 1 到测量 n),然后利用降维的分析手段,将它们汇总为一个可以控制起来的变量。由此,自变量和响应变量的净相关关系(net correlation)便能够估计出来了②。

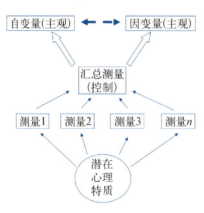

图 4　基于测量的应对策略

我们还是用一个经验实例来展示这一应对策略。大量的经验研究发现,个体对于社会一般成员的信任(即一般信任)会影响到其对于政府的信任水平(Newton,2001;Putnam,1993、2001)。但是,由于一般信任和政府信任都是个体对于特定对象的"自报"信任水平,它们都属于我们这里谈到的主观变量。那么混淆偏误会让我们怀疑,一般信任和政府信任之所以相关,是否是因为他们都源于个体的一种基本心理倾向,比如,这个人本身就是一个"倾向于信任"或者"倾向于不信任"的人?换句话说,

---

① 一个替代方案是用心理特质测量来预测自变量和响应变量,然后观察残差之间的关系。
② 所谓净相关,是指在控制了汇总的心理特质测量后,两个主观变量之间的相关关系。

因为某种倾向于信任（或者不信任）的心理特质，被研究对象有可能同时更加信任社会上的人，也更加信任政府，从而带来两种信任之间的"虚假"相关。

基于变量测量的策略，我们可以用针对其他对象的信任题器来测量潜在的信任心理倾向。这样做的依据在于，既然信任倾向作为一种潜在的、更深层次的心理因素影响各种不同类型的信任，我们便能够利用针对其他分析对象的信任来间接把握个体的信任倾向。故而，如果能够从针对其他对象的信任题器中抽离出信任心理倾向的测量，我们便能够控制这一心理倾向，进而考察一般信任和政府信任之间的真实（净）相关关系。采用中国综合社会调查 2010 年的数据，笔者采用对以下对象的信任题器来测量信任倾向：亲戚、朋友、同事、领导干部、生意人、同学和老乡（答案选项为 1～5 的李克特量表）。通过主成分的因子分析抽离并产生基本信任心理倾向的得分，我们得到如表 1 所示的分析结果。

表 1　因子分析结果（主成分法）

	因子载荷
亲戚	0.625
朋友	0.762
同事	0.802
领导干部	0.659
生意人	0.568
同学	0.718
老乡	0.732
Cronbach's Alpha	0.814
方差解释比例	0.489
N	10 956

利用表 1 的结果，我们针对每一个被研究对象估计了其信任心理倾向的得分（即因子得分）。之后，我们拟合了两个模型，一个模型是用一般信任以及一系列的控制变量来预测政府信任，另一个模型是在前一个模型的基础上加上基于因子分析产生的信任心理倾向变量。在这两个模型中，控制变量包括性别（1＝女；0＝男）、年龄、教育水平（1＝未受过正式教

育;2=小学;3=初中;4=高中;5=专科;6=本科及以上)、城乡(1=城市;0=农村)和个体年收入(做 log 变换)①。我们感兴趣的是在增加了信任心理倾向后,一般信任的系数如何变化。为了进行系数对比,我们没有拟合次序 logistic 回归,而是采用了普通最小二乘模型(Wooldridge,2010)。两个模型的系数变化如图 5 所示。在控制了信任倾向后,一般信任虽然依然能够和政府信任水平之间产生显著的正向关联,但是系数已经从 0.214 下降到 0.149。进一步的检验表明,这一下降是在 0.001 的水平上统计显著的②。由此可见,一般信任对于政府信任的影响的确有一部分来自个体的内在信任心理倾向。但是,将这一信任心理倾向控制起来以后,一般信任和政府信任之间依旧存在显著关联,这种"净"关联应当具有理论上的现实意义。也就是说,相比于没有控制因子得分的模型,控制了信任心理倾向后的一般信任-政府信任的关联更加不受制于潜在的混淆偏误,从而更能代表某种真实的关联。

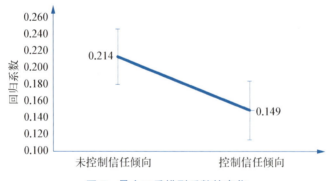

图 5　最小二乘模型系数的变化

注：图中标识了 95% 置信区间

针对变量测量的应对策略,有以下几点需要注意。第一,在获取针对个体心理特质的经验测量以后,研究者可以通过多种手段进行控制。在上面的例子中,通过因子分析产生的是一个连续型的因子得分,因此直接

---

① 这些控制变量仅仅是基本的社会学-人口学特征,因此模型相对简单,分析结果仅仅作为经验展示使用。

② 在补充分析中,我们还进行了 KHB(Karlson-Holm-Breen)检验(Karlson、Holm、Breen,2012),结果也是显著的。但是,我们不认为基本的信任倾向是一般信任和政府信任之间的中介因素。相反,我们认为潜在的信任心理倾向是一种混淆变量。

作为控制变量置入模型。但是研究者也可以利用潜类别（latent class）模型产生分类变量来衡量心理特质的多个类别。此分类潜变量可以作为控制变量纳入模型，也可以针对不同的类别进行类别内分析，然后汇总（Cochran，1968）。第二，对于潜在心理机制的直接测量需要研究者非常清楚究竟是哪一个或者哪几个心理机制造成了混淆偏误，由此才可以进一步构建它们的测量指标。无疑，这要求研究人员有比较强的理论功底，尤其是充分掌握心理学领域的相关知识，以识别不同的混淆心理特质。第三，与第二点相关，如果存在多个潜在的混淆心理机制，那么我们需要进行多元控制。例如，在模型中除了主效应之外，会有可能有不同心理特质之间的交互效用，甚至主效应的高阶效用。此时模型形式可能具有不确定性（胡安宁，2016）。

五、基于数据分析的策略

通过某种手段直接测量出潜在的心理特质固然是一个非常简单、直观的策略，但在实际的研究情景中，很多时候恰恰缺乏明确的理论或者操作经验来告诉我们造成混淆偏误的心理特质究竟是什么，更不用说如何对其进行有效度和信度的经验测量。此时，一个替代性方案是寻找潜在心理特质的代理（proxy）变量并控制之。由于心理特质反映的是个体的内在特征，一个很自然的代理变量是个人在数据中的个人固定效应（例如数据中的 ID 变量）（Allison，2009）。换句话说，在调查数据中，个体全部信息的唯一代表就是个人固定效应，如果把它控制起来，自然那些看得到、看不到的心理特质都被间接控制起来了。这一思路如图 6(a) 所示。

但是，在一般的截面数据中，简单的个人固定效应控制并不能够解决混淆偏误。原因在于，个人固定效应同时也决定了自变量和响应变量的取值。当我们控制了个人固定效应之后，自变量和响应变量的取值也就被固定了。此时它们不再是"变"量，我们自然也就无法估计出二者之间的关系。一个可能的解决方案是分析历时性的数据，即允许针对特定的个人固定效应，估计自变量和响应变量随时间而变化的取值及其相互关系。此时，即使仅针对某个特定的个体，我们也就能够看出主观变量之间

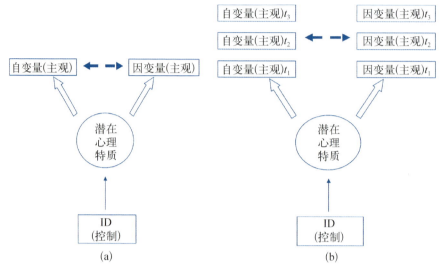

图6 基于数据分析的应对策略(固定效应)

的关联。这个思路具体参见图6(b)。在图6(b)中,我们控制个体的个人固定效应,同时考察自变量与响应变量随时间变化的趋势是否体现出某种模式化的关联。如果存在,那么这种关联便是在控制了个人固定效应的情况下发现的。而由于个人固定效应是个体心理特质的代理变量,这种自变量-响应变量之间的关联也就代表了控制潜在心理特质后得到的净相关,从而在一定程度上克服了混淆偏误。

我们还是以经验数据来举例。假设我们感兴趣的问题是个体对于社会整体状况的满意度如何影响个体生活的满意度。由于固定效应需要历时性数据的支撑,我们采用的是首都大学生成长追踪调查的资料。这个调查的优点在于在北京不同类型的大学中抽样出大学生样本,并连续追踪5年。具体的抽样方案可以参阅 Hu、Wu(2017),吴晓刚(2016),许多多(2017),以及贺光烨(2018)等人的研究。在首都大学生成长追踪调查中,每一年的调查都会问及被调查对象的生活满意度和对于社会整体状况的满意度。显然,这两个变量都是主观变量。如上文所述,如果仅仅关注某一个截面的数据(例如某一年的调查资料),控制了个体的个人固定效应也就同时控制了两个变量的取值,这让后续的分析无法进行。但是分析五年的历时性数据的话,个体的生活满意度就有五个时期的变动趋势。同理,对于社会整体状况的满意度也有五个时期的变动趋势。这样的研究设计下,研究者就可以分析针对某一个个体(如个体甲),其生活满意度如何随着对社会整体状况的满意度变化而变化,从而在控制个人固定效应的前提下看两种满意度之间的关联。

这里我们拟合两个最小二乘模型。一个模型称为一般模型,将不同年份的资料看作一个整体,用对社会整体状况的满意度去预测个体生活满意度。另一个模型称为固定效应模型,是在一般模型之上加上个体个人固定效应的哑变量[①]。与上面的经验例证一样,我们拟合最小二乘模型是为了保证系数的可比性。分析结果参见表 2。对比两个模型可以发现,对社会整体状况满意度的解释力从 0.265 下降到 0.176,且这种下降是统计显著的。这说明,个人固定效应背后代表的一系列个体特质的确混淆了两种满意度之间的关联,因此有必要将其控制起来。

表 2　固定效应模型结果

	一般模型		固定效应模型	
对社会整体状况的满意度	0.265	(0.005)***	0.176	(0.006)***
截距	62.841	(0.400)***	69.129	(0.415)***
个体效应方差占总方差的比重	—		0.496	
R2	0.106		0.106	
样本量(人年)	19 741		19 741	

注:***表示 $p<0.001$(两端检验)。

通过固定效应的策略来应对"主观解释主观"过程中的混淆偏误,有以下几点需要特别说明。第一,个人固定效应之所以能够作为潜在心理特质的代理变量,一个核心的假设是,这个心理特质不会随着时间变化而

[①] 在固定效应模型中,由于控制了个人固定效应,个体的其他特征变量(例如性别、年龄、籍贯等)没有必要进行控制。为了与固定效应模型对比,我们在一般模型中也没有纳入控制变量。当然,在一般模型中如果加入其他控制变量,相应的回归系数应当会有所减小。但是控制变量仅仅包含那些能够直接观测的变量,因此相比于固定效应有其局限。在补充分析中,我们控制了学校类型(1=211 高校;0=其他)、党员身份(1=是;0=否)、性别(1=女;0=男),父亲教育年限,母亲教育年限以及大学入学前家庭收入之后,对社会整体状况满意度变量的回归系数为 0.243(标准误为 0.014,$p<0.001$)。与固定效应模型下的系数相比(0.176),0.243 的系数值显著偏大。这说明,潜在的无法直接观测到的心理特质对于自变量和响应变量的混淆效应还是比较强的,因此有必要控制个人固定效应。

变化。换句话说,如果心理特质是历时性变化的,其便不能够用个人固定效应来代表。此时采用固定个人固定效应的办法仅能够处理那些心理特质比较稳定的情形。当然,我们一般会认为,这一条件在大多数情况下是能够满足的。例如,在经验分析的时候通常假设那些深藏于个体内心的特质具有一个稳定的数值,至少不会在短短数年之内发生巨大的变化。第二,用个人固定效应作为代理变量,其代理的因素是那些没有直接观察到的个体特征。其优点在于,研究者不需要像上述变量测量策略中那样明确指出潜在的心理特质究竟是什么,因此固定效应的分析对研究者的理论要求不是很高。此外,个人固定效应可以代表多个潜在的混淆心理因素,这与基于变量测量的策略相比,也是一个很大的优势,即固定效应模型可以间接控制可能存在的多个混淆心理特质。第三,基于个人固定效应的分析之所以能够帮助应对混淆偏误,在于自变量和响应变量都是由个人固定效应以及个人固定效应背后的心理特质发出的,即因果关系的箭头方向是从个体固定效应分别到自变量和响应变量。但是如果这种因果关系的方向反过来,即个体的个人固定效应是由自变量或者响应变量来"定义"的,那么我们就不能够利用固定效应模型来处理混淆问题,否则会出现对撞性误差(collider bias)(Elwert、Winship,2014)。在有向无环图(directed acyclical graph)中,当两个变量 A 和 B 同时作用于第三个变量 C 时,C 被称为对撞变量(collider)。如果研究者控制了 C,那么前置的两个变量 A 和 B 就会形成虚假关联。在固定效应模型中,如果作为自变量和响应变量的主观变量非常特殊,它们共同定义了一个个体的特征的话,那么个人固定效应(例如 ID)就会成为一个对撞变量,此时如果再控制个人固定效应就会出现对撞性误差。举个例子,一项调查可以设置两个主观变量问题作为过滤问题。个体一定要满足一定的回答要求(例如都是正面回答)才会接受进一步调查。此时如果我们控制个人固定效应的话,两个过滤问题会呈现出虚假相关性,即产生所谓的对撞性误差。

六、三种应对策略的总结

基于上面的分析,我们可以将三种应对策略放在一起进行对比。相关的结果列于表3。在表3中,我们从论证难度、资料要求和实践难度三个角度进行总结。

表 3　不同分析策略的对比

	理论论辩	变量测量	数据分析
论证难度	+++ 理论资料和论辩技巧要求高;重在"说服"读者,无经验支撑,需克服主观随意性	+++ 需要精细的心理学理论以确定特定的混淆心理特质	+ 通常不需要额外的理论论证
资料要求	+ 不需要额外的经验资料	+++ 需要在设计阶段对潜在心理特质进行有效测量	+++ 历时性资料
实践难度	+ 无须数据操作;可以处理多个心理特质的混淆偏误	+++ 常规软件可操作,实用性强;难以处理多个心理特质的混淆偏误	+ 常规软件可操作,实用性强;可以处理多个心理特质的混淆偏误

在论证难度上,采取理论论辩的应对策略重在"说服"读者,因此论证难度很高,需要研究者很好地掌握相关理论资料。同时,如何在论辩的同时克服研究者的主观随意性也是论证过程中需要特别注意的问题。变量测量的策略同样面临比较大的论证难度,这主要是由于研究者需要相关的心理学理论,识别出起混淆效果的那些心理特质究竟是什么,这对于理论的精细度提出了很高的要求。与前面两个应对策略相比,数据分析的策略通常不需要额外的理论阐述,因此就论证而言,难度不是很高。

在数据资料的要求上,理论论辩不需要任何额外的资料,因此难度最低。相比而言,变量的测量需要在设计阶段就明确对相关的心理特质进行测量,这通常涉及心理量表的使用或者重复测量。而采用固定效应的分析则通常要求跟踪性的历时数据,其收集难度较传统的截面数据更高。

就操作实践而言,理论论辩重在说理,因此,只要相关的论述具有说服力,无须经验性的操作,同时论辩过程可以以理论来处理多个混淆性心理特质的情况。实践难度比较大的是变量测量的策略。虽然从分析过程上讲,常规的软件均可以操作,但是以测量为基础的应对策略难以处理多个心理特质并存的情况。相比较而言,这一局限并不会在基于个体固定效应的数据分析策略中出现。固定效应也是比较成熟的统计技术,常规软件亦完全可以处理。

综上所述,本文所列举的三种应对"主观解释主观"混淆偏误的策略各有优缺点。整体而言,变量测量的策略无论是在论证、资料还是实践层面上都是三个策略中难度最大的。与之相比,理论论辩的策略难在理论论证的完备,而数据分析难在收集历时性数据。如果仅对比后面这两种方法,笔者认为,数据分析的策略更优。首先,正如布鲁斯·威斯顿(Bruce Western,1996)所言,社会学理论往往偏于宏大,通常难以直接对经验分析过程提供非常具体的指向性信息。由于"主观解释主观"的问题从本质上讲还是经验层次的方法论问题,现有社会学的理论的贡献会比较受限。例如,即使是上文所列举的文化-信任关系一例中,政治学者史天健的论述也更多地付诸读者的生活经验和直观感受,而不是立足于更为严格的心理学理论以区分"价值"观究竟何以与"态度"区别开来。因此,正如上文所述,他的论述是否成立,很大程度上取决于读者是否"信服",这无疑具有很大的随意性和不确定性。

其次,经过过去十几年的发展,目前关于中国社会不同侧面均开始注重积累历时性数据资料,这为数据分析的固定效应策略提供了极大的便利。例如,本文上面讨论中所采用的首都大学生成长追踪调查就成功收集到北京数个具有代表性的大学学生从入学到工作的历时性资料。通过采用多种调查技术和手段,历年之间的数据流失率很低。与之类似的高质量历时性资料还有很多(例如中国健康与营养调查),且正不断涌现(例如,中国家庭追踪调查),这些都为进行固定效应分析提供了资料支撑。

最后,个体层次的历时性资料收集需要时间的积累,但是如果研究课题的分析单位可以提高到更高的地区层次,那么大量的官方资料可资利用(例如人口年鉴、统计年报等)。此外,自2003年便开始收集的中国综合社会调查可以基于地区或者特定的人口群体(例如特定的世代)转化为准面板资料。这些准面板数据也可以帮助研究者利用固定效应来处理"主观解释主观"过程中的混淆偏误。

七、未尽议题

在使用主观变量解释主观变量时,还有一系列未尽的议题,这些议题在本部分进行讨论。具体而言,这些未尽议题包括因果关系的方向、敏感性检验和测量误差。

第一个未尽的议题是,上述的三条应对策略都是针对潜在的混淆偏误。但除了混淆偏误之外,"主观解释主观"的分析进路还面临另外一个方法论上的难题,即因果关系的方向问题。也就是说,即使我们能够克服混淆偏误以确信两个主观变量之间的关联不是虚假的,但我们如何确定这种关联的发生方向呢?以上面所分析的大学生对社会整体状况的满意度与个体生活满意度之间的关系为例,我们的理论假设是对社会整体状况的认知影响个体生活状态。但是从另一方面来讲,个体的生活也是整体社会的一部分,如果我们假设人们对于社会整体状况的判断主要基于对自己生活状况的判断,那么因果关系的方向就会变成从个体生活满意度到对社会整体的满意度。此时,因果关系的方向变得难以确定。

本质上讲,"主观解释主观"分析的因果方向问题难以解决,很大程度上是因为研究者难以确定人们主观变量具体形成的时间点。这与诸如教育水平这样的客观变量是不同的,毕竟一个人何时上大学、何时毕业是一个很清楚的事实问题,何时发生非常明确。对于社会学研究者而言,通常会将个体主观观念的形成归因于社会化的过程,但是恰恰是因为社会化本身是一个过程,我们很难获知个体的主观观念何时"从无到有"。对于这个问题,理论上的论辩亦难以解决。尽管目前生命历程理论基本上达成共识,认为人们会在青年时期逐渐形成稳定的价值观念,但是这一共识对于"主观解释主观"的分析进路帮助有限。因为我们关注的自变量和响应变量都有可能是在青年时期形成的。因此,除非有更为精细地对时间点进行识别的理论,否则我们难以通过说理的方式来确定因果方向。

从数据测量和数据分析的角度来看,目前学界普遍使用的一个可能确定因果关系方向的方法是拟合滞后模型(lagged model),或者说动态模型(dynamic model)。所谓滞后,是指将响应变量的时序前置测量也作为控制变量放进模型,从而看自变量如何影响响应变量的阶段性取值变化(Kenney,1975),如下所示:

$$Y_{it} = \boldsymbol{X}_{it}\boldsymbol{\beta} + \gamma \boldsymbol{X}_{it-1} + \theta Y_{it-1} + \varepsilon_{it} \tag{1}$$

在这个模型中,i 代表个体,t 代表时间。对于 t 时间点的响应变量 Y_{it},我们放入了 t 时间点解释变量矩阵 $\boldsymbol{X}_{it}$ 和其系数向量 $\boldsymbol{\beta}$ 的乘积,以及 $t-1$ 时间点解释变量 $\boldsymbol{X}_{it-1}$ 和其系数 γ 的乘积。除此之外,我们还将响应变量 $t-1$ 时间点的观测值 Y_{it-1} 控制起来(其系数为 θ),ε_{it} 是随机扰动项。这个模型所要解释的,不再是 Y 的历时性变化趋势和 $\boldsymbol{X}$ 的历时性变化趋势有何共变性,而是看 $t-1$ 阶段的 $\boldsymbol{X}$ 是否解释 Y 从 $t-1$ 时间点到 t 时间点的"增量",即系数 γ 是否统计显著。如果 $t-1$ 时刻的 $\boldsymbol{X}$ 能够解释从 $t-1$ 到 t 的 Y 的变化,我们通常认为是 $\boldsymbol{X}$ 影响了 Y 而非相反。

虽然滞后模型的应用很广,但该模型的自变量和响应变量是由研究者人为设定的。即研究者将某个变量定位为自变量,因此将其置于方程右侧,而将某个变量置于方程左侧以作为响应变量。然而问题在于,这种人为的设定是否能够反映真实的变量关系呢?例如,如果我们将 $\boldsymbol{X}$ 和 Y 的位置对调,拟合以下模型:

$$\boldsymbol{X}_{it} = Y_{it}\boldsymbol{\beta}' + \gamma' Y_{it-1} + \theta' \boldsymbol{X}_{it-1} + \varepsilon'_{it} \tag{2}$$

如果 γ 和 γ' 都显著的话,我们应当如何解释 $\boldsymbol{X}$ 和 Y 之间的因果关系方向呢?为了更高的考察因果关系的方向,我们可以假设不同时间段的 $\boldsymbol{X}$ 和 Y 的真实关系如图7(a)所示。那么控制了 Y_{t-1} 后,$\boldsymbol{X}_{t-1}$ 对于 Y_t 的影响依旧存在(图7(b))。同理,控制了 $\boldsymbol{X}_{t-1}$ 也不足以消除 Y_{t-1} 对 $\boldsymbol{X}_t$ 的影响(图7(c))。此时,拟合模型(1)和模型(2),我们会发现 γ 和 γ' 都会统计显著。但是,我们无法确定究竟因果方向应该是从 $\boldsymbol{X}$ 到 Y 还是相反。此时,如果研究者仅仅拟合对应图7(b)的模型(1),然后得出结论认为因果关系的方向是从 $\boldsymbol{X}$ 到 Y,无疑是有偏差的。同理,如果仅仅拟合与图7(c)对应的模型(2),并由此认为因果关系的方向是从 Y 到 $\boldsymbol{X}$ 也是不恰当的。换句话说,无论模型(1)还是模型(2)都难以展现图7(a)这样的交互关联。

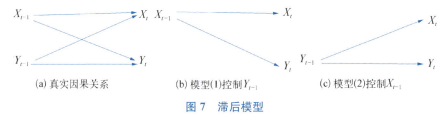

图 7 滞后模型

除了因果关系的方向之外,在处理"主观解释主观"问题的时候,第二个未尽的议题是如何确定潜在的混淆偏误对研究结论有影响。正如本文一开始所谈到的,我们质疑"主观解释主观"的分析进路是因为我们"怀疑"两个主观变量都和某个心理特质相连从而造成虚假相关。但是,这种怀疑究竟有多大程度的合理性呢?或者说,我们是否能够建立一个更加客观的标准,以此来衡量某项经验研究中潜在的选择性偏误呢?

在这方面,统计敏感性(sensitivity)检验的思路或许有一定的启示价值(Imbens,2003;Rosenbaum、Rubin,1983)。敏感性检验的思路是,研究者模拟出一个潜在的混淆变量,该变量对主观自变量和主观响应变量都产生影响。基于这种设定,研究者可以控制混淆变量对自变量和响应变量的影响强度来考察实际观测到的两个主观变量之间的关系如何变化。如果无论如何操作模拟出的混淆变量对两个主观变量的影响,自变量和响应变量的关系都不会发生大的变化,那么我们就可以认为,混淆效应不是很强。但是,如果这个模拟出的混淆变量不需要和自变量或者响应变量建立很强的关联就足以否定观测到的自变量-响应变量的关系,那么我们会认为主观变量之间的关联非常容易受到混淆因素的影响。因此,敏感性检验可以帮助我们了解两个主观变量之间的关联多大程度上受到第三个混淆变量的影响。

为了展示敏感性检验的基本原理,我们还是利用个体生活满意度与对社会整体满意度之间的关系这一例子。我们产生了一系列混淆的正态分布变量 C,这一变量的方差为 1,但是均值是个体生活满意度与社会满意度的函数,如下:

$$C = \rho \text{ 个体生活满意度} + \tau \text{ 社会整体满意度} + e$$

其中,e 服从标准正态分布。基于这种设定,C 和响应变量的关联强

度通过 ρ 来控制,而和自变量的关联强度通过 τ 来控制。之后,我们让 ρ 和 τ 各自分别取值为 0.1、0.3、0.5、0.7 和 0.9。这样 C 就有 $5\times 5=25$ 种组合。之后,我们拟合最小二乘回归,其中自变量为社会整体满意度和 C,响应变量为个体生活满意度。由于模拟出 25 个 C,我们一共拟合了 25 个回归模型。图 8 展示了这些模型社会整体满意度回归系数的直方图。可以发现,社会整体满意度的回归系数具有比较大的变异。说明不同性质 C 的引入带来了回归系数比较大的波动。由此,我们可以认为存在某种混淆偏误。

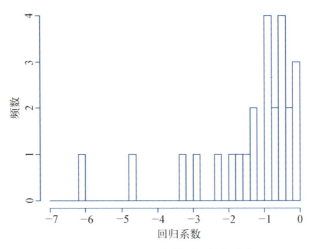

图 8　模拟数据下回归模型系数的分布

虽然敏感性检验已经是比较成熟的统计分析方法,但其作用是分析一般性混淆偏误对分析结果的影响,其对于衡量"主观解释主观"的混淆偏误问题而言并不是完美的解决方案。这是因为,敏感性检验的结果可以告知混淆偏误是否不存在,但是无法告知混淆偏误的来源。如果敏感性检验发现两个主观变量之间的关联相对于第三个变量(无论这个第三个变量究竟是什么)而言非常稳健,我们确实有理由相信潜在心理机制的混淆效果并不严重。但是,如果敏感性检验发现两个主观变量之间的关联不稳健,研究者却无法判断这种敏感性的来源:是因为潜在的心理机制在发挥混淆作用,还是非心理变量(例如地区、户籍等)在发生混淆作用,或者二者兼而有之？这些问题无法通过敏感性检验进行回答。

敏感性检验的另外一个问题在于,这套方法的本质是"无中生有",即通过人为的统计模拟来制造一个看不到的混淆因素，以此来考察研究结论的稳健性。这其中就涉及如何模拟和刻画看不到的因素的特征。虽然研究者可以尝试不同的模拟过程（例如，设定潜在的混淆变量具有不同的统计分布），但这毕竟无法穷尽各种可能，且各种统计设定并无实际经验信息支撑。正因为如此，经验研究者通常不将敏感性检验作为正式分析的前置程序，而是将它用于正式分析后的稳健性检验工具。

最后一个未尽的议题在于测量误差（measurement error）。在主观解释主观的分析过程中，除了潜在的心理机制造成的混淆偏误之外，影响因果推断的另外一个重要问题便是测量误差。测量误差是一个很宽泛的概念，有可能有不同的成因，比如测量题器对问题描述的不够准确、调查员有一些特定的特征影响被调查对象的答题过程、被调查对象有特定的回答问题偏好（如社会期待效应）等，不一而足。测量误差之所以会对因果关系产生影响，是因为在线性模型中，自变量的测量误差会让回归系数趋向于零。如果自变量和响应变量是曲线关系，则测量误差会让曲线关系趋向于直线关系。

本质上讲，测量误差是测量上的问题，而本文上面所讨论的是某种"遗漏变量"问题。因此，它们对于主观解释主观分析进路的影响是不同的，上文介绍的方法亦不能够直接处理测量误差问题。例如，测量误差有可能有时间变化性，从而和历时性的自变量和历时性的响应变量有共变。此时，个体固定效应即使被控制起来也不能够消除测量误差对于主观-主观关系的影响①。

但是，本文介绍的方法却可以和处理测量误差的方法结合起来使用。具体而言，测量误差的处理逻辑是使用没有测量误差的某个变量来代替原来的具有测量误差的变量（用 W 指代）进行分析（Bennett et al., 2017）。最理想的情况下是部分被研究个体有真实值（用 X 指代，此真实值没有测量误差）的测量②，这样研究者就能够用具有测量误差的变量 W 去预测

---

① 研究者也可以采用理论论辩的方式说明测量误差不存在。但是这需要研究者确定测量误差的具体原因（例如社会期望偏差等），同时有理论支持来说明此类原因的测量误差不存在。
② 例如，同样的被研究对象可能参与多个研究。因此，研究 B 中被演技对象的一些真实值可以用于处理研究 A 中的测量误差问题。此外，一项研究中有可能有一部分被研究对象被随机选取出来进行进一步的分析，他们的信息也可以用于处理整体的测量误差问题。

X（例如拟合回归模型 $X=\gamma_0+\gamma_1 W+e$，其中 e 服从均值为 0，方差恒定的分布），然后用模型的预测值 $\hat{X}$ 代替原有变量 W 进行分析（这种方法也叫回归校准）。如果缺少真实值的测量，我们基于经典测量误差的假设（即假设 $W=X+t$，其中 t 为均值为 0，方差恒定的误差项），也可以用其他的重复性测量进行回归校准（例如，针对同一个概念，采用了不同的题器 W_1 和 W_2。此时，我们可以拟合模型 $W_2=\theta_0+\theta_1 W_1+\rho$，其中 ρ 服从均值为 0，方差恒定的分布，然后采用 $\widehat{W_2}$ 代替原有变量 W 进行分析）。最后，如果经典的测量误差假设不成立，我们也可以使用更为复杂的测量误差处理方法（比如矩重构 [moment reconstruction] 或者多元填充 [multiple imputation]），但这些复杂的处理方法本身还是遵循了同样的逻辑，即通过统计分析建构不受测量误差影响的变量，以代替原有的受测量误差影响的变量。

显然，基于这种"变量代替"的逻辑，我们完全可以将处理测量误差的方法与本文谈到的方法结合起来，即用新生成的变量来代替原来具有测量误差的变量，然后采用变量测量和数据分析的策略来应对潜在心理特质带来的选择性偏误。当然，能够这样做的前提是有补充的信息来源帮助我们矫正测量误差（如同一变量的多个测量，或者多项研究在分析对象上的交叉）。

八、结　　语

社会学研究非常关注主观变量的社会影响，同样也注重分析个体主观倾向的决定因素。但是当我们用主观变量来解释主观变量时，学者们往往会因为顾虑到潜在心理特质的混淆效应而对分析结果产生质疑。尽管如此，方法论上的顾虑不应该成为限制社会学者研究主观变量之间关系的一道屏障。相反，考虑到"主观解释主观"的分析路径所具有的独特理论和现实意义，我们有必要严格地审视由于潜在心理特质所造成的混淆偏误，并思考通过何种手段，尽可能地消除其影响。在此背景下，本文从理论论辩、变量测量和数据分析三个角度讨论了可能的应对策略，以期对经验研究者有所启示。

此外,本文对于"主观解释主观"问题中因果关系的方向、敏感性分析和测量误差等未尽的议题进行了讨论。虽然这些未尽议题仍没有普适性的答案,但"主观解释主观"依旧不失为一个重要的社会学经验分析进路。方法论上的困难可以通过方法的改进得以克服,但是如果因为方法上的不足而放弃一整套分析问题的思路,则不啻为因小失大。这不仅会限制社会学经验研究的适用范围,还会阻碍社会学与心理学、政治学等学科的交叉与互鉴,这在学科融合日益深入的今天,无疑是不足取的。

参考文献

1. 贺光烨.专业选择与初职获得的性别差异:基于"首都大学生成长追踪调查"的发现[J].社会.2018(2):214-241.
2. 胡安宁.统计模型的"不确定性"问题与倾向值方法[J].社会.2016(1):186-210.
3. 李路路,石磊.经济增长与幸福感——解析伊斯特林悖论的形成机制[J].社会学研究.2017(3):95-120.
4. 吴晓刚.中国当代的高等教育、精英形成与社会分层[J].社会.2016(3):1-31.
5. 许多多.大学如何改变寒门学子命运:家庭贫困,非认知能力和初职收入[J].社会.2017(4):90-118.
6. 郑功成.社会公平与社会保障:中国社会公平状况分析——价值判断,权益失衡与制度保障[J].中国人民大学学报.2009(2):1-11.
7. Allison, P. *Fixed Effects Regression Models*[M]. SAGE Publications, 2009.
8. Baumeister, R. *The Cultural Animal: Human Nature, Meaning, and Social Life*[M]. New York: Oxford University Press, 2005.
9. Bennett, D., Landry, D., Little, J., & Minelli, C. Systematic Review of Statistical Approaches to Quantify, or Correct for, Measurement Error in a Continuous Exposure in Nutritional Epidemiology[J]. *BMC Medical Research Methodology*. 2017, 17: 146.
10. Bjørnskov, C. Social Trust and Fractionalization: A Possible Reinterpretation[J]. *European Sociological Review*. 2008, 24(3): 271-283.
11. Blumer, H. Sociological Analysis and the "Variable"[J]. *American Sociological Review*. 1956, 21(6): 683-690.
12. Chambers, J. R., Swan, L. K., & Heesacker, M. Better Off than We Know: Distorted Perceptions of Incomes and Income Inequality in America[J]. *Psychological Science*. 2014, 25(2): 613-618.
13. Cochran, W. The Effectiveness of Adjustment by Subclassification in Removing Bias in Observational Studies[J]. *Biometrics*. 1968, 24(2): 295-313.

14. Cruces, G., Perez-Truglia, R., & Tetaz, M. Biased Perceptions of Income Distribution and Preferences for Redistribution: Evidence from a Survey Experiment[J]. *Journal of Public Economics*, 2013, 98: 100-112.
15. Dallinger, U. Public Support for Redistribution: What Explains Cross-National Differences? [J]. *Journal of European Social Policy*, 2010, 20(4): 333-349.
16. Elwert, F. & Winship, C. Endogenous Selection Bias: The Problem of Conditioning on a Collider Variable[J]. *Annual Review of Sociology*, 2014, 40: 31-53.
17. Hamaker, E., Kuiper, R., & Grasman, R. A Critique of the Cross-Lagged Panel Model[J]. *Psychological Methods*, 2015, 20(1): 102-116.
18. Han, H. Trends in Educational Assortative Marriage in China from 1970 to 2000 [J]. *Demographic Research*, 2010(22): 733-770.
19. Hu, A. On the Relationship between Subjective Inequality and Generalized Trust [J]. *Research in Social Stratification and Mobility*, 2017(49): 11-19.
20. Hu, A. Evaluating Survey Items of Buddhism Religiosity in China [J]. *International Journal of Public Opinion Research*, 2018, 30(4): 675-691.
21. Hu, A., & Chen, F. Allocation of Eldercare Responsibilities between Children and the Government in China: Does the Sense of Injustice Matter? [J]. *Population Research and Policy Review*, 2019, 38(1): 1-25.
22. Hu, A., & Wu, X. Science or liberal arts? Cultural capital and college major choice in China[J]. *British Journal of Sociology*, 2019, 70(1):190-213.
23. Hu, A., & Qian, Z. Educational Homogamy and Earnings Inequality of Married Couples: Urban China, 1988-2007[J]. *Research in Social Stratification and Mobility*, 2015(40): 1-15.
24. Hu, A., & Qian, Z. Does Higher Education Expansion Promote Educational Homogamy? Evidence from Married Couples of the Post-80s Generation in Shanghai, China[J]. *Social Science Research*, 2016(60): 148-162.
25. Imbens, G. Sensitivity to Exogeneity Assumptions in Program Evaluation[J]. *American Economic Review*, 2003, 93(2): 126-132.
26. Janmaat, J. G. Subjective Inequality: A Review of International Comparative Studies on People's Views about Inequality[J]. *European Journal of Sociology*, 2013, 54(3): 357-389.
27. Karlson, K. B., Holm, A., & Breen, R. Comparing Regression Coefficients between Same-Sample Nested Models Using Logit and Probit: A New Method[J]. *Sociological Methodology*, 2012, 42(1): 286-313.
28. Kenny, D. A. Cross-Lagged Panel Correlation: A Test for Spuriousness[J]. *Psychological Bulletin*, 1975, 82(6): 887-903.
29. Newton, K. Trust, Social Capital, Civil Society, and Democracy [J]. *International Political Science Review*, 2001, 22(2): 201-214.
30. Norton, M. I., & Ariely, D. Building a Better America—One Wealth Quintile at

a Time[J]. *Perspectives on Psychological Science*, 2011, 6(1): 9-12.
31. Putnam, R. *Making Democracy Work: Civic Traditions in Modern Italy*[M]. Princeton, NJ: Princeton University Press, 1993.
32. Putnam, R. *Bowling Alone: The Collapse and Revival of American Community* [M]. New York: Simon and Schuster, 2001.
33. Rosenbaum, P. Covariance Adjustment in Randomized Experiments and Observational Studies[M]. *Statistical Science*, 2002, 17(3): 286-327.
34. Rosenbaum, P., & Rubin, D. Assessing Sensitivity to an Unobserved Binary Covariate in an Observational Study with Binary Outcome[J]. *Journal of the Royal Statistical Society*, Series B, 1983(45): 212-218.
35. Shi, T. Cultural Values and Political Trust: A Comparison of the Mainland China and Taiwan[J]. *Comparative Politics*, 2001, 33(4): 401-419.
36. Uslaner, E. M. *The Moral Foundations of Trust*[M]. Cambridge: Cambridge University Press, 2002.
37. Western, Bruce. Vague Theory and Model Uncertainty in Macrosociology. *Sociological Methodology*[J], 1996(26): 165-192.
38. Wooldridge, J. *Econometric Analysis of Cross Section and Panel Data*[M]. MA: MIT Press, 2010.

附录 2

统计模型的"不确定性"问题与倾向值方法[①]

摘要：量化社会学研究往往基于特定的统计模型展开。近十几年来日益流行的倾向值方法亦不例外，其在实施过程中需要同时拟合估计倾向得分的"倾向值模型"与估计因果关系的"结果模型"。然而，统计模型本身无论是其模型形式还是系数估计方面都具有不可忽视的"不确定性"问题。本研究在倾向值分析方法的框架下，系统梳理和阐释了模型形式不确定性与模型系数不确定性的内涵及其处理方法。通过分析蒙特卡罗模拟数据与经验调查数据，本文展示了在使用倾向值方法进行因果估计的过程中，研究者如何通过贝叶斯平均法进行多个备选倾向值模型的选择，以及如何通过联合估计解决倾向值模型与估计模型中的系数不确定性问题。本文的研究亦表明，在考虑倾向值估计过程的不确定性之后，结果模型中对于因果关系的估计呈现出更小的置信区间和更高的统计效率。

关键词：模型形式不确定性；模型系数不确定性；贝叶斯平均；倾向值方法；统计效率

> 实质上，所有的模型都是错的，只是一些有用而已。
> (Essentially, all models are wrong, but some are useful.)
> ——乔治·鲍克斯(George E. P. Box)与诺尔曼·德雷珀(Norman R. Draper)

[①] 本文发表于《社会》2017年第1期。

一、导　　言

大量的社会学量化研究是基于特定的统计模型(statistical model)展开的(Raftery,2001)。通过这些统计模型,研究者能够确认变量之间的概率关系,并依据统计推论(statistical inference)的基本原则将此关系由随机样本推广至研究总体。这一量化研究范式随着近十几年来各种因果推论模型(causal model)的开发与推广,展现出了越来越强的影响力(Morgan,2014)。在这些因果推论模型中,倾向值方法(propensity score method)因其便易的操作性得到了国内外很多社会学研究者的青睐(Imbens、Rubin,2015;Rosenbaum、Rubin,1983;Rubin,1997;胡安宁,2012)。

从本质上讲,基于统计模型估计出的变量间关系代表的是一种概率(probabilistic)关系而非决定性(deterministic)关系。然而对于这一点,目前社会学量化研究还没有给予足够的重视。很多学者在诠释量化模型结果的时候倾向于采用一种决定论式(deterministic)的态度。如对于线性模型 $E(Y)=\beta X$,一般会将其诠释为,X 变动一个单位会带来 Y 的期望值 $E(Y)$ 变动 β 个单位。这种诠释虽不错误,但却片面的关注点估计(point estimate)结果,而忽视了系数 β 本身也是存在变异(variation)的。换句话说,β 的"不确定性(uncertainties)"没有被考虑到。

按照统计学家大卫·德雷珀(David Draper,1995)的定义,一个统计模型至少存在两种"不确定性"。第一种不确定性称为参数(parametric)的不确定性。意指我们在利用样本数据估计整体(population)模型系数的时候,由于样本本身的随机抽样,最后研究者得到的只能是一个关于某系数的变动区间,而不可能是一个百分之百确定的数值[①]。第二种不确定性是模型形式(model form)的不确定性。这种不确定性是指在分析特定研究问题的时候,学者们通常会面临很多备选模型,从而带来模型拟合形式上的不确定[②]。这两种统计模型的"不确定性"在当下逐渐兴起的倾向

[①] 例如,当我们用样本收入均值估算总体收入均值时,我们无法知道总体收入均值的具体值,而是只能估算出其可能取值的区间。这一区间的大小和我们希望达到的统计效率(efficiency)有关。

[②] 一般而言,所有的备选模型构成了一个模型空间(model space)。

值方法中尤为突出。通常而言,倾向值分析要求研究者通过一个广义线性模型(例如逻辑斯蒂回归)计算出每个被研究个体的倾向值得分(此模型称为倾向值模型),然后再将此倾向值得分通过细分(sub-classification)、加权(weighting)、回归调整(regression adjustment)等方式纳入结果模型(outcome model)中[①]。在这样一个分析过程中,一方面,我们基于样本得到的广义线性回归模型系数是会随着不同的抽样样本而变化的,这就决定了我们基于此模型计算出的每个个体的倾向值得分也必然是一个随机变量,从而间接体现出系数的不确定性。另一方面,预测倾向值得分的时候我们考虑很多的混淆变量(confounding variables)[②]。但是,社会学研究者通常情况下需要自主决定应当采用哪些混淆变量来预测倾向值(Western,1996)。所以大多数情况下,混淆变量的纳入依据颇具主观性。此时,不同的混淆变量组合就会就产生多个备选模型,从而带来模型形式的不确定性。在倾向值方法中,这两种不确定性同时存在。亦即,每一个备选模型都会存在一个倾向值的变动区间。很明显,这两类模型不确定性的共同作用使得倾向值方法最终的分析结果存在不容忽视的不确定性问题。

在此背景下,本研究的目标有三:第一,通过系统梳理目前统计学、经济学、政治学、社会学、心理学等不同学科对于统计模型不确定性问题的讨论,帮助量化社会学研究者对于模型不确定性问题有一个系统、清晰的了解与把握。第二,目前对于统计模型不确定性问题的探讨往往片面关注上述两种不确定中的一种。本文通过蒙特卡罗模拟与经验实例,展示这两类不确定性如何共同作用,以影响倾向值分析的结果。此外,通过综合运用贝叶斯模型平均方法与似然函数联合估计方法,本研究提供了一种同时处理两种不确定性问题的实践策略(这一部分的讨论在下面有专门展开)。第三,基于对模型不确定性的理论探讨和经验分析,本文进一步论述了统计模型不确定性问题对如何提高社会科学量化结果的可信度和接受度、如何建立可复制的社会学量化研究以及如何避免统计至上

---

① 结果模型是指响应变量为我们需要解释的变量的模型。与结果模型相比,倾向值方法中还涉及估算倾向值的广义线性模型。后者的响应变量为处理变量(treatment)。

② 混淆变量是指同时与响应变量和自变量相关的变量。由于混淆变量的存在,自变量和响应变量之间的关系有可能是虚假的。

主义(statisticism)等重要议题所具有的启示。

二、什么是统计模型的"不确定性"

由于社会学量化研究中普遍使用线性模型,这部分对于统计模型不确定性的讨论主要依据线性模型展开。具体而言,一个线性模型可以表示为以下形式:

$$Y=f(X)+\varepsilon \qquad (1)$$

在模型(1)中,Y是我们希望解释的响应变量向量,X是我们用以解释Y的自变量与控制变量构成的矩阵,$f(\cdot)$是衡量X与Y关系的一个函数,ε代表了一种随机扰动向量。在这个表达式中,我们关心的是$f(\cdot)$。例如,在一般线性模型中,$f(\cdot)$采用了一个最简单的线性组合的方式,即X与其系数向量β的乘积$X\beta$。而在其他广义线性模型中,$f(\cdot)$可以是某种函数变换(例如逻辑斯蒂变换)。模型(1)很好地展示了上文所谈到的两种不确定性。其中,参数的不确定性取决于ε。我们通过假设随机扰动ε的分布来确定响应变量Y的分布,由此我们便可以建立估计系数的变异区间,即置信区间。模型的不确定性则来自$f(\cdot)$。比如,在线性模型中通过引入变量的二次方、三次方等项,Y与X的关系可以呈现出线性、抛物线形、波浪形等多种模型形式。

在模型(1)中,参数的不确定性一般通过标准误(standard error)来表示。然而,对标准误的使用方式却因研究目的不同而有所差异。对于大多数社会学经验研究而言,标准误主要起到假设检验的作用。通过观察0值是否在置信区间之内,研究者能够近似判断回归系数在总体层面的统计显著性。诚然,如果研究者仅仅是关注某一特定变量的处理效果在总体中是否成立(即显著不为零),这样操作是妥当的。但是,如果研究者的目的不是检验假设,而是希望通过统计模型来预测响应变量的取值,标准误能够告诉研究者的就不再仅仅是统计上是否显著,而是基于此模型预测得到的响应变量取值所可能体现出的变动区间。举例而言,假设我们估计一个简单线性回归模型$E(y)=\beta x$,其中回归系数β的点估计值为0.5,95%置信区间为0.3~0.6。此时,如果用x去预测y的时候,我们有

95%的把握认为在总体层面，y的期望值在$0.3x \sim 0.6x$。换句话说，当我们用统计模型来预测的时候，y的预测值由于参数β本身的不确定性而存在变化。这一点在倾向值方法中尤为明显，因为倾向值方法的第一步恰恰要求研究者通过统计模型来预测每一个研究对象的倾向值得分（例如，An，2010；McCandless、Gustafson、Austin，2009；Kaplan、Chen，2012、2014）。

与参数不确定性相比，模型形式的不确定性不再关注模型系数以及预测值的变动，而是强调模型本身所具有的多种形式。模型形式的多样性在社会科学不同学科中都很常见，因为很多研究者在分析数据的过程中往往会拟合多个统计模型。例如，在分析教育的经济回报时，学者们可能尝试放入不同的控制变量从而得到不同的统计模型（例如一个模型控制了居住地，而另一个模型没有考虑居住地）。尽管此类实践非常普遍，但最终报告统计分析结果的时候，读者们能够看到的只是诸多备选模型中的一个，亦即研究者在众多模型中所有意、无意选取的一个"最优"模型。此时，其他备选模型都被忽略了。这种对模型形式不确定的忽视会带来经济学家爱德华·利摩尔（Edward Leamer，1983）所谈到的"视界问题（the horizon problem）"。所谓视界，是指研究者在分析经验数据时所可能持有的潜在假设、倾向和偏好等。利摩尔认为，社会科学研究者应保证极宽的视界以承认和展示统计模型拟合过程中的复杂性和不确定性。否则，量化研究则不可避免地会基于数据人为"定做"一个最希望得到的模型。结果便是，社会科学的研究者成为"数据的按摩师"，其量化研究结论也同时丧失了可信度。哈佛大学社会学系的布鲁斯·威斯顿（Bruce Western）也有过类似的呼吁（Western，1996）。他指出，社会学的宏大理论对于具体的量化研究而言是非常"模糊（vague）"的。这是因为社会学理论无法具体告诉经验研究者在一个特定的统计模型中（1）应当放入哪些变量；（2）需要采用何种模型形式；（3）如何限定随机扰动项的分布状态。在这种情况下，社会学的经验研究必然面临模型形式的不确定性问题，而不同研究者有可能因为拟合了不同形式的模型而得到截然相反的结论。现有文献提供了很多例证来支持威斯顿的这一观点。例如，克里斯鲍·扬（Cristobal Young）重新分析了罗伯特·巴罗（Robert Barro）和雷切尔·麦克莱里（Rachel M. McCleary）所做的宗教与经济关系的研究。扬发现，他们的模型拟合过程只要有细微的变动，其结论便不再成立（Young，2009）。经济学领域内也有过类似的研究。简·马格纳斯（Jan Magnus）与玛丽·摩尔根（Mary Morgan）曾邀请不同学者同时利用统计模型估算客户对某一产品的需求度，结果不同学者之间因为模型的差异而得到不同的结论（Magnus、Morgan，1999）。这些研究都表明，社会科学量化研究的确存在比较普遍的模型形式不确定性问题。

正因为这一问题如此普遍，如何明确的展示研究者的多种备选模型，以及如何在备选模型中进行选择便成为社会科学量化研究的重要任务之一。在这方面，目前使用最广泛的方法是贝叶斯模型平均法（Bayesian averaging method）。这一方法发轫于统计学领域（Hoeting、Madigan、Raftery、Volinsky，1999；Raftery，1995；Drake，1993；Zigler、Dominici，2014），并被经济学[①]（Salai Martin，1997；Salai Martin、Doppelhofer、Miller，2004；Durlauf、Fu、Navarro，2012；Cohen-Cole、Durlauf、Fagan、Nagin，2009；Moral-Benito，2015）、政治学（Bartels，1997；Montgomery、Nyhan，2010；Ho、Imai、King、Stuart，2007）以及社会学（Western，1996）等学科逐渐接纳。下文对于模型形式不确定性的处理亦以贝叶斯模型平均法为基础展开。

三、倾向值方法中的"不确定性"问题

在这一部分，笔者着重讨论倾向值方法中的系数不确定性与模型形式不确定性问题。常规的倾向值方法一般关注的是一个二分处理变量 X 对于响应变量 Y 的影响。由于存在混淆变量 U，我们需要首先利用 U 去预测 $X=1$ 的概率，亦即倾向值得分。然后，通过某种数据处理手段（例如匹配），研究者可以近似地保证被研究个体的倾向值得分彼此接近，之后便可以采用一般的线性模型来分析 X 与 Y 的关系。这一分析思路可以

---

① 在经济学领域中，被广泛使用的模型平均方法是夏威尔·萨拉伊马丁（Xavier Sala-i-Martin）的"经典估计贝叶斯平均法（Bayesian averaging of classic estimates）"（Sala-i-Martin 1997；Sala-i-Martin、Doppelhofer、Miller，2004）。在政治学领域中，贝叶斯平均方法最早被拉里·巴特尔斯（Larry Bartels）引入政治学量化分析（Bartels，1997）。

用式(2)表示：

$$\begin{cases} p(X=1) = \dfrac{\exp(\gamma U)}{1+\exp(\gamma U)} \\ Y = \beta X + \varepsilon \text{ 基于匹配样本} \end{cases} \quad (2)$$

在式(2)中，我们用逻辑斯蒂回归计算倾向值得分 $p(X=1)$，其中混淆变量 U 的系数表示为 γ。之后，假设这里采用了倾向值匹配的策略，我们可以基于匹配样本(matched sample)来拟合 Y 与 X 的简单线性回归模型。此时，X 的系数 β 便是我们所关注的因果效应。在式(2)中，模型形式的不确定性主要发生在预测倾向值的逻辑斯蒂模型中[①]。这里我们假设备选模型有 k 个，分别表示为 $M_1, M_2, \ldots, M_k$，其中每个备选模型的先验概率设为 $\pi(M_k)$。在每个备选模型下，我们进一步设定，混淆变量的系数 γ 的先验概率为 $\pi(\gamma \mid M_k)$。基于这些设定，我们便可以进行贝叶斯模型平均法的计算。这些设定的基本信息参见式(3)：

$$\begin{cases} M_k \sim \pi(M_k) \\ \gamma \mid M_k \sim \pi(\gamma \mid M_k) \\ X \mid \gamma, M_k \sim \text{逻辑斯蒂分布}(\gamma U) \end{cases} \quad (3)$$

贝叶斯模型平均法的基本思路在于，通过上述的参数设定来计算特定的观测数据下每个备选模型的后验概率 $p(M_k \mid X)$。这一后验概率可以近似地理解为特定备选模型就某一观测数据所具有的"解释力"。解释力高的模型对于数据的拟合效果更好，也就更应当保留。按照贝叶斯定理，模型 k 的后验概率可以表示为

$$p(M_k \mid X) = \dfrac{p(X \mid M_k)\pi(M_k)}{\sum_k (X \mid M_k)\pi(M_k)} \quad (4)$$

很明显，在式(4)中，我们需要计算的是 $p(X \mid M_k)$。这一统计量可以从式(3)推导出来，即

[①] 理论上讲，如果结果模型中也纳入其他控制变量的话，结果模型中也存在模型不确定性问题。为了计算的方便，本文的结果模型设定为一个简单线性模型。由于简单线性模型只有一个自变量，因此结果模型便不存在模型不确定性问题。

$$p(X \mid M_k) = \iint p(X \mid \gamma, M_k)\pi(\gamma \mid M_k)\mathrm{d}\gamma \qquad (5)$$

在得到每个备选模型的后验概率之后,我们可以按照后验概率的大小对这些备选模型进行排序。在实际操作中,备选模型的数量有很多。例如,如果我们的混淆变量有 n 个,那么我们会有 2^n 个备选模型。针对这一问题,统计学家大卫·马迪根(David Madigan)和安德里安·拉夫特瑞(Adrian Raftery)提出了奥卡姆窗口(Occam's window)原则进行备选模型数量的删减(1994)。这一原则可以表述为(1)与最有可能出现的模型相比,后验概率小很多(例如小 n 倍,其中 n 由研究者确定)的模型被剔除;(2)如果简化模型的后验概率更大,则复杂模型被剔除。基于这两个原则,研究者实际需要考察的备选模型数量会大大减少。例如,在拉夫特瑞的一个研究中(Rafter,1995),按照奥卡姆窗口原则,备选模型数量从一开始的 32 768 个降到了 14 个。

综上所述,基于贝叶斯模型平均法,我们能够明确地展示出研究者的多个备选模型及其后验概率。换句话说,研究过程中的模型形式的不确定性被直接量化出来了。研究者此时可以依据不同模型的后验概率决定选择哪个模型。

需要说明的是,已有的贝叶斯平均方法的使用最后会将多个备选模型的系数估计值综合起来得到一个最终的估计值 δ。例如,假设每个备选模型都有一个我们关心的系数 δ_{M_k},那么,最后综合起来的系数就是不同备选模型的加权平均数,其中权重便是不同备选模型的后验概率 $p(M_k|X)$,亦即 $\delta = \sum_p (M_k \mid X) \times \delta_{M_k}$。在本研究中,我们不采用这种加权平均的综合,而是利用贝叶斯模型平均的分析过程产生最优的几个备选模型,然后针对每个备选模型进行分析。换句话说,我们没有对备选模型进行"平均"。

另外一点需要说明的是,模型的不确定性问题本质上关心的是应当纳入哪些变量来估计倾向值。对于这一问题,一个可能的质疑是,倾向值估计本身就代表了一种降维操作。无论有多少混淆变量,最后都"总结"成为一个数值,即倾向值。那么,又何必要对这些混淆变量进行"挑选"呢?这一问题的答案在于,如果混淆变量过多,其彼此之间会产生虚假关联(Fan、Han、Liu,2014),此时未经挑选的模型所估计出来的倾向值有可能会有很高的均方误(mean square error),从而带来倾向值估计上的问题。正因为如此,一般而言,对于存在大量混淆变量的情形,我们仍需要采用某种手段确定哪些混淆变量值得放进倾向值模型,这也是模型选择的题中之义。

在考察了模型形式的不确定性之后,我们接下来讨论如何处理系数的不确定性。在倾向值方法中,系数不确定性涉及两个模型,即预测倾向值得分的倾向值模型与计算处理效应的结果模型。这是因为在表达式(2)中,我们估计的 γ 和 β 都有各自的置信区间,因此参数的不确定性需要将这两个系数的置信区间同时考虑在内。这一分析过程主要是通过对倾向值模型和结果模型的似然方程进行联合估计(joint estimation)实现的。顾名思义,联合估计要求我们同时估计 γ 和 β。这就要求我们写出包含 γ 和 β 的似然方程,并将其合并起来。假设决定处理效应的过程与决定结果变量的过程独立,那么,预测倾向值的逻辑斯蒂回归模型的似然方程可以表示为

$$L_X = \prod_{i=1}^{n} \left[\frac{\exp(\gamma U)}{1+\exp(\gamma U)}\right]^{X_i} \left[1 - \frac{\exp(\gamma U)}{1+\exp(\gamma U)}\right]^{1-X_i} \tag{6}$$

在模型(6)中,X 是一个二分的处理变量,其他参数的含义参见上文。同理,我们也能够写出计算处理效应的结果模型的似然方程。如果 Y 是一个连续型变量,我们可以假设其服从正态分布。如果其为二分型变量,假设 Y 服从伯努利分布。此时,似然方程可以写成:

$$L_Y = \begin{cases} \prod_{i=1}^{n} \frac{1}{\sigma\sqrt{2\pi}} e^{-\frac{(Y_i - \beta X_i)^2}{2\sigma^2}} & \text{如果 } Y \sim N(\beta X, \sigma^2) \\ \prod_{i=1}^{n} \left[\frac{\exp(\beta X_i)}{1+\exp(\beta X_i)}\right]^{Y_i} \left[1 - \frac{\exp(\beta X_i)}{1+\exp(\beta X_i)}\right]^{1-Y_i} & \text{如果 } Y \sim \text{Bernoulli}\left(\frac{\exp(\beta X)}{1+\exp(\beta X)}\right) \end{cases} \tag{7}$$

由于我们之前已经假设了两个似然方程彼此独立,因此联合似然方程二者的乘积:

$$L = L_X \times L_Y \tag{8}$$

联合估计之所以能够处理系数估计的不确定性,是因为在联合估计过程中,γ 是作为一个待估计的"变量"进入到结果模型的似然方程中的。反之,结果模型中我们关心的系数 β 对于倾向值模型而言也是一个待估计的变动参数。此外,联合估计的另外一个优势在于,研究者在写出公式(8)的表达式之后,可以很轻易地利用贝叶斯估计的手段,通过设定不同参数的先验概率来计算其后验概率。相比于联合估计的方法,常规的独立估计只能单独考虑单一模型中的参数不确定性,而无法关照其他模型中的参数不确定性。例如,在传统的独立估计过程中,研究者首先单独估计公式(6),从而计算出 γ 的估计值 $\hat{\gamma}$。然后利用 $\hat{\gamma}$ 来计算每个个体的倾向值得分。之后,将估计出的倾向值得分代入结果模型,再单独估计公式(7)。但是问题在于,在单独估计公式(7)时,$\hat{\gamma}$ 已经不被看作"变量",而是一个确定的数据点,也就是说,其在公式(6)估计过程中所产生的不确定性在单独估计公式(7)时被忽视了。反之,如果我们利用公式(8)来计算 β 的置信区间,则 γ 的不确定性则已经考虑在内,反之亦然。也就是说,两个模型的系数不确定性同时得到了考虑。此时我们计算得到的处理效果 β 除了自身的系数不确定性之外也综合了 γ 的系数不确定性。

需要指出的一点是,我们通常会认为,当同时考虑了两个统计量(β 和 γ)的变动时,最后的因果效果的标准误会出现膨胀。这个理解实际上并不准确。当我们采用如式(8)所示的方法去联合估计倾向值模型与结果模型的时候,最后得到的标准误有可能会变小。这一点在最近的很多研究中都得到了支持。例如,安卫华(2010)考察了联合似然方程,并通过倾向值方程和倾向值匹配的方法估计了平均因果效果。与常规方法(即将倾向值看作固定的值而非随机变量)相比,同时估计 L_x 和 L_y 得到的结果展现出更小的标准误。这一点在教育学的研究中也得到了支持(例如 Kaplan、Chen,2012)。此外,从频率学派的角度出发,经济学家阿尔伯托·阿巴迪(Alberto Abadie)与吉多·伊姆本斯(Guido Imbens,2016)亦通过公式推导指出,考虑倾向值估计中 γ 的不确定性后,平均因果效果 β 的方差应当向下调整。也就是说,我们会当得到更小的标准误[①]。

[①] 阿巴迪和伊姆本斯的方法有可能产生负值的标准误,因此在实际应用中有一定的局限性。

四、已有研究及本文的贡献

倾向值方法中的不确定性问题长期以来并没有得到学界的重视,直到近几年来贝叶斯方法与倾向值分析过程的结合才逐渐使这一研究议题进入到方法论研究者的视野。在这一领域,比较早的探索是麦坎得勒斯(Lawrence C. McCandless)及其同事在 2009 年发表于 Statistics in Medicine 上的一篇研究。其中,麦坎得勒斯等人明确提出,在倾向值分析过程中,所估计的倾向值本身的不确定性被忽视了。为了解决这一问题,他们采用了贝叶斯联合估计的方法。与之相关的另外一篇研究来自安卫华(An, 2010)。在这个研究中,安卫华同样通过引入贝叶斯联合估计来解决倾向值估计值的不确定性问题。与麦坎得勒斯等人不同(其偏重于分析倾向值细分(sub-classification)),安卫华的研究偏重于分析倾向值不确定性对倾向值回归以及倾向值匹配的影响。此外,安卫华的研究与阿巴迪和伊姆本斯(2009)对话,试图解决后者在使用估计的倾向值进行结果模型方差调整时出现的负方差问题。最后,教育心理学家卡普兰(David Kaplan)也有专文讨论如何通过贝叶斯联合估计的手段处理倾向值细分、加权以及最优全匹配(optimal full matching)时出现的不确定性问题(Kaplan、Chen,2012)。

虽然上述的这些探索极大地推动了学界对于倾向值不确定性的研究,但是依照上文所做的分类,这些研究所关注的不确定性属于系数的不确定性。相比较而言,模型的不确定性并没有得到足够的重视。在综合处理系数的不确定性和模型的不确定性方面,现有研究中的探索还很少。比较有代表性的有两个研究。一个是卡普兰及其合作者于 2014 年发表的论文(Kaplan、Chen,2014)。其中,卡普兰等人利用贝叶斯模型平均方法,基于每一个备选模型计算其对应的倾向值的后验分布。然后,按照每个模型的后验分布对多个倾向值的后验分布进行加权平均,以此计算最终的倾向值分布[①]。依据此倾向值分布,卡普兰等人利用倾向值分组、加权等手段计算

---

① 例如,假设有 k 个模型,每个模型的后验分布为 $p(M_k \mid X)$。对应于每个模型,倾向值的后验分布为 p_k。那么,最终的倾向值分布为 $P = \sum p(M_k \mid X) \times p_k$。

了因果效果。另外一个研究来自齐格勒和多米尼茨(Zigler、Dominici, 2014)。他们将模型选择过程与系数估计的不确定性问题统一整合进贝叶斯分析框架中。具体而言,他们在倾向值模型和结果模型的相关系数前都加上一个新的二分系数 α [①]。由于 α 在 0、1 之间的变动决定了哪些变量需要纳入模型,α 的分布本身代表了模型的不确定性。基于这种设计,齐格勒和多米尼茨利用联合估计过程处理了模型形式不确定性问题。

  相比于仅关注参数不确定性的研究,本文的突破点在于同时考虑到参数的不确定性与模型的不确定性。在这一点上,本文的基本取向是和卡普兰、齐格勒等人的研究相一致的。然而,和卡普兰等人 2014 年的研究不同,我们没有对倾向值的后验分布进行加权平均,而是针对每个可能的模型,分别利用联合似然函数做因果关系估计。这样更加直接展现出基于模型差异所体现出的异质性。齐格勒和多米尼茨的分析策略中的一个局限在于,其要求对 α 与因果效果的联合后验概率分布进行估计。如果用 Δ 来指代因果关系的话,这个联合后验概率分布表示为 $p(\alpha, \Delta \mid$ 经验数据)。 不难看出,这一联合后验分布的估计是很困难的。为此,研究者不得不采用更为复杂的马尔科夫链蒙特卡罗算法(例如齐格勒和多米尼茨所采用的 MC^3 以及 SSVS 算法)。本文则绕开了复杂的算法设计,首先采用了贝叶斯模型平均法列举出研究者所可能获得的候选模型(模型的不确定性问题)。由于这种候选模型数量很多,我们仅列出最优的五个模型。之后,基于每个备选模型,我们通过联合估计倾向值模型与结果模型来估计因果关系(系数的不确定性问题)。换句话说,我们没有直接估计 α 与 Δ 的联合后验分布 $p(\alpha, \Delta \mid$ 经验数据),而是将其分解为 $p(\alpha, \Delta \mid$ 经验数据$) = p(\Delta \mid \alpha,$ 经验数据$) \times p(\alpha \mid$ 经验数据),继而分别考察 $p(\Delta \mid \alpha,$ 经验数据$)$ 和 $p(\alpha \mid$ 经验数据$)$。

五、基于蒙特卡罗模拟的示例

  在这一部分,笔者利用蒙特卡罗模拟(Monte Carlo simulation)方法,

[①] 例如,一个模型中某变量 X 的系数表示为 $\alpha\beta X$。其中,β 代表 X 的实质效果,α 则表明是否需要将变量 X 纳入模型。

具体展示了在进行倾向值分析的时候所存在的不同类型的模型不确定性问题。需要说明的是，在联合估计过程中，我们很难通过常规数学方法直接计算出估计值及其置信区间，因此依照前人研究，笔者采用了马尔科夫链蒙特卡罗算法（Markov Chain Monte Carlo，MCMC）以迭代计算出因果效果的边际后验分布（marginal posterior distribution）。为了最大限度地模拟现实研究环境中的变量类型，我们在设置模拟数据的时候建立了 18 个服从不同分布类型的自变量，分别命名为 $x1\sim x18$。其中 $x1\sim x6$ 服从正态分布，$x7\sim x12$ 服从伯努利分布，而 $x13\sim x18$ 服从泊松分布。其具体的参数值如下：

$x1\sim N(0,1)$

$x2\sim N(0,2)$

$x3\sim N(2,1)$

$x4\sim N(2,2)$

$x5\sim N(1,0.8)$

$x6\sim N(-1,3)$

$x7,\cdots,x12\sim Bo(\kappa)$，其中 κ 是一个介于 0.1~0.9 之间的随机数。

$x13\sim Poisson(\lambda=0.1)$

$x14\sim Poisson(\lambda=0.5)$

$x15\sim Poisson(\lambda=1)$

$x16\sim Poisson(\lambda=3)$

$x17\sim Poisson(\lambda=5)$

$x18\sim Poisson(\lambda=10)$

基于以上设定，我们产生了一个样本量为 2 000 的模拟数据。由于 $x1\sim x18$ 都是我们用来估算倾向值的"混淆变量"，需要进一步设定倾向值与处理变量的值。这里，倾向值通过逻辑斯蒂函数生成，其中每个混淆变量的系数都服从介于 $-0.1\sim 0.1$ 之间的均匀分布。假设所有混淆变量构成了一个 2 000×18 的矩阵 $\boldsymbol{X}$，而系数 $\boldsymbol{\beta}$ 则是一个 18×1 的向量，则倾向值等于 $\dfrac{\exp(\boldsymbol{X\beta})}{1+\exp(\boldsymbol{X\beta})}$。由于倾向值代表了个体接受处理变量影响的概率，且处理变量是二分变量，因此处理变量向量 $\boldsymbol{T}$ 服从以 $\dfrac{\exp(\boldsymbol{X\beta})}{1+\exp(\boldsymbol{X\beta})}$ 为发生概率的伯努利分布。基于这些信息，T 也可以被模拟出来。最后，我们生成响应变量 Y（这里的 Y 是 $2\,000\times 1$ 的向量）。严格来讲，所有混淆变量 X 和处理变量 T 都会对 Y 产生影响，所以我们这里将 Y 写成 X 和 T 的线性函数。将 T 与 X 合并，得到一个 $2\,000\times 19$ 的矩阵 Z。设这一矩阵的 19×1 系数向量为 γ，则 $Y=Z\gamma$。在不失一般性的前提下，可以假设 γ 服从均匀分布，且取值范围在 $-1\sim 1$。在模拟出 γ 之后，我们就能够得到 Y 的取值。至此，我们的模拟数据已经完成，其中包括响应变量 Y、自变量 T、倾向值得分以及 18 个混淆变量。

基于上述的模拟数据，我们首先利用贝叶斯模型平均方法考察了模型形式的不确定性。通过贝叶斯平均法和奥卡姆窗口原则，我们得到了 12 个候选模型。在这些模型中，按照贝叶斯因子（Bayes factor）的数值的排序，最后留下排在前五位的模型[①]。这些模型的累计后验概率达到了 78%，说明通过这五个模型基本能够涵盖大部分的数据信息。这五个模型的具体信息参见表 1。

表 1 基于贝叶斯平均法的模型选择（模拟数据）

	不等于 0 的概率	模型 1	模型 2	模型 3	模型 4	模型 5
截距	1	*	*	*	*	*
$x1$	0.46		*			
$x2$	1	*	*	*	*	*
$x3$	0					
$x4$	0.02					
$x5$	0.14					
$x6$	1	*	*	*	*	*
$x7$	0.05					

---

① 贝叶斯模型选择过程通常依据贝叶斯因子进行备选模型的排序。具体而言，参见公式（4），我们针对两个备选模型 k 和 t，有 $\dfrac{p(M_k\mid X)}{p(M_t\mid X)}=\dfrac{p(X\mid M_k)}{p(X\mid M_t)}\times\dfrac{p(M_k)}{p(M_t)}$，其中贝叶斯因子 $=\dfrac{p(X\mid M_k)}{p(X\mid M_t)}$，而 $\dfrac{p(M_k)}{p(M_t)}$ 代表不同模型的先验概率比。通常而言，我们在先验概率上不会偏向于特定模型，因此 $\dfrac{p(M_k)}{p(M_t)}=1$。此时，贝叶斯因子也就是 $\dfrac{p(M_k\mid X)}{p(M_t\mid X)}$，即模型后验概率比。很明显，基于特定的基准模型，贝叶斯因子值越大的模型对于数据的拟合效果越好。故而我们可以采用贝叶斯因子对备选模型排序。在实际操作用，贝叶斯因子近似等于 BIC。

(续表)

	不等于0的概率	模型1	模型2	模型3	模型4	模型5
$x8$	0.14					*
$x9$	0					
$x10$	0					
$x11$	0					
$x12$	0					
$x13$	0					
$x14$	0.13					
$x15$	1	*	*	*	*	*
$x16$	0					
$x17$	0.3			*	*	
$x18$	0.03					
变量数		3	4	5	4	4
BIC		−1 258	−1 258	−1 258	−1 258	−1 257
后验概率		0.18	0.16	0.09	0.08	0.05

表1的第一列是我们设定的18个混淆变量和截距项。这些混淆变量被用来估计倾向值得分。第二列的信息是在所有备选模型中,每一个变量(包括截距)被纳入某一模型进行倾向值估算的概率。如果概率为0,说明这个变量在所有备选模型中都不会被考虑到。同理,如果概率为1,则说明这个混淆变量非常重要,故而所有的备选模型都会考虑到它。例如,$x2$的不为0概率是1,说明所有的候选模型都会纳入$x2$。与之相比,$x3$几乎不会被任何模型考虑到,而$x1$只被纳入不到六个候选模型之中(一共12个备选模型,12×0.46=5.52)。从某种意义上说,表1第二列告诉我们的是,不同的混淆变量在预测倾向值得分的时候具有不同程度的"重要性"或者"相关性"。从第三列开始,表1列举了不同的备选模型。如上所述,这里我们只保留了五个备选模型。其中,模型1是基于现有数据最好的模型,其后验概率为0.18。在模型1中,并非所有的混淆变量都被考虑进来。恰恰相反,除了截距之外,模型1仅仅纳入了三个混淆变量($x2$、$x6$和$x15$)。同理,模型2纳入四个变量($x1$、$x2$、$x6$和$x15$),其后验概率为0.16,以此类推。按照表1所示的结果,我

们实际上有五种不同的备选模型来预测倾向值得分,这就是所谓的模型形式的不确定性问题。

蒙特卡罗模拟的一个好处是,我们能够预先知道真正的倾向值是多少,并用它来和不同的模型所预测的倾向值进行比较。这方面的信息参见表2。在表2中,我们计算了实际倾向值得分与基于不同模型所估计出的倾向值得分之间的相关系数矩阵。可以发现,虽然基于不同的模型所估计出的倾向值得分总是和实际的倾向值得分正相关的,但是这种相关性并不是非常强。例如,我们用最好的模型来估计的倾向值得分与实际倾向值得分之间的相关系数为0.64。最高的相关系数来自模型3估计出的倾向值得分(相关系数=0.74)。因此,无论我们采用什么模型,最后得到的只能是实际倾向值得分的一个"趋近值"。此外,不同模型得出的倾向值得分和实际倾向值得分之间的相关性也各有高低,这再一次凸显了模型形式不确定性对于实质研究结论的影响。为了更好地展现这一点,我们进一步绘制了实际倾向值得分和模型预测的倾向值得分之间的散点图(见图1)。通过图1可以发现,无论采用何种模型,其估计出的倾向值得分和实际的倾向值得分相比都表现出一定程度的变异性(variation),亦即不确定性(并非所有的点都分布在45°斜率的直线上)。

表2 不同模型估计的倾向值的相关系数矩阵

	实际倾向值	基于模型1的估计	基于模型2的估计	基于模型3的估计	基于模型4的估计	基于模型5的估计
实际倾向值	1					
基于模型1的估计	0.64	1				
基于模型2的估计	0.68	0.94	1			
基于模型3的估计	0.74	0.9	0.95	1		
基于模型4的估计	0.70	0.95	0.89	0.94	1	
基于模型5的估计	0.62	0.96	0.91	0.87	0.91	1

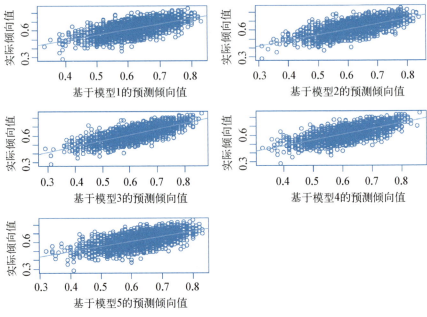

图 1 不同模型估计的倾向值与实际倾向值的相关分析

在展示了模型形式的不确定性之后,我们进一步考察参数的不确定性问题。针对上文所展示的五个备选模型,我们通过 MCMC 的方法联合估计了倾向值模型和结果模型,由此将倾向值得分估计过程中的不确定性整合进了因果效应的估计中[①]。针对每个备选模型的因果效应分布如图 2 所示。在每一个子图中,95%的置信区间用虚线标识出来。同时,综合五个模型的信息,我们在图 2(6)中报告了综合考虑所有备选模型后估算出的因果效果。为了更加直观地展现 MCMC 模型和常规模型的区别,我们将五个候选模型估计的因果效果与相应的常规模型估计得因果效果进行了对比(图 3)。如上文所述,这里的常规模型是指将倾向值作为固定值而非随机变量处理的模型。

---

① 如上文所述,由于联合似然函数(公式(8))中的多个参数通常而言难以通过常规的数学方法进行估计,一般而言,研究者会对这些参数设定先验分布,然后通过 MCMC 来计算其后验概率分布。虽然 MCMC 也可以看作一种贝叶斯估计方法,但 MCMC 与贝叶斯平均的分析过程是不一样的。在这里,MCMC 是一种参数估计的手段,主要用于估计联合似然函数中特定变量系数的后验分布。但是贝叶斯平均法是将不同的模型作为"变量"进行估计,其目的是为了获得模型的后验分布。正因为如此,贝叶斯平均法被用来处理模型的不确定性问题,而通过 MCMC 来对联合似然函数进行估计则被用来处理系数的不确定性。从某种意义上说,齐格勒与多米尼茨将贝叶斯模型平均与 MCMC 方法进行系数估计整合进了一套 MCMC 的估计过程,他们的方法或可称之为完全 MCMC(full MCMC)。但正如文中所述,其估计过程更为复杂。

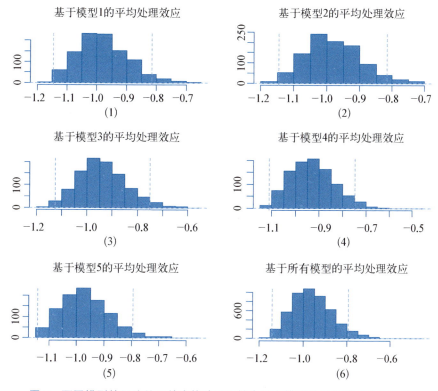

图 2　不同模型的平均处理效应估计以及综合所有模型的平均处理效应估计

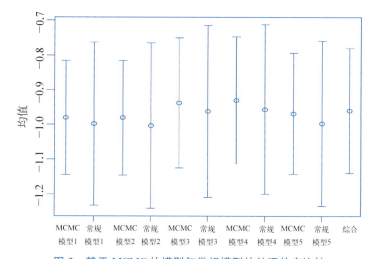

图 3　基于 MCMC 的模型与常规模型的处理效应比较

通过图3我们可以发现，几乎所有的MCMC模型的置信区间都要小于常规模型的置信区间。也就是说，当我们同时考虑到倾向值估计的不确定性和因果效果估计的不确定性时，我们得到的结果更加具有统计效率、更加精确①。这一特点无疑对于经验社会科学研究而言是非常重要的。把所有五个备选模型的置信区间综合起来，我们能够得到了一个如图3最右边线段所示的置信区间②。可以发现，即使是综合多个模型后得到的置信区间也要比所有的常规模型置信区间小。这些发现再一次证明了安卫华、阿巴迪以及伊姆本斯等人之前的研究结论。

以上，通过蒙特卡罗模拟的方法，我们展示了研究者在拟合统计模型时所可能面对的多个备选模型。针对特定的数据，这些备选模型具有不同的拟合优度。针对每一个备选模型，我们所估计的倾向值得分具有一定的变动性。之后，通过MCMC的计算过程，我们进一步发现，当我们将倾向值估计过程的不确定性考虑进来以后，平均因果效果的置信区间反而相比于常规的估计过程更小。那么，这一特点在实际的经验数据中是否也能够成立呢？下面的分析将对这一问题进行探索。

六、基于经验数据的示例

这里的经验分析利用中国综合社会调查2010年的数据，讨论的问题是高等教育是否对个人的自评健康产生积极的促进效果（胡安宁2014a、2014b）。由于高等教育的接受过程本身涉及样本的选择性，因此在分析教育和健康关系的时候，需要通过特定的统计手段对个体接受高等教育的概率差异进行控制。但是，究竟哪些因素会影响到个体进入大学学习的概率呢？这一问题很难通过现有理论进行回答。经济学家通常会将父母的教育水平作为工具变量来分析子女教育成就的社会效果（例如Heckman、Li，2004）。但是除了父母教育成就之外，父母还会体现出其他的社会特征，例如职业、政治身份以及单位性质。那么，我们在估计子女进大学读

---

① 需要说明的是，这里MCMC模型仅涉及处理系数的不确定性。因为针对每个备选模型都进行了MCMC估计，因此模型的不确定性尚未被控制。

② 这里的综合过程是以每个模型的后验概率为权重进行的加权平均。

书概率的时候有没有必要在考虑父母教育水平之外还考虑这些社会特征呢?这一问题并没有固定的答案。通常,研究者可能根据自身的研究习惯和理论取向来对混淆变量进行取舍,从而引起模型形式的不确定性问题。

这里,我们首先拟合一个模型,利用性别、民族和父母的教育水平来计算倾向值得分。之后,我们采用了贝叶斯平均法来考察模型形式的不确定性,其结果参见表3。通过表3可以发现,除了父母的教育水平之外,父母的很多其他社会特征也会对子女的教育成就产生影响,例如父母的单位性质和父亲的政治身份,这些变量的不为零概率都达到了1。相比较而言,母亲的政治身份对于子女教育成就的影响不是很大,民族变量亦是如此。基于这些变量,贝叶斯平均过程返回了三个备选模型,其中备选模型1具有极高的后验概率(0.81)。与模型1相比,模型2的后验概率为0.14,而模型三的后验概率仅为0.05。综合这些信息,我们应当采用模型1所指示的混淆变量来估计倾向值得分。

表3 基于贝叶斯平均的模型选择(经验数据)

	不等于0的概率	模型1	模型2	模型3
截距	1	*	*	*
性别(女)	1	*	*	*
民族(汉)	0.14		*	
父亲教育状况(高中以上)	1	*	*	*
父亲政治身份(中共党员或民主党派)	1	*	*	*
母亲教育状况(高中以上)	1	*	*	*
母亲政治身份(中共党员或民主党派)	0.05			*
父亲单位(党政机关、事业单位)	1	*	*	*
父亲单位(企业)	1	*	*	*
母亲单位(党政机关、事业单位)	1	*	*	*
母亲单位(企业)	1	*	*	*
变量数		8	9	9
BIC		−70 060	−70 060	−70 060
后验概率		0.81	0.14	0.05

当我们按照模型1中所指示的混淆变量来计算倾向值得分的时候，所得到的结果和上述基于性别、民族以及父母教育水平的模型所得到的倾向值得分有何差异呢？为了回答这一问题，我们描绘了二者之间的散点图（如图4所示）。可以发现，基本上二者之间还是呈现正向关系的。但是，这两个模型估计出的倾向值并不是完全一致（没有均匀分布于45°线上）。相反，我们可以看到，数据点的分布状况具有比较大的离散性（其变动范围如虚线所示）。这在一定程度上说明，这两种模型的估算所得到的倾向值具有一定程度的差异性。

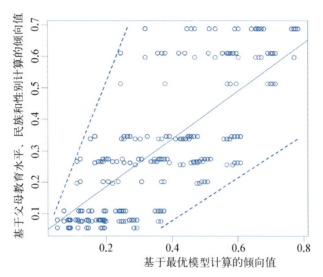

图4 基于最优模型和实践模型计算出的倾向值得分的散点图

下面我们按照贝叶斯平均法所指示的最优模型（模型1）重新估计倾向值得分。和上面一样，我们拟合了两个模型，一个模型是将倾向值看作固定的值（称为常规最优模型），一个是采用MCMC的方法进行联合估计以考虑倾向值估计过程中的不确定性（称为MCMC最优模型）。这里的目的是比较两个模型的置信区间。相关的结果参见图5。

如图5所示，我们在考虑了倾向值估计的不确定性之后，所估计得到的平均因果效应的置信区间被极大的缩小了。也就是说，我们估计出的高等教育对于个人自评健康的影响效应更加精确。此外需要说明是，无论是常规的最优模型还是MCMC的最优模型，点估计的值是基本一致的

(在一条水平线上)。

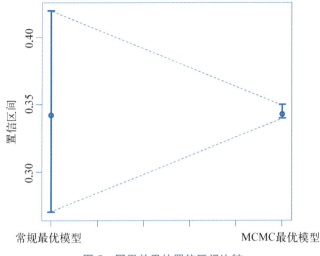

图 5　因果效果的置信区间比较

以上,我们通过一个具体的经验实例,展示了如何利用贝叶斯平均法进行模型的选择。基于最优模型,我们再一次证实,在综合考虑倾向值估计过程中的不确定性之后,平均因果效果的估计展示出更小的置信区间。也就是说,通过 MCMC 过程估计得到的因果效果具有更高的统计效率。

七、结论与讨论

当代社会学经验研究越来越多地依赖于统计模型。在针对特定数据拟合统计模型的时候,研究者们会面对模型形式的不确定性与模型系数的不确定性问题。这些不确定性问题在已有的社会学方法论研究中并没有得到足够的重视。本文系统梳理和讨论了这两类不确定性问题在倾向值方法中的表现及其处理方法。之后,通过蒙特卡罗模拟与经验调查数据分析,本文展示了量化研究过程中研究者所可能面对的多个备选模型,以及如何通过贝叶斯平均法进行备选模型的展示与选择。之后,在利用似然方程联合估计来分析系数不确定性的时候,本文的研究亦表明,在考虑倾向值估计过程的不确定性之后,结果模型中对于因果关系的估计呈现出更小的置信区间和更高的统计效率。

统计模型的不确定性问题对于当下社会学的量化研究具有重要的启示价值。首先,正视统计模型的不确定性对于提高社会学量化研究的可信度具有积极的作用。社会学家邓肯·瓦茨(Duncan Watts,2015)最近撰文指出,长期以来,社会学经验研究结果总是服从于"可理解性(understandability)"原则。也就是说,社会学家们总是试图让自己的研究结果服从于人们的常识判断,让人们能够"理解"、觉得"有道理"。如果一项研究的结果和大家的常识相左(例如发现读书越多、收入越低),那么研究者往往会去怀疑并修正自己的模型设定(例如增加或者减少控制变量、增加交互项等),直至最终满足"可理解性"原则(例如修正后的结论变成了读书越多、收入越多)。不难发现,如果社会学研究者总是遵从瓦茨所批评的"可理解性"原则,那么量化研究便会成为利摩尔眼中的"数据按摩",其结论便会成为常识的复制。而常识本身的个体性与不稳定性则进一步决定了量化研究结论具有很低的可信度或者适用范围。因此,为了提高社会学经验研究的可信度与影响力,我们需要做的是避免屈从于常识判断来选择统计模型,而应付诸正式的模型选择过程。此时,最后所报告的模型不再是研究者所主观认可的"最优模型",而是数据所反映出的"最优模型",其模型系数无论和常识一致与否都是最能反映出当下数据信息的真正"最优"结果。

其次,统计模型的不确定性也对正在兴起的"可复制性研究"具有启示价值(陈云松、吴晓刚,2012)。所谓"可复制研究",意指某个研究者的分析能够为其他研究者所重复以交叉验证其分析结果。到目前为止,可复制研究一般要求研究者向学界同行提供分析代码,以便于其他研究者可以基于这一代码进行重复分析。但是,从统计模型的不确定性角度出发,仅仅是提供研究者所使用的代码或许并不能够完全涵盖可复制研究的全部内涵。这是因为,研究者所提供的代码本身已经是研究者的假设、偏好等"视界"(Leamer,1983)的产品。因此,一个更为全面的可复制研究不仅需要研究者提供某个模型的复制过程和分析代码,还要要求研究者报告自己研究过程中的基本"视界"和模型选择机制。只有这样,其他研究同行才能够完全了解一项研究的全部过程。从这个意义上讲,本文所介绍的分析统计模型形式与系数不确定性的方法为经验研究者提供了一种报告研究视界的手段。

最后,统计模型的不确定性问题再一次提醒了社会学经验研究者应当避免对统计模型的过度依赖和统计结果的过分解读。这在社会学家谢宇和吴晓刚那里被称为统计主义(Xie、Wu,2005)。从本质上讲,任何统计模型都是研究者设定的,因此统计模型的拟合过程本质上反映出的是统计模型对于社会模式的简化与纷繁复杂的现实经验数据之间的契合程度。严格来讲,任何统计模型都不可避免的具有主观性。从这个角度出发,本文所介绍的统计模型不确定性问题及其处理方式代表了一种正式的、量化的手段来将这种统计分析中的主观性以及统计模型的潜在变异展现出来。对于社会学研究者来讲,无论是解读别人的统计分析还是自己从事量化研究,都不应当将统计模型"预设"成为对现实世界的"真实"描述。更为恰当的做法或许应当是采取一种相对保守的态度,敢于承认统计模型的不确定性,并尽量通过正式的研究手段告诉其他研究者自己在面对模型不确定性时所做的选择。

当然,这里需要说明的是,统计模型虽然存在不确定性问题,但这并不构成为对量化研究范式的质疑。从某种意义上,我们恰恰可以说,量化研究之所以在社会科学不同学科中都具有旺盛的生命力,正是因为其有能力采用一种形式化的手段自我检视,并向其他研究同行详尽的展现出其自身的不确定性。

参考文献

1. 陈云松,吴晓刚.走向开源的社会学——定量分析中的复制性研究[J].《社会》,2012(3):1-23.
2. 胡安宁.倾向值匹配与因果推论:方法论述评[J].《社会学研究》,2012(1):221-242.
3. 胡安宁.教育能否让我们更健康——基于2010年中国综合社会调查的城乡比较分析[J].《中国社会科学》,2014(5):116-130.
4. Abadie, Alberto & Guido, Imbens. Matching on the Estimated Propensity Score [J]. *Econometrica*, 2016, 84(2): 781-807.
5. An, Weihua. Bayesian Propensity Score Estimators: Incorporating Uncertainties in Propensity Scores into Causal Inference[J]. *Sociological Methodology*, 2010(40): 151-189.

6. Bartels, Larry. Specification Uncertainty and Model Averaging[J]. *American Journal of Political Science*, 1997(41): 641-674.

7. Box, George E. P. & Norman R. Draper. *Empirical Model Building and Response Surfaces*[M]. New York: Wiley, 1987.

8. Cohen-Cole, Ethan, Durlauf, Steven, Jeffrey Fagan, & Daniel Nagin. Model Uncertainty and the Deterrent Effect of Capital Punishment[J]. *American Law and Economics Review*, 2009, 11(2): 335-369.

9. Drake, Christiana. Effects of Misspecification of the Propensity Score on Estimators of Treatment Effect[J]. *Biometrics*, 1993(49): 1231-1236.

10. Draper, David. Assessment and Propagation of Model Uncertainty[J]. *Journal of the Royal Statistical Society: Series B*, 1995, 57(1): 45-97.

11. Durlauf, Steven, Chao Fu, & Salvador Navarro. Assumptions Matter: Model Uncertainty and the Deterrent Effect of Capital Punishment[J]. *American Economic Review*, 2012, 102(3): 487-492.

12. Fan, Jianqing, Fang Han, & Han Liu. Challenges of Big Data Analysis[J]. *National Science Review*, 2014(1): 293-314.

13. Heckman, James & Xuesong Li. Selection Bias, Comparative Advantage and Heterogeneous Returns to Education: Evidence from China in 2000[J]. *Pacific Economic Review*, 2004, 9(3): 155-171.

14. Ho, Daniel, Kosuke Imai, Gary King, & Elizabeth Stuart. Matching as Nonparametric Preprocessing for Reducing Model Dependence in Parametric Causal Inference[J]. *Political Analysis*, 2007(15): 199-236.

15. Hoeting, Jennifer, David Madigan, Adrian Raftery, & Chris Volinsky. Bayesian Model Averaging: A Tutorial[J]. *Statistical Science*, 1999, 14(4): 382-417.

16. Hu, Anning. The Health Benefits of College Education in Urban China: Selection Bias and Heterogeneity[J]. *Social Indicators Research*, 2014, 115(3): 1101-1121.

17. Imbens, Guido & Donald Rubin. *Causal Inference for Statistics, Social, and Biomedical Sciences: An Introduction*[M]. New York: Cambridge University Press, 2015.

18. Kaplan, David & Jianshen Chen. A Two-Step Bayesian Approach for Propensity Score Analysis: Simulations and Case Study[J]. *Psychometrika*, 2012, 77(3): 581-609.

19. Kaplan, David & Jianshen Chen. Bayesian Model Averaging for Propensity Score Analysis[J]. *Multivariate Behavioral Research*, 2014, 49(6): 505-517.

20. Leamer, Edward. Let's Take the Con Out of Econometrics[J]. *American Economic Review*, 1983, 73(1): 31-43.

21. Madigan, David & Adrian Raftery. Model Selection and Accounting for Model Uncertainty in Graphical Models Using Occam's Window[J]. *Journal of the*

American Statistical Association, 1994(89): 1535-1546.

22. Magnus, Jan & Mary Morgan. *Methodology and Tacit Knowledge: Two Experiments in Econometrics*[M]. New York: Wiley, 1999.
23. McCandless, Lawrence C., Paul Gustafson, & Peter Austin. Bayesian Propensity Score Analysis for Observational Data[J]. *Statistics in Medicine*, 2009(29): 94-112.
24. Montgomery, Jacob & Brendan Nyhan. Bayesian Model Averaging: Theoretical Development and Practical Applications[J]. *Political Analysis*, 2010(18): 245-270.
25. Moral-Benito, Enrique. Model Averaging in Economics: An Overview [M]. *Journal of Economic Surveys*, 2015, 29(1): 46-75.
26. Morgan, Stephen L. *Handbook of Causal Analysis for Social Research* [M]. Springer, 2014.
27. Raftery, Adrian E. Bayesian Model Selection in Social Research[J]. *Sociological Methodology*, 1995(25): 111-196.
28. Raftery, Adrian E. Statistics in Sociology, 1950-2000: A Selective Review[J]. *Sociological Methodology*, 2001(31): 1-45.
29. Rosenbaum, Paul R.& Donald B. Rubin. The Central Role of the Propensity Score in Observational Studies for Causal Effects[J]. *Biometrika*, 1983, 70(1): 41-55.
30. Rubin, Donald B. Estimating Causal Effects from Large Data Sets Using Propensity Scores[J]. *Annals of Internal Medicine*, 1997, 127(8): 757-763.
31. Sala-i-Martin, X. I Just Ran Two Million Regressions[J]. *American Economic Review*, 1997(87): 178-183.
32. Sala-i-Martin, X., Doppelhofer, G., and Miller, R. I. Determinants of Longterm Growth: A Bayesian Averaging of Classical Estimates (BACE) Approach[J]. *American Economic Review*, 2004(94): 813-835.
33. Watts, Duncan. Common Sense and Sociological Explanations [J]. *American Journal of Sociology*, 2015, 102(2): 313-351.
34. Western, Bruce. Vague Theory and Model Uncertainty in Macrosociology[J]. *Sociological Methodology*, 1996(26): 165-192.
35. Xie, Yu & Xiaogang, Wu. Market Premium, Social Process, and Statisticism[J]. *American Sociological Review*, 2005(70):865-870.
36. Young, Christobal. Model Uncertainty in Sociological Research: An Application to Religion and Economic Growth[J]. *American Sociological Review*, 2009(74): 380-397.
37. Zigler, Corwin Matthew & Francesca Dominici. Uncertainty in Propensity Score Estimation: Bayesian Methods for Variable Selection and Model-Averaged Causal Effect[J]. *Journal of the American Statistical Association*, 2014, 109(505): 95-107.

图书在版编目(CIP)数据

应用统计因果推论/胡安宁编著. —上海:复旦大学出版社,2020.5(2021.11重印)
ISBN 978-7-309-14821-3

Ⅰ.①应… Ⅱ.①胡… Ⅲ.①统计分析-研究 Ⅳ.①C813

中国版本图书馆 CIP 数据核字(2020)第 020235 号

应用统计因果推论
胡安宁 编著
责任编辑/谢同君

复旦大学出版社有限公司出版发行
上海市国权路 579 号 邮编:200433
网址:fupnet@fudanpress.com http://www.fudanpress.com
门市零售:86-21-65102580 团体订购:86-21-65104505
出版部电话:86-21-65642845
上海丽佳制版印刷有限公司

开本 787×1092 1/16 印张 19 字数 282 千
2021 年 11 月第 1 版第 2 次印刷

ISBN 978-7-309-14821-3/C·389
定价:48.00 元

如有印装质量问题,请向复旦大学出版社有限公司出版部调换。
版权所有 侵权必究